新文京開發出版股份有限公司

NEW WCDP

新世紀 · 新視野 · 新文京 — 精選教科書 · 考試用書 · 專業參考書

New Wun Ching Developmental Publishing Co., Ltd.

New Age · New Choice · The Best Selected Educational Publications — NEW WCDP

法律與生活

Law & Life

劉瀚宇 —— 編著

4th Edition

「信手拈來皆是法律，放眼望去盡是生活」，在法律中體會生活；在生活中了解法律，並探求法律的精神與目的，此乃本書之目的。

人類於初民社會，似以「自然律」為社會之規範：優勝劣敗，物競天擇，適者生存。經過不斷的演化，人類進入了部落社會，人的群體組織較為龐大，「神意」似為彼時社會之行為規範。接著不知經過多少年之發展，人類社會建立了城邦社會，社會更趨複雜，人與人間之權利義務關係逐漸形成，彼時「永恆法則」成為人類社會的規範：真理、正義、公平、公正成為衡量與解決糾紛的尺度。又經過了一段時日，人類社會邁入了國族社會，此時「人世法則」成為人類社會的規範，法律已非真理、正義，而是作為追求及維護真理的工具，法律成為人類社會定紛止爭的方法。

至18世紀產業革命興起，盧梭的社約論出版後，人類社會規範進入「社會正義」，逐漸與「自然正義」分離。法律僅為其本身而存在，法律逐漸與倫理、道德區隔。至21世紀更是如此。

此次修正，加入了釋字第748號解釋施行法論述同性婚姻問題，增列了勞動事件法，論述勞資關係的問題。

人類社會應向何處邁進？人類社會應如何更臻完美？人類社會之規範有可能再生變革嗎？現今社會的法律制度係因啟蒙思想、文藝復興運動而至理性主義的興起，導致產業

革命的發展致使封建社會崩解，另立近代工商社會的法律制度，但時至二十一世紀的今日，電腦革命已使近代工商社會發生極大的改變，原有的思想、理論與制度仍能規範現在或未來的社會嗎？本書乃於各章節之前先論述法哲學，其目的乃在祈求能給各位讀者對此問題思考的啟發，期盼讀者能一起深思此問題。

坊間有些「法律與人生」或「法律與生活」的書籍，雖然均為佳作，但似較偏向「法學緒論」的篇著。承蒙新文京開發出版股份有限公司林總經理世宗先生邀稿，乃擬撰寫與坊間不太相同的「法律與生活」一書。

本書實為「法律與生活」之「民事論」，作者另有「公法編」之底稿，但因各校所訂定之授課時數大多為兩學分之課程，因此經過作者之深思，認為非法律系之學生似應多理解一些有關民事法規的部分，因此未將「公法編」之部分章節列入本書。

本書共分四編，第一編為法律與家庭生活，第二編為法律與經濟生活，第三編為法律與勞動生活，第四編為法律與民事生活糾紛，每編內容均扼要、精湛，可供各位讀者在日常生活中之體會；也可供各位讀者在職場中之參考。本書於每章之後均列有「自我練習」，可供教學時之討論，也可供讀者自我複習之用。

最後，仍要感謝新文京開發出版股份有限公司的林總經理世宗先生願意出版此書，亦期盼本書有助於各位讀者能理解法律與生活之關聯，最後，謹祝所有讀者萬事如意。

LAW
AND
LIFE

瀚宇　謹誌於養斌齋

LAW
AND
LIFE

目錄 CONTENTS

法律與家庭生活

01 Chapter 親屬與結婚

摘 要

　　本章首先以介紹我國民法上結婚的要件，在闡釋婚姻實質要件中，提到「近親結婚之禁止」，因而又補述有關親屬的相關規定，最後介紹無效婚、撤銷婚之原因及效力，期盼透過親屬、親系、親等的介紹，了解何謂近親以及近親結婚禁止的規定，並知道何種情形之婚姻為無效婚，何種情形為撤銷婚。

　　然後探討近親結婚之禁止，闡釋親屬之意義及種類，接著探討親屬關係之消滅，自然血親，因死亡而令生存者與該死亡者之血親關係消滅。法定血親，得於收養關係存在時，因死亡而令養親子間之血親關係消滅。亦得因收養關係終止後，回復其與本身父母之關係。姻親關係，因離婚而消滅，結婚經撤銷者亦同。夫妻之一方死亡，姻親關係是否消滅？本書主張配偶之一方死亡而他方再婚時，原姻親關係消滅。

　　離婚擬於下一章再為介紹。

第一節 ｜ 親屬之通則

LAW & LIFE

 案 例

一、甲女收養乙為子，甲再嫁丙為妻，生丁女，問甲、乙、丙、丁彼此間為何種親屬？幾親等？

二、A父於報章上刊登廣告，與B脫離父子關係，其效力如何？

-------- 理　論 --------

壹　親屬之意義及種類

一、親屬與倫常

　　中國傳統的倫理道德是建基於三綱六紀和五常之上，君臣、父子、夫婦、兄弟、朋友是為五倫，而五倫之中又以君臣、父子、夫婦三者的倫理關係最為重要，漢朝董仲舒以「君為臣綱、父為子綱、夫為婦綱」定為三綱，時至今日，「父為子綱」之說亦因時轉而須有新的定義。筆者以為「父為子綱」應解為父親為兒子之榜樣、為子女之依柱，因此父親應注意身教、應善盡扶養之義務。

　　「夫為婦綱」奠定男尊女卑之不平等的社會地位，但「夫為婦綱」亦因時代的演進而需賦予新的定義，筆者以為「夫為妻綱」應解為夫妻因相互愛慕而結合，婚姻制度將夫妻於倫理上一體化後，雙方均融於家而成為家的構成分子之一，夫妻應相互扶持。

　　親子和夫婦是三綱中規範著家庭內部兩個主要的關係，而家庭是構成社會最基本的單位，家應該是以愛為基礎而組成的，「家」和人建立了不可分割的關係，家成了人的「根」。未成年之子女有被扶養以及受教育的權利，其費用應由家庭財產來支付；同時父母也有適度矯正子女不當行為之權力，但子女是自由自在的獨立體，他們不是父母的附屬品，因此父母不得虐待子女。

二、親屬關係

　　何謂親屬？法無定義。廣義的親屬為配偶、血親及姻親之總稱，狹義的親屬僅指血親及姻親。無論何者，均可認為親屬者乃係基於血統或婚姻關係所聯繫特定人之間在身分法上之關係。

　　「親屬法先決各點審查意見書」第一點明定「親屬應分為配偶、血親、姻親三類」。茲分述如下：

（一）配偶

　　親屬法審查意見書明定配偶為親屬。雖親屬會議成員未包括配偶（§1131），但應承認配偶得為指定會員（戴炎輝、戴東雄合著P21）。夫妻為人倫之始，因之而生血親、姻親之關係，故其自應為最基本的親屬。

（二）血親

　　依血統之聯繫所生之親屬，是之。其又分為自然血親與法定血親。

1. 自然血親

　　指出於同一祖先，其血統有聯繫之血親，又稱天然血親。只要有血統相連繫即可，是否均出於同一血緣則非所問，如同父異母、同母異父之半血緣兄姊妹亦具有自然血親之關係。

2. 法定血親

　　本無自然的血統聯繫關係，而由法律上之擬制，認其有血統聯繫之關聯，又稱擬制血親。如養父母與養子女間之關係，養子女與親生子女相互間之關係，至於養子女彼此間，學說與實務見解均認為其亦應成立法定血親之關係。

（三）姻親

　　因婚姻關係而發生之親屬關係者。「稱姻親者，謂血親之配偶，配偶之血親，配偶之血親之配偶」（§969)。

1. 血親之配偶

　　無論直系或旁系血親之配偶，均為血親之配偶。如父再娶之妻，兒媳、女婿，兄弟之妻、姊妹之夫，母舅之妻，伯叔之妻等是。

2. 配偶之血親

凡配偶之直系或旁系血親均屬之。如配偶之父母（岳父母、翁姑），配偶之兄弟姊妹，配偶之伯叔姨舅等是。

3. 配偶之血親之配偶

凡配偶之直系或旁系血親之配偶均屬之。如己與夫之父再娶之妻、如己與夫之妹夫、如妯娌間之關係。

夫之父母與妻之父母間，夫或妻之父母與妻或夫之兄弟姊妹間，不具姻親關係，蓋我民法認為「血親之配偶之血親」並非姻親。若此，夫之父得與妻之妹結婚，不受民法第983條之禁止，則父子將成為連襟而有違倫常。在未修法前，為避免此種亂倫的現象發生，唯有賴倫理道德之約束矣。

貳　親系

親系者乃親屬間彼此聯繫之系統也，其目的乃在避免倫常的混淆、其乃在避免近親繁殖、在我國古代尚有為了維護家族勢力之目的。我現行民法之親系可分為直系與旁系，茲分述如下。

一、直系

（一）直系血親

稱直系血親者，謂己身所從出，或從己身所出之血親(§967I)。前者如父母、祖父母、外祖父母等，後者如子女、孫子女、外孫子女等。己身所從出，己身為卑親屬；從己身所出，己身為尊親屬。

（二）直系姻親

姻親之親系依下列方式計算(§970)：1.血親之配偶，從其配偶之親系，如子之妻，父再娶之妻，均為直系姻親。2.配偶之血親從其與配偶之親

系，如夫或妻之父母，均為直系姻親。3.配偶之血親之配偶，從其與配偶之親系，如夫之繼母或後父，均為直系姻親。

二、旁系

（一）旁系血親

稱旁系血親者，謂非直系血親而與己身出於同源之血親(§967II)。如兄弟姊妹、伯、叔、姑、姨、舅、表兄弟姊妹等是。

（二）旁系姻親

姻親之親系依列方式計算(§970)：1.血親之配偶，從其配偶之親系，如己身與伯母、嫂子、妹夫之關係。2.配偶之血親從其與配偶之親系，如己身與夫或妻之或兄弟姊妹，均為旁系姻親。3.配偶之血親之配偶，從其與配偶之親系，如己身與夫之兄之妻（嫂）、或己身與妻之妹夫之關係。

直系血親與旁系血親之區別實益主要下列情形見之：在近親結婚之禁止(§983)、法定扶養義務之順序(§7)、親屬會議會員之選定順序(§1131)，法定繼承人之順序(§1138)及特留分之決定(§1223)。

參 親等

親等者，乃測定親屬關係遠近親疏之尺度也，我國固有法制採「喪服制」，民國19年制訂民法親屬篇改採羅馬法計算法，茲分述如下。

一、血親親等之計算

（一）直系血親

從己身上下數，以一世為一親等（§968前段）。如己身與父母，己身與子女均為直系血親一親等，己身與祖父母，己身與孫子女均為直系血親二親等。

（二）旁系血親

　　從己身數至同源之直系血親，再由同源之直系血親，數至與之計算親等之血親，以其總世數為親等之數（§968後段）。如己身與兄弟姊妹為旁系血親二親等，如己身與同血緣外祖父母之表兄弟姊妹為旁系血親四親等。

二、姻親親等之計算

（一）血親之配偶，從其配偶之親等（§970一）。如己身與子之妻為直系姻親一親等、與兄之妻為旁系姻親二親等。

（二）配偶之血親，從其與配偶之親等（§970二）。如己身與夫之父母為直系姻親一親等、與夫之兄弟姊妹為旁系姻親二親等。

（三）配偶之血親之配偶，從其配偶之親等（§970三）。如己身與夫之繼母為直系姻親一親等、與夫之兄之妻（嫂），為旁系姻親二親等。

三、尊親屬、卑親屬及同輩親屬

　　此乃以親等觀之，由己身向上數者，在上者為尊，謂之尊親屬。由己身向下數者，在下者為卑，謂之卑親屬。均與年齡之大小無關。與己同輩者，謂之同輩親屬。

　　尊親屬與卑親屬之區別實益如下：1.結婚之禁止。2.法定扶養務人之順序。3.親屬會議會員之選定順序。4.收養之禁止。5.法定繼承人之順序。6.特留分之決定。

《肆》 親屬關係之發生與消滅

一、親屬關係之發生

（一）血親關係

自然血親，因出生之事實而與其父母、兄弟姊妹等發生血親關係。非婚生子女因出生而與其母發生血親關係，如生父與生母結婚者，非婚生子女則視為婚生子女而與其生父發生血親關係，是謂之準正(§1064)，與兄弟姊妹等自亦發生旁系血親關係。非婚子女經生父認領者，視為婚生子女，經生父撫育者，視為認領(§1065 I)，而發生直系、旁系血親關係。有學者將準正之子女、及經認領之子女，謂之為「準婚生子女」。

法定血親，乃指因收養而使養子女與養父母發生擬制血親關係(§1072)，從而亦生直系、旁系血親關係。

（二）姻親關係

姻親關係，僅因結婚而發生。

二、親屬關係之消滅

（一）血親關係之消滅

自然血親，僅因死亡而令生存者與該死亡者之血親關係消滅。

法定血親，得於收養關係存在時，因收養關係而成立之血親間之一人死亡，令生存者與該死亡者之血親關係消滅。亦得因收養關係終止或經撤銷後，回復其與本身父母之關係，使之與原基於收養關係所生之一切親屬關均因而消滅，惟收養關係終止後仍受近親結婚之限制(§983II)。

（二）姻親關係之消滅

　　「姻親關係，因離婚而消滅，結婚經撤銷者亦同」（§971）。離婚或結婚經撤銷後，婚姻關係均失其存在之基礎，故同為姻親關係消滅之原因。

　　夫妻之一方死亡，姻親關係是否消滅？夫妻之一方死亡，生存者之原姻親關係並不當然隨之而消滅，僅生者與死者間之婚姻關係不存在而已。本書贊成配偶之一方死亡而他方再婚時，原姻親關係消滅（戴炎輝、戴東雄合著P34）。

案例解說

一、甲女收養乙為子，甲乙間發生法定直系血親之關係。甲女嫁給丙男，甲丙發生配偶之親屬關係，甲生女丁，甲丁為自然血親、直系血親一親等之關係。

　　丙丁為自然血親、直系血親一親等之關係，丙未收養乙，則丙乙為姻親關係，為直系姻親一親等之關係。若丙收養乙，則丙乙具有法定血親、直系血親一親等關係。

二、自然血親關係之消滅，僅以死亡為其原因，血親關係原非當事人間所能以同意使其消滅，縱有脫離父子關係之協議，亦不生法律上之效力（41合上1151號判例）。

第二節 | 婚 約

壹　婚約之意義及要件

一、婚約之意義

婚約，俗稱「訂婚」，乃指男女雙方當事人以將來雙方應為結婚之目的所訂立之契約。但婚約並非結婚的法定踐行程序，可以不訂婚，訂婚也並非必然要先於結婚，其亦可同時為之。

二、婚約之要件

（一）無形式要件

婚約並非法定要式行為，因此不須探討婚約的形式要件。

（二）實質之要件

1. 應自行訂定之

婚約，應由男女當事人自行訂定(§972)。此因：純粹身分行為不得代理，此其一也。婚約既係以將來結婚為目的，而結婚係採「合意婚」主義，因此婚約也應由當事人自訂，此其二也。該條為「強制規定」；違反者，無效(§71)。若由父母代定，如經當事人事後承認，亦不適用無權代理之規定，仍屬無效，但若雙方當事人均承認，可認為係新定婚約，而認為有效（院解字第2555號）。

2. 得法代之同意

未成年人訂定婚約，應得法定代理人之同意(§974)。此同意為不要式行為，以明示或默示之方法為之均可。

3. 須達法定年齡

男未滿17歲，女未滿15歲者，不得訂定婚約(§973)。未達此法定年齡者，通說及實務均認為無效（32上字第38號判例）。但有學者認為僅屬得撤銷之事由（陳棋炎、黃宗樂、郭振恭合著 民法親屬新論），在未撤銷前並不因之而無效。本書認為該條應屬為「強制規定」；違反者，無效(§71)。

對於以上二(2、3)要件，個人以為應以修法方式補救，修正為：男女未成年者，所訂定之婚約無效。理由如下：一、依據合意婚主義，婚姻須由男女雙方當事人於自由意志下相互合意而訂定，自應尊重當事人之意願。若當事人或當事人之一方為限制行為能力人，雙方已為婚約之合意，但因其為限制行為能力人故須得其法定代理人之同意始能生效。但若其法定代理人拒絕同意，導致該婚約無效或不成立或被撤銷，顯然違背合意婚主義的理論。二、就法言法，當事人已為訂婚之合意，但雙方或一方當事人之法定代理人不同意，若可主張撤銷權，撤銷該婚約，則未成年之當事人可依民法第1086條第2項規定，主張其父母與未成年子女利益相反，而要求選任特別代理人。若此；原本具有感情成熟(emotional maturity)的主觀要件婚約，變成有償婚或士族婚的價值判斷要件，顯然違背「合意婚」的精髓。三、在20世紀40年代以前，或許因為仍處於農業為主的社會、或是處於第二產業為主的時代，需要大量人力，因此鼓勵或是容忍早婚，因而有該條款之規定。但是時至21世紀的今日，已是第四產業或高科產業的時代，此早婚的條款已不符現今的需求，因而對此規定有加以檢討的必要。

4. 當事人非近親

婚約，若當事人具有民法第983條所規定之近親關係，該當事人之婚姻為無效(§988)。因此學者都認為婚約應類推適用民法第988條之規定。

貳 婚約之效力

一、不得請求強迫履行

婚約，不得請求強迫履行(§975)。因為：一、純粹身分行為不得代理，二、一有效的婚約，並不能發生配偶或其他親屬身分的效力，三、婚約在性質上或許類似債法中「預約」的性質，但並其本質並非預約。

二、未明定無效或撤銷

我民法親屬篇對於婚約之無效或撤銷，並無明文規定。筆者以為這是因為婚約係不得請求強迫履行的契約；又是不能發生任何親屬身分效力的契約，因此不需為無效或撤銷之規定。或謂：若當事人之一方為無行為能力人、或當事人之一方被詐欺或被脅迫，是否應類推適用民法第75條、民法第997條之規定？

筆者以為可依民法第976條第9款規定處理，亦即：婚約當事人之一方，「有其他重大事由者」，他方得解除婚約。亦可類推適用民法第75條、民法第997條之規定。

參 婚約之解除

一、婚約解除之事由

民國108年4月修正民法第976條規定：「婚約當事人之一方，有下列情形之一者，他方得解除婚約：一、婚約訂定後，再與他人訂定婚約或結婚。二、故違結婚期約。三、生死不明已滿一年。四、有重大不治之病。五、婚約訂定後與他人合意性交。六、婚約訂定後受徒刑之宣告。七、有其他重大事由。 依前項規定解除婚約者，如事實上不能向他方為解除之意思表示時，無須為意思表示，自得為解除時起，不受婚約之拘束。」

二、婚約解除之方法

　　解除婚約原則上只需向他方為解約的意思表示即可，無須至法院訴請解約。但若事實上不能向他方為解除之意思表示時，無須為意思表示，自得為解除時起，不受婚約之拘束(§976Ⅱ)。

三、婚約解除之期間

　　筆者以為，原則上無特定期間，因為婚約係不得請求強迫履行的，因此如有民法第976條第1項所規定各款情形之一者，享有婚約解除權者得拒絕履行該婚約，亦可隨時行使婚約解除權。唯；筆者認為婚約解除權雖無期間之限制，但若享有婚約解除權者與受解除者結婚，則不得再行使婚約解除權，但若有無效婚或撤銷婚之原因者可依之主張結婚之無效或行使結婚之撤銷權。

四、婚約解除之效果

（一）解除婚約之賠償

　　民法第977條規定：「依前條之規定，婚約解除時，無過失之一方，得向有過失之他方，請求賠償其因此所受之損害。前項情形，雖非財產上之損害，受害人亦得請求賠償相當之金額。前項請求權不得讓與或繼承。但已依契約承諾，或已起訴者，不在此限。」本條明定「請求賠償其因此所受之損害」，因此對於財產之損害，僅得請求所受之積極損害，不得請求所失利益之消極損害。

（二）贈與物之返還

　　民法第979-1條規定：「因訂定婚約而為贈與者，婚約無效、解除或撤銷時，當事人之一方，得請求他方返還贈與物。」依本條規定，僅限於因婚約「無效、解除或撤銷」此三種情形，方得主張贈與物之返還。

（三）消滅時效之規定

第977條所規定之請求權，因二年間不行使而消滅(§979-2)。此「二年」為時效期間，並屬於短期消滅時效。

五、違反婚約之損害賠償

（一）財產上之損害賠償

民法第978條規定：「婚約當事人之一方，無第976條之理由而違反婚約者，對於他方因此所受之損害，應負賠償之責。」本條明定「對於他方因此所受之損害，應負賠償之責」，因此對於財產之損害，僅得請求所受之積極損害，不得請求所失利益之銷及損害。

（二）非財產之損害賠償

民法第979條規定：「前條情形，雖非財產上之損害，受害人亦得請求賠償相當之金額。但以受害人無過失者為限。前項請求權，不得讓與或繼承。但已依契約承諾或已起訴者，不在此限。」

（三）贈與物之返還

民法第979-1條規定：「因訂定婚約而為贈與者，婚約無效、解除或撤銷時，當事人之一方，得請求他方返還贈與物。」依本條規定，僅限於因婚約「無效、解除或撤銷」此三種情形，方得主張贈與物之返還。

（四）消滅時效之規定

第978條至第979-1條所規定之請求權，因2年間不行使而消滅(§979-2)。此「2年」為時效期間，並屬於短期消滅時效。

第三節 | 結 婚

一、父親甲與子媳之妹乙結婚？可以嗎？

二、丙男與丁女已舉行婚禮公開宴客，但未立書面之結婚證書，又未辦結婚登記，結婚有效否？如丙丁嗣後立結婚契約，約定婚後於丁女生第一胎時，結婚始生效力，或約定婚後丙之所有財產均歸丁所有結婚始生效力，問此結婚有效否？

壹 結婚之意義及要件

結婚，乃男女雙方當事人本於自由意願、自由意志之合意而成立，為一切親屬關係之根本、社會之基礎結構，因此世界各國對婚姻制度均設有一定之規範，如針對締結婚姻所設者，謂之結婚要件，我國亦然。我國之結婚要件可分為實際要件與形式要件，前者屬內容要件，後者屬程序要件。茲分述如下：

一、我國民法上結婚之實質要件

（一）須當事人適格

依倫理及現行民法之規定而言，結婚之雙方當事人，必須一方為男性，一方為女性，同性不得結婚。本書以為，研究身分法應該基於倫理的立場探討，因此；結婚既係一切親屬關係之根本，其本質乃在繁衍子孫，並非純然保障性生活，故同性戀者雖可爭取並享有相愛的權利以及性自由，但基於倫理的角度以及婚姻的基本目的，同性戀者似不能成為夫妻，

否則有違人本、人倫之理論與實際。但本書認為對同性戀者應給予「準婚姻關係的地位」。亦即；若同性戀者同財共居，就民法之規範而言，應類推適用有關家長家屬、「夫妻財產制」、「繼承」等規定。

目前「多元成家立法草案」還在立法院審議中，此法案是有關改革婚姻及家庭制度的法案，簡稱「多元成家」，內容包括三個草案：婚姻平權（含同性婚姻）草案、伴侶制度草案、以及家屬制度草案。

法務部陳政務次長於民國101年12月在立法院表示：同性結婚有違我國親屬人倫觀念、違反親子關係的血統真實認定原則、影響身分繼承的順位及其應繼分、須配合修正法令甚多等四大理由持反對立場。他表示，目前社會上仍存有諸多歧見與爭議，不宜貿然修正民法，應先加強不同立場的溝通，並逐步保障同志權益。

法界人士指出，國外多採漸進式立法，我國亦不應躁進，宜仿英法兩國立法例先制定同性伴侶法，以減少制度變革所產生的衝擊及社會成本；對同性伴侶制定專法，至少可以保障同性伴侶間的醫療同意權、家屬權、扶養權、以遺囑指定將遺產遺贈給同性伴侶的財產權益等。

至於大法官會議釋字第748號解釋函及其施行法，將於第四章專章討論。

（二）須達結婚年齡

「男未滿18歲，女未滿16歲者，不得結婚」（§980）。若未達此年齡，非不能結婚，僅係得撤銷而已。但時至今日，此農業時代的規定，該年齡標準是以發育期(puberty)年齡為基準。現在美國已改為以契約能力(contractual capacity)為基準。本書認為現今已是科技時代，社會結構以及生活方式等等都與農業時代大不相同，實有修正的必要，個人以為應改為男女均須為成年人且具有行為能力之當事人。其理由請參看本章婚約之相關論述。

（三）須有結婚能力

結婚年齡與結婚能力有所不同，結婚能力以有意思能力為已足。有結婚意思能力，始得為有效之婚姻。禁治產人（新法修正為受監護宣告之人）未撤銷其禁治產之宣告，但其已回復常態時，通說認為宜解為有結婚意思能力，得為有效之婚姻。若其尚未回復常態，縱已得其法定代理人之同意，仍得聲請法院撤銷（準用§996）。

（四）須當事人合意

結婚為身分法上之雙方行為，須當事人有結婚之合意。且純粹身分行為不得代理，故須當事人自行為之，縱其為未成年人亦應如是，僅其結婚，應得法定代理人之同意(§981)，但若當事人已為何意，然法定代理人不為同意，則結婚效力未定，法定代理人得撤銷該婚姻。此有無違反「合意婚」的意旨？因此本書主張修法，應改為男女均須已成年。其理由請參看本章婚約之相關論述。

（五）未違反結婚限制

此係基於公益理由而為之限制，茲分述如下：

1. 近親結婚之禁止

我民法第983條規定下列親屬不得結婚：「一、直系血親及直系姻親。二、旁系血親在六親等以內者但因收養而成立之四親等及六親等旁系血親，輩分相同者，不在此限。三、旁系姻親在五親等以內，輩分不相同。」、「前項直系姻親結婚之限制，於姻親關係消滅後，亦適用之。」、「第一項直系血親及直系姻親結婚之限制，於因收養而成立之直系親屬間，在收養關係終止後，亦適用之。」立法理由載：此乃因近親結婚，有害優生，故世界各國多有禁止規定。

　　本書以為近親結婚之禁止，不僅僅是基於優生學的理由，尚有「倫理」的因素存在；例如：父甲，子乙，甲娶丙女為妻，不久甲丙離婚，依本條規定，乙丙不得結婚，此項限制，禁止乙丙結婚有無優生學的問題？當然沒有，但為何禁止乙丙結婚呢？那是基於「倫理」的因素！

　　本書更認為如果禁止近親結婚應考慮「倫理」的因素，本書主張應一體適用，不應割裂適用。因此對於「旁系姻親在五親等以內，輩分不相同者」禁止結婚之規定，主張修正為應「旁系姻親在五親等以內，於姻親關係消滅後，不得結婚。」

　　因為旁系姻親在五親等以內，不問輩分是否相同，都不能結婚，否則會構成「重婚」，其婚姻當然無效。但若旁系姻親離婚，則姻親關係因離婚而消滅，現行民法對此並無禁止規定，若其結婚則可能造成亂倫的結果。

　　我們以下列案例討論之：伯父甲，侄子乙，甲娶丙女為妻，不久甲丙離婚，乙丙得否結婚？依該條規定「旁系姻親在五親等以內，輩分不相同。」不得結婚。姻親關係，因離婚而消滅；此項限制，於姻親關係消滅後，是否亦適用呢？依現行法之規定，未為明文禁止，因此乙丙是可以結婚的。但若甲丙婚後育有子A，A為乙之堂弟，乙丙結婚生子B，基於父係而言B應係A之侄，若基於母係而論B則為A之弟。試問有無違反倫常呢？當然有，因此就旁系姻親而言，雖無優生學的問題，但基於「倫理」的因素，仍應禁止其結婚，故建議修正為「旁系姻親結婚之限制，於姻親關係消滅後，亦不得結婚。」以維倫常！

2. 監護關係之限制

　　「監護人與受監護人，於監護關係存續中，不得結婚，但經受監護人父母之同意者，不在此限」（§984）。所謂監護人包括指定、法定或選定監護人（§1093、94、§1110），至於委託監護人是否包括在內？學者間有不同之見解，本書採肯定說，蓋此際監護人對受監護人有保護、教

養之義務與權利，實不宜除外。又未成年人或禁治產（受監護宣告）人為受監護人，大多因無父母或父母不能行使親權，故學者認為本條但書之規定，不切實際。

3. 重婚之禁止

「有配偶者，不得重婚。一人不得同時與二人以上結婚」。但若僅有婚約而未結婚者，另與他人結婚，則非重婚（29上737號判例）。

重婚者，該婚姻無效，但重婚之雙方當事人因善意且無過失信賴一方前婚姻消滅之兩願離婚登記或離婚確定判決而結婚者，不在此限（§988三）。前條第三款但書之情形，前婚姻自後婚姻成立之日起視為消滅（§988之1 I）前婚姻依第一項規定視為消滅者，無過失之前婚配偶得向他方請求賠償。前項情形，雖非財產上之損害，前婚配偶亦得請求賠償相當之金額。前項請求權，不得讓與或繼承。但已依契約承諾或已起訴者，不在此限（§988之1 IV-VI）。

4. 須非不能人道

「當事人之一方於結婚時，不能人道而不能治者，他方得向法院請求撤銷之(§995)」。無論夫或妻於結婚當時即不能人道，且須達不治之程度，他方始得向法院請求撤銷該婚姻。

5. 無意識或精神錯亂

「當事人之一方於結婚時係在無意識或精神錯亂中者，得於常態回復後6個月內，向法院請求撤銷之」（§996）。本條實已違反意思自由、意志自主原則。蓋實質要件三已提及，當事人須有結婚意思能力始得為有效之婚姻，若其無意思或精神錯亂，其所締結之婚姻應屬無效（§75），但本法規定屬得撤銷而已，雖然立法理由係以保障將來不確定之子女的利益而規定為「得撤銷」，筆者以此項論點之理論基礎似顯薄弱且不足。理由如下：

　　若當事人於精神回復常態後知道「結婚」之事實，他能冷靜嗎？他能接受嗎？他會愛其子女嗎？這些都屬不確定，法律怎能為將來不確定的事項強迫現已受害的當事人容認此種侵害？此其一也！就法言法，當事人之一方既然處於「無意識或精神錯亂中」其如何能為結婚之意思表示呢？此際他方當事人顯係對於男女利用其精神、身體障礙、心智缺陷或其他相類之情形，不能或不知抗拒而為性交者，應有刑法第225條第1項之適用。或可認為有以詐術使男女誤信為自己配偶，而聽從其為性交者，應有刑法第229條之適用。焉可以保障將來不確定之利益而犧牲當下之利益呢？此其二也！縱當事人於常態回復後，不為撤銷該婚姻，該婚姻即屬有效嗎？學者通說認為只要當事人追認即可有效，此論述是否合於結婚之實質與形式要件，個人以為有待探討。就法言法，無效之法律行為係自始的、當然的、絕對的、永久的無效，不會因時之經過或當事人的宥恕或承認而有效。該當事人於結婚當時既立於無意識或精神錯亂的狀態，當事人自無為「結婚之合意」，因此該婚姻自始無效，若其欲承認該婚姻，仍須再行為結婚之合意，始屬有效之婚姻。此其三也！

6. 須非被詐欺或脅迫

　　「因被詐欺或被脅迫而結婚者，得於發現詐欺或脅迫終止後，6個月內向法院請求撤銷之」(§997)。當事人之一方因被詐欺或脅迫致其意思表示不自由，自得撤銷其意思表示。

二、我國民法上結婚之形式要件

　　結婚，應以書面為之，有二人以上證名，並應由雙方當事人向戶政機關為結婚之登記(§982、§982I)。新法已取消「形式婚主義」改採「登記婚主義」，期盼能有配套措施，以杜爭議。

貳　無效婚姻與結婚之撤銷

　　我們了解結婚的實質與形式要件後，即可獲得如下之概念：如結婚欠缺其要件之一者，該婚姻可能會因而無效或被撤銷，茲分述如下：

一、無效之結婚與得撤銷之結婚的原因

（一）無效之結婚的原因

1. 結婚不具備第982條之方式者，結婚無效（§988一）。

2. 違反第983條之規定者，結婚無效（§988二）。

3. 違反第985條之規定者，結婚無效。但重婚之雙方當事人因善意且無過失信賴一方前婚姻消滅之兩願離婚登記或離婚確定判決而結婚者，不在此限。（§988三）。

　　民法第988-1條規定「前條第3款但書之情形，前婚姻自後婚姻成立之日起視為消滅。前婚姻視為消滅之效力，除法律另有規定外，準用離婚之效力。但剩餘財產已為分配或協議者，仍依原分配或協議定之，不得另行主張。依第1項協定前婚姻視為消滅者，其剩餘財產差額之分配請求權，自請求權人知有剩餘財產之差額時起，2年間不行使而消滅。自撤銷兩願離婚登記或廢棄離婚判決確定時起，逾5年者，亦同。前婚姻依第1項規定視為消滅者，無過失之前婚配偶得向他方請求賠償。前項情形，雖非財產上之損害，前婚配偶亦得請求賠償相當之金額。前項請求權，不得讓與或繼承。但已依契約承諾或已起訴者，不在此限。」

（二）得撤銷之結婚的原因

1. 違反結婚適齡之撤銷

　　結婚違反第980條之規定者，當事人或其法定代理人得向法院請求撤銷之。但當事人已達該條所定年齡或懷胎者，不在此限(§989)。本條

係為撤銷訴權之規定；亦即本條之撤銷權須至法院以訴主張，不得以意思表示為之。至於結婚撤銷權是否已達結婚年齡而消滅，應以請求撤銷結婚之訴提起時為準（33台上53號判例）。

2. 違反法定代理人同意

結婚違反第981條之規定者，法定代理人得向法院請求撤銷之。但自知悉其事實之日起，已逾6個月或結婚後已逾1年，或已懷胎者，不得請求撤銷(§990)。本條撤銷權僅法定代理人得向法院請求撤銷，若父母之意見不一致時，是否仍得行使撤銷權？有學者認為，此時應依民法規定，請求法院依子女最佳利益酌定之。個人以為此違背「合意婚」的理論，理由請參看前述婚約之評論部分。

又本條所謂「結婚後已逾1年」專指法定代理人請求撤銷之除斥期間，若係當事人就違反民法第980條規定之結婚請求撤銷時，自不適用（29上555號判例）。

3. 違反監護關係之結婚

結婚違反第984條之規定者，受監護人或其最近親屬，得向法院請求撤銷之。但結婚已逾一年者，不得請求撤銷(§991)。

4. 一方不能人道之撤銷

當事人之一結婚時不能人道而不治者，他方得向法院請求撤銷之。但自知悉其不治之時起已逾3年者，不得請求撤銷(§995)。此處所謂「3年」之期間，為無時效性質之法定期間，並非消滅時效（21上1616號判例）。

5. 無意識或精神錯亂者

當事人之一方於結婚時，係在無意識或精神錯亂中者，得於常態回復後6個月內，向法院請求撤銷之(§996)。

6. 被詐欺或脅迫之結婚

因被詐欺或被脅迫而結婚者，得於發現詐欺或脅迫終止後，6個月內向法院請求撤銷之(§997)。不足據為應行離婚之理由（19年上字492號判例）。

二、無效之結婚與得撤銷之結婚的效力

（一）特性

1. 結婚無效之效力特性

結婚無效，其效力之特性有三：一為當然無效，無待任何人主張，即屬無效。二為絕對無效，對任何人均屬無效（§87 I 但書），婚姻無效之判決，對第三人亦有效力（民訴§582 I）。三為自始無效，於婚姻成立當時即屬無效，自不生身分關係、財產關係，其所生之子女則為非婚生子女，自不得準用離婚後子女監護之規定(§999-1 I)。

2. 結婚撤銷之效力特性

「結婚撤銷之效力，不溯及既往」(§998)。就身分關係而言，不溯既往，故尚未撤銷前，夫妻仍互負同居義務，姻親關係於婚姻經撤銷後始消滅(§971)，在婚姻關係存續中未撤銷前受胎所生之子女仍為婚生子女。至於財產法上之效力，本書亦主張不溯及既往。

（二）效力

1. 財產上之損害賠償

「當事人之一方因結婚無效或被撤銷而受有損害者，得向他方請求賠償。但他方無過失者，不在此限」(§999 I)。

2. 非財產之損害賠償

「前項情形，雖非財產上之損害，受害人亦得請求賠償相當之金額，但以受害人無過失者為限」(§999Ⅱ)。且此項請求權，不得讓與或繼承。但已依契約承諾，或已起訴者，不在此限(§999Ⅲ)。

3. 準用子女監護規定

結婚經撤銷時，關於子女之監護，準用第1055條之規定(§999-1)，原則上由協議或雙方共同任之，亦得由法院為其子女之利益，酌定監護人。結婚經撤銷者，如父母均不適合行使權利時，法院應依子女之最佳利益並審酌同法第1055-1條各款事項，選定適當之人為子女之監護人，並指定監護之方法，命其父母負擔扶養費用及其方式（§999之一Ⅱ，§1055之二）。

4. 有關贍養費之準用

依第999-1條第1、2項規定，結婚無效或經撤銷時，亦準用本章第五節離婚之第1057條有關贍養費之規定。

5. 準用財產取回規定

有關結婚無效或經撤銷時，亦準用第1058條之規定（§999之一Ⅰ、Ⅱ）。

6. 未成年子女之扶養

父母對於未成年子女之扶養義務，不因結婚之撤銷而受影響(§1116-2)，解釋上，結婚無效者亦應類推適用。

參 婚姻（有效婚）之普通效力

在婚姻關係有效成立後，其所發生之效力甚廣，民法親屬篇第二章第三節僅就婚姻之普通效力而為規定，實則夫妻財產制亦屬婚姻之效力（可謂之特殊效力）另於下一章再行討論，本書僅先略述婚姻之普通效力。茲分述如下：

一、夫妻之冠姓

民國87年修正為「夫妻各保有其本姓，但得以書面約定，以其本姓冠以配偶之姓，並向戶政機關登記。冠姓之一方得隨時回復其本性。但於同一婚姻事由存續中以一次為限。」(§1000)以維男女平權及避免女性工作、證件之困擾。

二、夫妻之同居

「夫妻互負同居之義務。但有不能同居之正常理由者，不在此限」(§1001)。配偶之一方不履行同居義務時，他方當然得向法院請求之，唯於起訴前應經法院調解。

三、夫妻之住所

「夫妻之住所，由雙方共同協議之；未為協議或協議不成時，得聲請法院定之。」「法院為前項裁定前，以夫妻共同戶籍地推定為其住所。」(§1002)

本條所謂之「住所」係民法總則所稱之「住所」，其雖與前條同居之處所有所不同。但若夫妻不能決定共同之住所，原則上夫妻難以履行同居的義務，因為住所的範圍大（如：省、縣、市），同居處所的範圍小（屬家之概念），此時可否認為有「不能同居之正常理由」？實值得研究。

又因本條之修正，則對於未成年子女之住所亦須應配合修正之。因為民法第1060條規定「未成年之子女，以其父母之住所為住所。」若父母之住所尚未確定，則未成年子女之住所應如何確定？

民國96年5月修正民法親屬篇時，並未修正民法第1060條之規定，但增列民法第1089-1條，因此對於未成年子女之住所應如何確定，並無法準用，因此本書建議應修正民法第1060條之規定。

四、夫妻之代理

「夫妻於日常家務，互為代理人。」「夫妻之一方濫用前項代理權時，他方得限制之，但不得對抗善意第三人」(§1003)又本條之代理權係屬法定代理，但若夫妻之一方濫用此權限，他方得限制之，其限制之方法以意思表示為之，但不得對抗善意第三人。

五、家庭生活費

民國90年6月修正民法親屬編，增列第1003-1條：「家庭生活費用，除法律或契約另有約定外，由夫妻各依其經濟能力、家事勞動或其他情事分擔之。因前項費用所生之債務，由夫妻負連帶責任。」筆者以為該條修正的負面效果是：夫妻的婚姻是否進入「買賣婚」的狀態？對於子女的教育費（補習費、安親班費用、才藝班費用）是否為家庭生活費用？若為減輕家庭生活費用之負擔，夫妻可能隱匿財產、短報或少報所得，也可能因此而導致夫妻感情不睦、甚而導致夫妻離婚。

一、 夫之父甲與子妻之妹乙結婚，並不受民法第983條之禁止，則父子將成為連襟而有違倫常。在未修法前，為避免此種亂倫的現象發生，唯有賴倫理道德之約束矣。

二、 結婚，應以書面為之，有二人以上證名，並應由雙方當事人向戶政機關為結婚之登記(§982、§982I)。丙男與丁女未立書面之結婚證書，又未辦結婚登記，該婚姻無效。

結婚為身分法上之雙方行為，須當事人有結婚之合意。婚姻為純粹的身分行為，不得附條件，如約定生第一胎婚姻才能生效，此條件應屬無效，但婚姻仍屬有效。約定婚後丙之所有財產均歸丁所有結婚始生效力，此亦違反不得附條件之規定，且有可能違反強制禁止規定或是違背公序良俗而無效。

═ 自 我 練 習 ═

一、請就您所看過的影片、新聞中有關結婚的部分,以三百字以內的文字說明其情節以及您的感想。

二、您認為愛、情、慾,是否相同?差異如何?婚姻的基礎、本質究應為何?您所認識的朋友或接觸的朋友,他們的婚姻美滿度如何?因素何在?

三、您認為同性可否結婚?父後娶之妻與父離婚後,可否嫁給子?為什麼?

四、何謂親屬?我民法上親屬分類之標準如何?

五、何謂親系?何謂親等?親系、親等如何計算?

離婚及夫妻財產制

摘 要

　　本章第一節介紹我國民法親屬篇規定之離婚制度，現行離婚制度有二：一為兩願（協議）離婚，一為裁判（判決）離婚。

　　而後介紹離婚之效力，有關離婚之效力有三：一為對於身分上之效力，二為對子女監護之效力，三為對財產上之效力。本節僅簡述前二個效力。

　　第二節討論夫妻財產制。古今中外對夫妻財產制均有規定。夫妻財產制為婚姻的特殊效力，我國民法對夫妻財產制設有二種規範，一為法定財產制，一為約定財產制。

　　其次探討因離婚而使法定財產制關係消滅時，夫或妻現存之婚後財產，扣除婚姻關係存續中所負債務後，如有剩餘，原則上，其雙方剩餘財產之差額，應平均分配。

第一節 ｜ 離 婚

LAW & LIFE

 案 例

一、夫甲妻乙雙方協議離婚，立有書面且有二人以上之證人，但乙拒絕前往戶政機關登記，甲乃訴請法院命乙協同履行登記義務，問甲有理由否？

二、夫甲妻乙結婚多年，甲因失業數年，有精神官能症，常於精神錯亂時毆打乙，乙可否主張「不堪同居之虐待」訴請離婚？

----------------------   ----------------------

壹 我國民法上離婚之概說

一、離婚之意義

離婚者，乃夫妻於婚姻關係存續中，依協議或法院之判決，以消滅其婚姻關係之謂也。依協議者，謂協議或兩願離婚，由法院判決者，謂為裁判離婚。

二、離婚與婚姻之撤銷不同

（一）事由發生期

離婚之事由為婚姻成立後發生，婚姻撤銷之事由則於婚姻成立時已存在。

（二）目的之不同

前者在消滅有效之婚姻關係，後者在消滅有瑕疵之婚姻。

（三）行為主體

前者限於婚姻之當事人。後者除婚姻當事人外，尚得由第三人為之。

（四）限制之條件

前者，在兩願離婚無任何限制，在裁判離婚有宥恕及除斥期間限制。後者除受除斥期限限制外，尚受分娩、懷胎、達到一定年齡等限制。

（貳） 兩願離婚

一、意義

兩願離婚又稱協議離婚或合意離婚，其乃指於有效之婚姻關係存續中，夫妻得以協議，依一定之要式，消滅婚姻關係。

二、要件

（一）須由當事人自行為之

「夫妻兩願離婚者，得自行離婚」（§1049）。本條為強制規定，違反者，無效。婚姻事件須尊重兩造當事人之意思，故非當事人一造可以任意離合（19上1764號判例）。離婚為純身分行為，故為不許代理之法律行為，若由他人代理，本人縱為承認亦不因之而生效力（29上1904號判例）。但若夫妻自行為決定離婚之意思，而以他人為其意思表示之機關，則與以他人為代理人使之決定法律行為之效果意思者不同，自非法所不許（29上字第1606號判例）。

（二）須得法定代理人同意

未成年人已結婚者，雖有行為能力(§13Ⅲ)，但僅限於財產法上之效力。於身分法上之兩願離婚，仍應得法定代理人之同意（§1049但書）。

（三）須當事人以合意離婚

兩願離婚既稱「協議離婚」，自須得雙方當事人之合意。若夫妻雙方當事人為詐害債權或為其他目的，而通謀虛偽意思表示，偽為兩願離婚之合意，其效力如何？有採「實質意思說」，該兩願離婚無效；有採「形式意思說」，認為該兩願離婚有效。本書以為，若當事人並無離婚之合意，應採「實質意思說」，該離婚無效，但不得以其無效對抗善意的第三人。

協議離婚得否附條件？有學者認為不可附條件（史尚寬，親屬法論，P416），但實務上有認為兩願離婚得附條件（院解字1357號）。本書認為由於離婚係屬純粹的身分行為，因此於理論上不可附條件。

（四）須具有離婚能力

婚姻事件既須尊重兩造當事人之意思，則兩願離婚之當事人即應具有離婚之意思能力，如其在心神喪失、無意識或精神錯亂中所為者，應屬無效。以上係屬實質要件。

（五）須具備形式要件

「兩願離婚，應以書面為之，有2人以上證人之簽名，並應向戶政機關為離婚之登記」（§1050）。2人以上證人之簽名，並不限於協議離婚當場簽名，但須親見親聞雙方當事人確有離婚真意之人，始得為證人（68台上3792號判例）。

本書以為增列公示性之離婚登記，並無法防止兩願離婚之草率，我們可由離婚率之統計數據即可知。本書建議，無論兩願離婚或協議離婚，應為6個月的別居（又稱分居），期間之計算，兩願離婚，於離婚登記日往前算6個月；於裁判離婚，於提起離婚之訴之日起算6個月（參看民訴§578）。在此別居時期，應進行團體輔導，若經輔導可解決導致夫妻離婚之問題，則可能破鏡重圓；若經輔導仍無法發現導致夫妻離婚之原因、或仍無法解決該問題，因為已經輔導，則夫妻間較能心平氣和看待離婚之事實；經過輔導，未成年子女也較能理解父母之狀況而較能接受父母之離異，此外；社會福利機構也較能知悉由何方行使對於未成年子女權利義務之行使或負擔，對子女之利益最佳。

參 我國固有法上「兩願離婚制度」之主義

我國固有法上的「兩願離婚制度」有「無因主義」、「不干涉主義」、「類似破綻主義」。

吾國固有法上對於「兩願離婚」究採何種主義？

禮記所載「夫妻之道，有義則合，無義則去」，民間所謂「合則留，不合則去」，應係指夫妻婚姻關係已生破綻，而無法期待其彼此繼續共同生活之狀態，而准離婚也。基此；可認為兩願離婚亦兼採「類似破綻主義」。所謂「類似破綻主義」乃指因夫妻雙方當事人婚姻已生破綻而無法繼續共同生活者，即可依合意而離婚，無庸至法院為之，故以「類似」破綻主義之名之。

肆 判決離婚

一、意義

判決離婚又稱裁判離婚，乃指夫妻之一方因具離婚之法定事由或因婚姻破綻難以維持婚姻，他方得向法院請求判決雙方婚姻關係消滅。

二、原因(§1052)

(一) 重婚者

重婚者：結婚違反第985條重婚禁止之規定者，該重婚之婚姻無效，前配偶亦得主張離婚。但若一男同時與二女結婚，該二女之婚姻皆屬無效（24上469號判例）。

(二) 與配偶以外之人合意性交

與配偶以外之人合意性交：本款規定為「與配偶以外之人合意性交」，若係被他人強姦，欠缺「合意」之要件，自不得以本款主張離婚。

新法將「與人通姦」修正為「與配偶以外之人合意性交」，則性交之對造不限於異性。

（三）夫妻之一方受他方不堪同居之虐待者

夫妻之一方受他方不堪同居之虐待者：係指身體上或精神上不可忍受之痛苦，致不堪繼續同居之謂也。若受他方虐待已逾越夫妻通常所能忍受之程度而有侵害人格尊嚴與人身安全者，即不得謂非受不堪同居之虐待。

（四）夫妻之一方對於他方直系親屬為虐待，或受他方之直系親屬之虐待，致不堪為共同生活者

所謂「不堪為共同生活之虐待」，係指身體上或精神上不可忍受之痛苦，致不堪繼續同居之謂也（31上1949號判例）。至於認定標準，應以具體個案、客觀標準認定，如其所受之虐待，於客觀上已達不堪繼續為共同生活之程度，即屬相當（44台上26判例）。

（五）夫妻一方以惡意遺棄他方在繼續狀態中者

夫妻一方以惡意遺棄他方在繼續狀態中者：須有遺棄的故意，遺棄的行為，包括積極的作為及消極的不作為（20上1569、22上9220號判例），且須在繼續之狀態。

（六）夫妻一方意圖殺害他方者

夫妻一方意圖殺害他方者：只須有此意圖即為已足。有無殺害之「意圖」，依刑法之規定及理論認定之。

（七）有不治之惡疾者

有不治之惡疾者：指對夫妻共同生活造成障礙且不能治癒之疾病，如麻瘋、花柳病等是也（23上4051號、31上3110號判例）。所謂「惡疾」，依上述判例所示，似指該疾病有可能會傳染，因而導致他方之厭惡，在客

觀上已達難以共同生活者，但必須此「惡疾」於婚姻關係存續中仍存在，且必須「不治」。本書以為，所謂「不治」並非絕對無法治癒，但依現有之醫學科技，無法在合理的時間內予以治癒或改善其狀況，因而導致夫妻共同生活之障礙，無法實現婚姻目的，是謂之「不治」。因此罹患癌症，可能不治，但不能認為是「惡疾」。同理；罹患帕金生症、阿茲海默症，目前雖屬不治，但亦難以認定為「惡疾」。

（八）有重大不治之精神病者

有重大不治之精神病者：該精神病須「重大」，亦須造成夫妻共同生活之障礙，且達不能治癒之程度。

（九）生死不明已逾 3 年

生死不明已逾3年：係指夫妻之一方離家後，杳無音訊，無從知其生死之狀態而言，只須其生死不明已達三年即可，請求離婚之配偶就其是生是死之事實，不負證明之責任（62台上845號判例），若生死已分明，即無據本款提起離婚之必要（22上422號判例）。

（十）因故意犯罪，經判處有期徒刑六個月確定

若配偶係因「過失」犯罪，則其惡性較低，因此本法修正時將之限縮為「故意犯罪」始有本款之適用。又本款所謂「經判處有期徒刑六個月確定」，係指「宣告刑」而言，不包括「法定刑」、「處斷行」或「執行刑」。

（十一）難以維持婚姻之重大事由

該條第2項規定：「有前項以外之重大事由，難以維持婚姻者，夫妻之一方得請求離婚。但其事由應由夫妻之一方負責者，僅他方得請求離婚。」

　　本項規定，本書以為係採「破綻主義」而非「有責主義」，至於有無「難以維持婚姻者」，由請求人負舉證責任，法院依具體個案、客觀標準認定之。

　　若配偶以前項所訂十款中之任一款提起離婚之訴，經法院認為不屬於該十款中任一款之情形，而為敗訴的判決，當事人於敗訴後得否再以本項為理由提請離婚之訴？

　　實務上有認為此為同一事實，自不得再依同條第2項提起訴訟（76台上2240判決）。實務上亦有認為此「非同一事實」而得准許者，如最高法院83年4月19日第4次民庭決議。唯如不能人道已形成難以維持婚姻之重大事由者，得依同條第二項之規定訴請離婚。最高法院86年3月4日第2次民庭決議認為：…民法親屬篇於民國74年修正後，於第1052條增列第2項離婚事由之概括規定，其目的在使夫妻請求裁判離婚之事由較富彈性。是夫妻間發生足使婚姻難以維持之種大事由，雖不符合該條第一項所列各款情形，亦無不准依該條第二項訴請離婚之理。

　　本書以為基該二決議所示，應解為：如不符合該條第一項所列各款情形，該事由即屬是否為第2項所規定的「前項以外之重大事由」之範疇，當事人若認為該事由導致「難以維持婚姻者」，夫妻之一方自得依該條第二項請求離婚。

伍　裁判離婚請求權消滅之原因

一、一方死亡

　　一方死亡：夫妻當事人一方於判決確定前死亡，視為訴訟終結。

二、同意宥恕

民法第1053條規定：「對於前條第1款、第2款之情事，有請求權之一方，於事前同意或事後宥恕。」

三、期間經過

乃指：配偶之他方知悉配偶有重婚或與配偶以外之人合意性交之事實已逾6個月，或自其情事發生後已逾2年者。知悉意圖殺害，因故意犯罪，經判處有期徒刑逾6個月確定，有請求權之一方自知悉後已逾1年，或自其情事發生後已逾5年者。均不得請求離婚(§1053、1054)。以上期間為除斥期間（33上4886號判例）。

陸　我國民法上離婚之效力

一、對於身分上之效力

兩願或裁判離婚，均可使夫妻身分關係消滅。民國98年4月增修民法第1052-1條規定「離婚經法院調解或法院和解成立者，婚姻關係消滅。法院應依職權通知該管戶政機關。」

因夫妻之離婚，致夫妻間身分上之權利義務亦均消滅，如同居義務、夫妻彼此間之扶養義務消滅，但父母對於未成年子女之扶養義務，不因離婚而受影響(§1116-2)。

姻親關係，因離婚而消滅(§971)。但直系姻親結婚之禁止，於姻親關係消滅後，亦適用之(§983 II)。

二、對於子女之監護

民法第1051條條於民國85年已刪除。但為維護未成年子女之權利，將第1055條修正為「夫妻離婚者，對於未成年子女權利義務之行使或負擔，依協議由一方或雙方共同任之。未為協議或協議不成者，法院得依夫妻之

一方，主管機關、社會福利機構或其他利害關係人之請求或依職權酌定之。前項協議不利於子女者，法院得依主管機關、社會福利機構或其他利害關係人之請求或依職權為子女之利益改定之。行使、負擔權利義務之一方為未盡保護教養之義務或對未成年子女有不利之情事者，他方、未成年子女、主管機關、社會福利機構或其他利害關係人得為子女之利益，請求法院改定之。前三項情形，法院得依請求或依職權，為子女之利益酌定權利義務行使負擔之內容及方法。法院得依請求或依職權，為未行使或負擔權利義務之一方酌定其與未成年子女會面交往之方式及期間。但其會面交往有妨害子女之利益者，法院得依請求或依職權變更之。」本條第五項為「探視權」。

法院為前條裁判時，應依子女之最佳利益，審酌一切情狀，參考社工人員之訪視報告，尤應注意下列事項：1.子女之年齡、性別、人數及健康情形。2.子女之意願及人格發展之需要。3.父母之年齡、職業、品行、健康情形、經濟能力及生活狀況。4.父母保護教養子女之意願及態度。5.父母子女間或未成年子女與其他共同生活之人間之感情狀況(§1055-1)。父母均不適合行使權利時，法院應依子女之最佳利益，並審酌前條各款事項，選定適當之人為子女之監護人，並指定監護之方法，命其父母負擔扶養費用及其方式(§1055-2)。

民國102年11月修正第1055-1條增列第7款及第2項「…七、各族群之傳統習俗、文化及價值觀。前項子女最佳利益之審酌，法院除得參考社工人員之訪視報告或家事調查官之調查報告外，並得依囑託警察機關、稅捐機關、金融機構、學校及其他有關機關、團體或具有相關專業知識之適當人士就特定事項調查之結果認定之。」

父母均不適合行使權利時，法院應依子女之最佳利益並審酌前條各款事項，選定適當之人為子女之監護人，並指定監護之方法、命其父母負擔扶養費用及其方式(§1055-2)。

三、對於財產之效力

（一）損害賠償

夫妻之一方，因判決離婚而受有損害者，得向有過失之他方請求賠償。前項情形，雖非財產上之損害，受害人亦得請求賠償相當之金額，但以受害人無過失者為限。非財產上之損害賠償請求權，不得讓與或繼承，但已依契約承諾或已起訴者，不在此限(§1056)。

本條所謂之「損害」，係指「因判決離婚而受」之「損害」，而非指「因造成離婚之原因事實所導致之損害」。因此若夫甲與乙女合意性交，妻主張離婚，但未因離婚而造成妻丙之財產或非財產上之損害，妻丙不得對夫甲主張本條之「損害」賠償請求權。但得對甲或甲乙依民法侵權行為之規定主張求償。

（二）給與贍養費

夫妻無過失之一方，因判決離婚而陷於生活困難者，他方縱無過失，亦應給與相當之贍養費(§1057)。但在兩願離婚，無須「陷於生活困難」，「他方有無過失」亦非所問，只要經雙方當事人於協議離婚時約訂贍養費之給予即可。但若當事人未協議損害賠償或請求贍養費者，則不得請求之（28上487號判例）。

贍養者得否請求法院變更或廢止？學者多採肯定說，本書以為得依民法第227-1條規定，聲請法院增、減其給付或變更其他原有之效果。

至於贍養費之多寡，贍養費之給與是否相當，於裁判離婚，當視贍養者之經濟能力，即被贍養者需要狀況權衡認定（院解字744號）。但於協議離婚，贍養費給與之多寡、以及是否相當，均由當事人協議定之。

（三）取回財產

民國91年6月修正民法時，修正如下：「夫妻離婚時，除採用分別財產制者外，各自取回其結婚或變更夫妻財產制時之財產。如有剩餘，各依其夫妻財產制之規定分配之」（§1058）。

本書以為，民法第1057條僅規定「贍養費」，第1587條僅規定「夫妻剩餘財產之分配」，均未重視未成年子女的扶養費。或謂贍養費可包括「扶養費」，本書持否定見解，認為贍養費不等於、亦不包括未成年子女之扶養費。因此本書主張，無論係協議離婚或是裁判離婚，於夫妻財產之分配前，應先保留未成年子女之扶養費，並將之設定「強制信託」，以維未成年子女之利益。

或謂：第1055條第4項規定，法院得依請求或依職權，為子女之利益酌定權利義務行使負擔之內容及方法。但本項規定並非強制規定，由於法院事務繁多難以依職權主動審理，通常須待請求方會審理，因此對未成年子女利益保護不周。或云可依第1055-2條規定，法院應依子女之最佳利益，指定監護之方法、命其父母負擔扶養費用及其方式。但本條規定限於：父母均不適合行使權利時，方得由法院判令其父母負擔扶養費用及其方式。此種情形多屬例外之少數情況，並不能適用於普遍之離婚情形，尤其難以適用於兩願離婚，因此為未成年子女利益之考量，建議修法將「未成年子女之扶養費（含生活費、教育費以及其他必要費用）」列入夫妻財產分配時之負債，先行提撥該費用之總額，並為「強制信託」。

四、效力發生之時期

兩願離婚於依戶籍法為離婚登記時生效（戶籍法§25二、48），裁判離婚，於離婚判決確定時發生離婚之效力。

案例解說

一、本案涉及兩願離婚之要件

甲乙兩願離婚，立有書面離婚協議書，並有二人以上證人，惟乙不願辦理離婚登記，甲可否以訴請求乙協同履行登記義務？此有肯定與否定說。肯定說認為甲乙既已訂立離婚協議書（契約），自有義務辦理離婚登記，如當事人一方拒之，他方自得提起離婚登記之訴，請求法院命其履行登記義務（75台上第382號判決）。

否定說則主張兩願離婚之形式要件有三：一為書面，二為二人以上證人，三為向戶政機關為離婚登記，均須具備始生效力。如一方拒不向戶政機關為離婚之登記，則其離婚契約尚未有效成立，他方自無提起離婚戶籍登記之訴之法律依據（75台上第894判決）。本書持否定說。

本書認為，一、純粹的身分行為不得強制履行。二、欠缺權利保護要件，因為至戶政機關辦理離婚登記應屬兩願離婚之形式要件，如未履行，兩願離婚即未成立，自不得訴請法院令他方協同辦理離婚登記。

二、 若夫於精神錯亂中，對妻有不當之行為，尚不得謂妻已受不堪同居之虐待而請求離婚（33上5635）。

司法院大法官會議對是否可認定「不堪同居之虐待」，做有解釋令，釋字第372號解釋案認為：「所謂不堪同居之虐待」，應就具體事件，衡量夫妻之一方受他方虐待所受侵害之嚴重性，斟酌當事人之教育程度、社會地位及其他情他情事，是否已危及婚姻關係之為係以為斷。若受他方虐待已逾越夫妻通常所能忍受之程度而有侵害人格尊嚴與人身安全者，即不得謂非受不堪同居之虐待。

第二節 │ 夫妻財產制

案 例

一、夫甲妻乙於民國73年結婚，甲將其所購買之屋於民國74年5月登記為乙之名下，此事為甲之友丙所明知，甲因經商需用資金，丙於民國95年借給甲N.T. 1000萬，言明於民國98年還款，但甲未還，丙乃訴請法院判令查封拍賣乙名下甲之房屋以清償甲的負債。問丙之請求有理由否？

二、夫甲於婚前有屋一棟，妻乙於婚前有存款100萬元，婚後，甲另購屋一棟值2000萬，甲乙住於此屋，此屋尚有貸款800萬。婚前的房子出租，租金收入至離婚時共計360萬。甲乙均有工作，於結婚十週年，甲贈與乙100萬將此100萬元購小套房一戶，該屋值400萬，乙已支付貸款200萬，尚有貸款100萬。該屋出租，租金收入至離婚時共計120萬。甲現有存款150萬，乙有存款50萬，後因甲在外與丙通姦，乙女主張離婚，問夫妻財產應如何分配？

---------------------------------- 理 論 ----------------------------------

　　前文論及，婚姻的本質是一種具有「法意識的倫理性之愛」，同時亦有永恆的正義之概念，此種概念即為「善的理念」，因而夫妻經由婚姻所組合的「家庭」即具有善的理念。家既為人之行為所組成，因而家即係具有善的實體。這一實體需要管理，而其管理首重「家的財產」，家庭財產之管理應含有二個層面的意義：一是財產的取得與享有，二是財產的管理與處分。

　　黑格爾認為：道德的觀點，從它的形態上看來實為人之主觀意志的法理念。道德上的完滿行為，必遵守主觀上行為規範的原理、格率

(Maxime)，同時亦必符合客觀行為規範的原理、行為之一般法則(sollen)，此即康德所謂的道德法則，只有道德法則才具有普遍妥當性，亦才具有自然法則之法效性。所有家庭財產之管理均應遵循此一道德法則，行為的理性或意志才能發生作用，若此；具體的善才能顯見，家的組合才能存在與統一。

若夫妻已失「義合」的倫理基礎而須離異，或因夫妻之一方死亡而造成家庭的解體，則同財共居的倫理關係即須解消，因此，夫妻間的財產關係或稱為「家庭財產關係」即須清理，家庭財產也由倫理性再轉換至所有權的概念。

在探討夫妻財產制之前，筆者想先論述「為何」要有「夫妻財產制」？「為何」稱之為「夫妻財產制」？筆者以為之所以要有「夫妻財產制」主因是為了經濟秩序與安全之目的，因此世界各國對此制度之規定多有不同。古羅馬時期重視交易安全，因此採用「法定財產制」，不許夫妻自行約定財產關係。我國古代以家族為中心，注重同財共居親屬間財富的分配、運用、以及管理，因此採用「家族財產」主義，家產之所有權歸屬於家長，家長死後要分產，是為「遺產」分割之範疇。若要在家長生前分產，那可是家族中之大事，原則上是相當困難也相當罕見的事。民國19年制定親屬時，傲瑞士立法立兼採羅馬法系及日爾曼法系之制度，承認法定財產制及約定財產制。

對於我國現行制度到底是優？是劣？本書不予置評，但想請讀者一同深思的是：現行制度是否適合我國的民俗民情？「夫妻財產制」與我國的家庭制度的觀念是否契合？「夫妻財產制」的制度與結婚之「一般效力」等規定是否相容？若答案不是那麼肯定，則夫妻間、家庭成員間即有可能發生爭執或困擾。

我國夫妻財產制幾經修正，茲分述如下：

壹 夫妻財產制～婚姻之特殊效力

一、夫妻財產制之意義及種類

夫妻財產制，乃指夫妻關係存續中，夫妻相互間就財產問題，如：取得、處分、管理、轉換、負擔債務等法律關係之規範，以及夫妻關係消滅後財產歸屬等之法則也。

我民法就夫妻財產制，區分為二大類：

（一）法定財產制

夫妻財產制之適用，係由法律直接規定者，稱為法定財產制。

（二）約定財產制

夫妻財產原屬個人問題，原得由夫妻自由約定，但為顧及公序良俗、維護交易安全，各國對此約定財產制均有限制規定，我民法亦規定夫妻僅得在本法所定之共同財產或分別財產中擇一約定之，且不得以當事人合意擅自變更該財產制之法定內容。由於夫妻僅得在本法所定之共同財產或分別財產中擇一約定之，而不許夫妻任意約定財產制，因此個人以為應稱之為「法定選擇財產制」。

二、夫妻財產制之成立、轉換與廢止

（一）約定財產制

「夫妻得於結婚前或結婚後，以契約就本法所定之約定財產制中，選擇其一，為其夫妻財產制」（§1004）。其成立要件如下：

1. 訂約能力（已刪除）

本書認為禁治產人為無行為能力人，其意思表示絕對無效，無法為夫妻財產制之約定，法定代理人意無法為同意之意思表示。因此民國91年6月修正時，已將民法第1006條刪除。

2. 書面為之

　　「夫妻財產制契約之訂立、變更或廢止，應以書面為之」（§1007）。係採要式主義。此「書面」為約定財產契約之成立及生效要件。

3. 契約登記

　　「夫妻財產制契約之訂立、變更或廢止，非經登記，不得以之對抗第三人。前項夫妻財產制契約之登記，不影響依其他法律所為財產權登記之效力。」（§1008）。由於夫妻財產制契約對於第三人亦發生效力，故而又採「登記對抗主義」，縱未為此項登記，約定財產契約並不因之而無效，僅係不得對抗善意的第三人而已。夫妻財產制契約之登記，應附具夫妻財產制契約（非訴§45 I ），夫妻財產制契約之登記，對於登記前夫或妻所負債務之債權人，不生效力（非訟§45 IV ）。「前二條之規定，有關夫妻財產制之其他契約，準用之。」（§1008-1）。

4. 訂立時期

　　本法第1004條即規定夫妻得於結婚前或結婚後為財產制之約定，並於第1012條規定「夫妻於婚姻關係存續中，得以契約廢止其財產契約，或改用他種約財產制。」此種約定，自需以書面為之，並且非經登記不得對抗第三人。

（二）法定財產制

　　「夫妻未以契約訂立夫妻財產制者，除本法另有規定外，以法定財產制，為其夫妻財產制」（§1005）。其成立之情形如下：

1. 通常法定財產制

　　夫妻未以契約訂立夫妻財產制，則以法定財產制為其夫妻財產制，此為第一種情形。若夫妻以契約約定以法定財產制為其夫妻財產制，亦

可，此為第二種情形。第三情形如：夫妻所定之夫妻財產制契約無效者，第四種情形如：夫妻所定之夫妻財產制契約被撤銷者，亦應採法定財產制。

2. 非常法定財產制

又稱特別法定財產制，亦稱為「夫妻財產制之轉換」。乃指夫妻間原採通常法定財產制，或約定財產制中之共同財產制，因其一方財產狀況或行為具有法定原因時，即當然或得請求法院宣告改用分別財產制。其原因如下：

◎ 宣告轉換

又稱「裁判特別法定財產制」。民法第1010條規定：「夫妻之一方有左列情形之一時，法院因他方之請求，得宣告改用分別財產制：一、依法應給付家庭生活費而不給付時。二、夫或妻之財產不足清償其債務時。三、依法應得他方同意為之財產處分，他方無正當理由拒絕同意時。四、有管理權之一方對於共同財產之管理顯有不當，經他方請求改善而不改善時。五、因不當減少其婚後財產，而對他方剩餘財產分配請求權有侵害之虞時。六、有其他重大事由時。夫妻之總財產不足清償總債務或夫妻難於維持共同生活，不同居已達六個月以上時，前項規定於夫妻均適用。」

親屬法施行法第6條第2項規定「修正之民法第1010條之規定，於民法親屬編施行後修正前已結婚者，亦適用之。其第5款所定之期間，在修正前已屆滿者，其期間為屆滿，未屆滿者，以修正前已經過之期間與修正後之期間合併計算。」

貳　法定財產制

一、法定財產制之組成及所有權歸屬

　　第1017條：「Ⅰ.夫或妻之財產分為婚前財產與婚後財產，由夫妻各自所有。不能證明為婚前或婚後財產，推定為婚後財產；不能證明為夫或妻所有之財產，推定為夫妻共有。Ⅱ.夫或妻婚前財產，於婚姻關係存續中所生之孳息，視為婚後財產。Ⅲ.夫妻以契約訂立夫妻財產制後，於婚姻關係存續中改用法定財產制者，其改用前之財產視為婚前財產。」

　　親屬法施行法第6-2條亦規定「中華民國91年民法親屬編修正前適用聯合財產制之夫妻，其特有財產或結婚時之原有財產，於修正施行後視為夫或妻之婚前財產；婚姻關係存續中取得之原有財產，於修正施行後，視為夫或妻之婚後財產。」

　　由上述條文之規範可知：「法定財產制」係由夫妻之婚後財產所組成，夫妻婚後之財產仍為個人所有。此與「分別財產制」實無差異，何以如此規範？夫妻間之財產，究應如何規定才能既保障夫妻之利益、又能維護家庭合諧、以及符合社會利益？筆者以為我們真的應該認真的檢討。

二、法定財產制之管理、使用、收益及處分權

　　民國91年6月修正之民法第1018條規定：「夫或妻各自管理、使用、收益及處分其財產。」管理行為，應包括利用行為及改良行為，但改良行為以不變更其物或權利之性質為限。

三、報告義務

　　夫妻就其婚後財產，互負報告之義務(§1022)。若夫妻違反此項義務之效力如何？法無明文。本書以為此時可能導致夫妻感情不睦、產生齟齬，可能導致夫妻之離婚。

四、自由處分金

夫妻家庭生活費用外，得協議一定數額之金錢，供夫或妻自由處分（§1018-1）。

社會上對「家事有給制度」爭議良多，但「自由處分金」之概念與「家事有給制」仍有一些不同之處。自由處分金之目的在保障家庭弱勢一方的經濟獨立與人格尊嚴。但仍須由夫妻雙方協議而後方能享有自由處分金之權。唯若雙方協議不成或無法協議應如何處理，仍乏明文，故本條在執行上仍會產生困擾。

五、撤銷權

民國91年修正民法新增第1020-1規定「Ⅰ.夫或妻於婚姻關係存續中就其婚後財產之無償行為，有害及法定財產制消滅後他方之剩餘財產分配請求權者，他方得聲請法院撤銷之。但為履行道德上義務上所為之相當贈與，不在此限。Ⅱ.夫或妻於婚姻關係存續中就其婚後財產所為之有償行為，於行為時明知有損於法定財產制關係消滅後他方之剩餘財產分配請求權者，以受益人受益時亦知其情事者為限，他方得請聲法院撤銷之。」前條撤銷權，自夫或妻之一方知有撤銷原因時起，6個月間不行使，或自行為時起經過一年而消滅(§1020-2)。

六、法定財產之債務清償

夫妻各自對其債務負清償之責。夫妻之一方以自己財產清償他方之債務時，雖於婚姻關係存續中，亦得請求返還(§1023)。

七、法定財產制之消滅原因

法定財產制消滅之原因如下：1.因夫妻之一方死亡而消滅，蓋夫妻關係因死亡而消滅，則其財產關係亦因而消滅。2.因夫妻離婚而消滅，蓋離婚則夫妻關係消滅。3.因改採約定財產制(§1012)。

八、剩餘財產之分配

（一）原則上平均分配

民國100年修正民法第1030-1條第3項規定：「法定財產制關係消滅時，夫或妻現存之婚後財產，扣除婚姻關係存續所負債務後，如有剩餘，其雙方剩餘財產之差額，應平均分配，但下列財產不在此限：一、因繼承或其他無償取得之財產。二、慰撫金。依前項規定，平均分配顯失公平者，法院得調整或免除其分配額。第1項請求權，不得讓與或繼承。但已依契約承諾，或已起訴者，不在此限。第1項剩餘財產差額之分配請求權，自請求權人知有剩餘財產之差額時起，2年間不行使而消滅。自法定財產制關係消滅時起，逾5年者，亦同。」

（二）負債之計算

夫或妻之一方以其婚後財產清償其婚前所負債務，或以其婚前財產清償婚姻關係存續中所負債務，除已補償者外，於法定財產制關係消滅時，應分別納入現存之婚後財產或婚姻關係存續中所負債務計算。夫或妻之一方以其前條第一項但書之財產清償婚姻關係存續中其所負債務者，適用前項之規定(§1030-2)。

（三）追加計算

民法第1030-3條規定「夫或妻為減少他方對剩餘財產之分配，而於法定財產制關係消滅前五年內處分其婚後財產者，應將該財產追加計算，視為現存之婚後財產。但為履行道德上義務所為之相當贈與，不在此限。前項情形，分配權利人於義務人清償其應得之分配額時，得就其不足額，對受領之第三人於其受利益內請求返還。但受領為有償者，以顯然不相當對價取得者為限。前項對第三人之請求權，於知悉其分配權利受侵害時起2年間不行使而消滅，自法定財產制關係消滅時起，逾5年者，亦同。」

（四）價值計算之基準期日

民法第1030-4條規定：「夫妻現存之婚後財產，其價值計算以法定財產制關係消滅時為準。但夫妻因判決而離婚者，以起訴時為準。依前條應追加計算之婚後財產，其價值計算以處分時為準。」修正理由載：「財產之價值計算，影響夫妻剩餘財產之分配計算。爰明定夫妻現存婚後財產與應追加計算財產之計價時點，以期明確，俾免適用上發生疑義。」

參　共同財產制（約定財產制之一）

一、共同財產制之意義及成立

（一）意義

共同財產制，依民法規定可分為一般共同財產制及所得共同財產制。

1. 一般共同財產制

一般共同財產制，乃指夫妻之財產及所得，除特有財產外，合併為共同財產，屬於夫妻公同共有(§1031 I)。

2. 所得共同財產制

所得共同財產制，乃指夫妻得以契約訂定，僅以勞力所得為限為共同財產。前項勞力所得，指夫妻於婚姻關係存續中取得之薪資、工資、紅利、獎金及其他與勞力所得有關之財產收入。勞力所得之孳息及代替利益，亦同(§1041 II)，不能證明為勞力所得以外財產者，推定為勞力所得(§1041 III)。夫或妻勞力所得以外之財產，適用關於分別財產制之規定(§1041 IV)。第1034條、第1038條及第1040條之規定，於第1項情形準用之(§1041 V)。

（二）成立

共同財產制既為約定財產制之一，則其訂立、變更或廢止，均應以書面為之，且非經登記不得以之對抗第三人（§1007、1008Ⅰ）。惟登記時應表明係為一般共同財產制或所得共同財產制。若未表明，應推定為一般共同財產制。

二、特有財產

民法第1031-1條規定，下列財產為特有財產：「一、專供夫或妻個人使用之物。二、夫或妻職業上必須之物。三、夫或妻所受之贈物，經贈與人以書面聲明為其特有財產者。前項所定之特有財產，適用關於分別財產制之規定。」按修正後之法定財產制，其財產種類不再有特有財產，惟於共同財產制尚有存在之必要，爰予移列，俾體例一致。

三、共同財產制之管理、使用、收益及處分

（一）共同財產制之管理、使用、收益

「共同財產，由夫妻共同管理。但約定由一方管理者，從其約定。共同財產之管理費用，由共同財產負擔」（§1032）。

（二）共同財產制之處分

「夫妻之一方，對於共同財產為處分時，應得他方之同意。前項同意欠缺，不得對抗第三人，但第三人已知或可知而知其欠缺，或依情形，可認為該財產屬於共同財產者，不在此限」（§1033）。

夫妻之一方，對於共同財產為處分時，若未得他方之同意，對他方之效力如何？法無明文。本書以為得類推適用民法第118條有關無權處分之規定，已得到配偶他方之承認，始生效力。

四、共同財產之債務清償及補償請求權

（一）債務清償

夫或妻結婚前或婚姻關係存續中所負之債務，應由共同財產，並各就其特有財產負清償責任(§1034)。

（二）補償請求權

共同財產所負之義務，而以共同財產清償者，不生補償請求權(§1038Ⅰ)。若「共同財產之債務，而以特有財產清償，或特有財產之債務，而以共同財產清償者，有補償請求權，雖於婚姻關係存續中，亦得請求。」(§1038)。

五、共同財產制之消滅

（一）消滅之原因

共同財產制，得因夫妻一方之死亡，或因離婚、婚姻之撤銷、無效，或以合意(§1012)改用其他財產制。

（二）共同財產制消滅後財產之歸屬

1. 夫妻之一方死亡時之歸屬

「夫妻之一方死亡時，共同財產之半數，歸屬於死亡者之繼承人，其他半數，歸屬於生存之他方」(§1039Ⅰ)。對於此項財產之分割，其數額另有約定者，從其約定(§1039Ⅱ)。第一項情形，如該生存之他方，依法不得為繼承人時，其對於共同財產得請求之數額，不得超過於離婚時所應得之數額(§1039Ⅲ)。

2. 因其他原因消滅時之歸屬

「共同財產關係消滅時，除法律另有規定或契約另有訂定外，夫妻各取回其訂立共同財產制契約時之財產」(§1040Ⅰ)。「共同財產制關

係存續中取得之共同財產，由夫妻各得其半數。但另有約定者，從其約定」（§1040Ⅱ）。

3. 歸屬之準用

民法第1041條第5項規定：「第1034條、第1038條及第1040條之規定，於第1041條之規定，於第一項情形準用之。」

肆　分別財產制（約定財產制之二）

一、意義及成立

分別財產制者，乃夫妻各保有其財產之所有權、各自管理權、使用收益及處分之財產制（§1044）。

此亦為約定財產制，故其訂立、變更、或廢止，均應以書面為之，且非經登記不得不以之對抗第三人（§1007、1008Ⅰ）。

二、清償債務之責任

分別財產制有關夫妻債務之清償，適用於第1023條之規定（§1046）。由採用於分別財產制之夫妻各自所有、管理、使用、收益及處分自己之財產，故夫妻之一方理當以自己之財產清償自己之債務，但若夫妻之一方以自己之財產清償他方之債務時，自應允其得於婚姻關係存續中請求他方清償之，故準用民法第1023條之規定。

案例解說

一、該屋既於民國74年6月4日以前登記於乙之名下，又於民國85年9月6日修正生效一年後，甲乙婚姻關係尚存續中且該不動產仍以妻之名義登記者，民法親屬篇施行細則第6-1規定，應一體適用新法，以配合登記制度並維護妻之權益。則本案丙之主張當屬無理由。

二、 夫妻財產制，得因夫妻離婚而消滅。夫妻財產制消滅時，夫或妻現存
之婚後財產制，扣除婚姻關係存續中所負債務後，如有剩餘，其雙方
剩餘財產之差額，原則上應平均分配。但下列財產不在此限：1.因繼
承或其他無償取得之財產。2.慰撫金。此外；夫或妻婚前財產，於婚
姻關係存續中所生之孳息，視為婚後財產。

本案，婚前財產各自取回，就婚後剩餘財產而為分配。

夫之婚後財產為（2000屋－800貸款）＋150存款＋360孳息＝1710。

妻之婚後財產為（400屋－100無償取得－100貸款）＋50存款＋120孳
息＝370

其剩餘財產之分配為：

（1710－370）÷2＝670

1710－670＝1040

370＋670＝1040

各有1040萬

═══ 自 我 練 習 ═══

一、請您就您所看過的影片、新聞中有關離婚的部分,以300字以內的文字說明其原因及您的感想。

二、您認為目前離婚率是否過高?離婚之後對夫妻雙方、未成年子女的影響如何?您認為目前對離婚後未成年子女監護之規定,優缺如何?有無待改進之處?

三、試述兩願離婚之要件。

四、您認為自由處分金是否應由夫妻協議定之?或應由法律強制規定?或根本不應有此自由處分金之制度?又家事勞動應否折算價金?

五、您認為在法定財產制消滅時,原則上以雙方剩餘財產之差額平均分配,是否合理?

memo

繼承與遺產稅

摘 要

　　家雖是一個實體，但家中之成員並未喪失獨立性，因此當夫妻之一方死亡時，家的實體性即受到影響，夫妻財產的統一性也受影響，因此必須對死者所遺留之財產加以處理，以維護倫理及共通善的理念。是以，古今中外，均設有繼承之制度。

　　接著敘述我國民法繼承篇中有關繼承之意義、繼承人之資格、繼承人及其順序，其次論述繼承應依應繼分，繼承權之侵害，接著介紹代位繼承、限定繼承及拋棄繼承之相關規定。

　　另外，介紹特種遺產及歸扣權之行使，以及遺贈與扣減權之行使，期盼大家能理解其間之關聯。

第一節 | 繼 承

一、甲男已婚，妻死亡多年甲有獨子丙，甲又娶乙女為妻。甲年老多病，丙恐將來甲之遺產為乙所占，乃偽造甲之遺囑，被乙女所悉，告訴甲。甲命丙將該遺囑銷毀，並表示未來在遺囑分派時將多分一些給乙。問：丙得否繼承？

二、甲夫乙妻結婚多年育有一女丙，甲乙共同收養丁為養子，不久乙女懷胎尚未生產，乙發現甲在外與A女同居且生有一子B，乙女乃告訴甲之父母及甲兄X，甲坦承不諱，某日甲因心臟病突發而死亡，依民法規定夫妻財產制消滅後，並扣除遺產稅後，甲留有遺產：現金及股票（市價）各200萬元，房屋一棟（市值）800萬元，問：何人得繼承？各應繼承若干元？如甲立有遺囑，遺贈給其父母各500萬元，應如何處理？

　　家是一個實體，這個實體並不是永存的，它可能因夫妻的離婚而消滅，可能因夫或妻之死亡而消弱或解除。但此並非意味著家中的成員均喪失其獨立性，若夫或妻死亡時，其財產之統一性即喪失，因而不得不處理死者所遺留之財產，這就發生了繼承制度。如以所有權的概念而言，死者所遺留的財產係屬無主物，如動產之無主物得以先占方式取得其所有權，則會發生混淆、爭執，因此，須設立一制度使家屬得以繼承死者之遺產。茲分述我國民法繼承篇之相關規定如下：

壹　繼承之意義、資格及順位

一、繼承之意義

繼承，因被繼承人死亡而開始(§1147)，由具有一定親屬身分之生存者，就被繼承人所留遺產，當然的，概括的承受該遺產一切權利與義務之一種法律事實。民法1148條第1項規定「繼承人自繼承開始時，除本法另有規定外，承受被繼承人財產上之一切權利、義務。但權利、義務專屬於被繼承人本身者，不在此限。」仍採「概括繼承主義」。但由民國98年修正第2項規定以觀，「繼承人對於被繼承人之債務，以因繼承所得遺產為限，負清償責任。」似又改採「法定限定主義」。查立法理由仍主張「概括繼承主義」。若繼承人仍以自己之財產清償被繼承人之債務，並無不當得利可言。

二、繼承人之資格

繼承人須具有一定資格，方受法律保護其繼承權。其要件有四：

（一）同時存在原則

繼承人限於繼承開始之當時仍尚生存者。若於繼承開始之際，尚未出生或已死亡者（但有例外），則無繼承人之資格（29上454號判例）。此謂之「同時存在原則」，亦有稱之為「繼承原則」。「繼承原則」，德民法稱為「繼承能力」，但胎兒則例外的享有繼承之資格。

（二）須有繼承能力

凡有權利能力之自然人均有繼承能力。本要件與上述要件，係為絕對要件。

（三）位居繼承順位

雖自然人均有繼承能力，然非均得繼承，除配偶外，應視其有無立於繼承之順位，若有順位在先者，則後順位之人，即無法繼承。

（四）未喪失繼承權

雖其已立於繼承之順位，但若因一定之情形而喪失繼承權者，仍不得繼承。亦即具有民法第1145條第1項第1、5款事由則絕對喪失繼承權。若僅具有第2~4款事由，如經被繼承人宥恕者，其繼承權不喪失。

三、繼承人及其順序

遺產繼承人，除配偶外，依下列順序定之：1.直系血親卑親屬。2.父母。3.兄弟姊妹。4.祖父母(§1138)。由上可知：

（一）配偶

為當然繼承人。配偶有相互繼承遺產之權（§1144前段）。其得與其他順位之繼承人共同繼承，如無其他順位者，則由其單獨繼承。

（二）直系血親卑親屬

其為第一順序之繼承人。無論是婚生或準女婚生子女，無論女子出嫁與否，均屬之，又擬制血親之養子女亦包括在內，胎兒亦有本款之適用，非婚生子女經生父認領或撫育者，視同婚生子女。又同為直系血親卑親屬之繼承人，以親等近者為先（§1139），故子女及孫子女雖均為第一順序之繼承人，但以子女為優先繼承。如子女先死或喪失繼承權，得由孫子女代位繼承（§1140）。

（三）父母

包括親生父母與養父母。但養子女與本生父母之權利義務，於收養關係存續中，當然停止。父母對於入贅於他家之男子、已嫁女子之遺產，仍有繼承權（21院解字780號）。

（四）兄弟姊妹

全血緣兄弟姊妹、半血緣兄弟姊妹（21院解字第735號）、養子女與婚生子女相互間（29院解字第2037號，32上3409號判例）均為兄弟姊妹。

（五）祖父母

包括外祖父母及父母之養父母在內，又養父母之父母亦為祖父母，自得為遺產繼承人（32院解字2560號）。

貳　應繼分

一、應繼分之意義

應繼分者，乃繼承人為數人時，本法規定各共同繼承人就遺產上之一切權利義務，所應分得之比率，是謂之。但若繼承人合意自行訂定分配比例，原則上尊重當事人的合意，但是若有繼承人不同意，則仍應依本法所定應繼分之規定分配遺產。

二、應繼分之比例

（一）同一順序者

同一順序之繼承人有數人時，按人數平均繼承，但法律另有規定者，不在此限(§1141)。可見我民法係採「均分繼承制度」為原則，如法律另有例外之規定者，則應依其規定。如第一順序之繼承人中有拋棄繼承權者，其應繼分歸屬於其他同為繼承之人。第二順序至第四順序之繼承人中，有拋棄繼承權者，其應繼分歸屬於其他同一順序之繼承人(§1176Ⅰ、Ⅱ)，即屬例外規定。

（二）配偶應繼分

配偶，有相互繼承遺產之權，其應繼分，依下列各款定之(§1144)：

1. 與第1138條所定第一順序之繼承人同為繼承時，其應繼分應與他繼承人平均。

2. 與第1138條所定第二順序或第三順序之繼承人同為繼承時，其應繼分為遺產二分之一。

3. 與第1138條所定第四順序之繼承人同為繼承時，其應繼分遺產三分之二。

4. 無第1138條所定第一順序至第四順序之繼承人時，其應繼分為遺產之全部。

參　繼承權之喪失

此乃指將為繼承人之繼承權的喪失而言。凡有下列各款情事之一者，喪失繼承權（§1145）。

一、絕對的喪失

繼承人將絕對地不能繼承者之謂也。其原因如下：

◎ 繼承人不法行為

繼承人「故意致被繼承人或應繼承人於死或雖未致死因而受刑之宣告者」（§1145一）。至於繼承人為斯種不法行為，有無謀奪遺產之動機，在所不問，僅須其有殺人之故意，且已致特定人死亡，或雖未死亡但已受有期徒刑以上刑之宣告為已足。

二、相對的喪失

繼承人之繼承權，原應喪失，但如經繼承人宥恕者(§1145Ⅱ)，或被繼承人未表示其不得繼承者，則不喪失。其原因如下：（§1145二～五）

1. 以詐欺或脅迫使被繼承人為關於繼承之遺囑，或使其撤回或變更之者。

2. 以詐欺或脅迫妨害被繼承人為關於繼承之遺囑，或妨害其撤回或變更之者。

3. 偽造、變造、隱匿或湮滅被繼承人關於繼承之遺囑者。

4. 對於被繼承人有重大之虐特或侮辱情事，經被繼承人表示其不得繼承者。

虐待或侮辱，應依客觀標準衡定，而不得依被繼承人之主觀意見論斷。又被繼承人之表示，無須一定之方式，但必須有明確事證足以證明始可。

肆　繼承回復請求權

繼承回復請求權乃指繼承權被侵害者，被害人（真正繼承人）或其法定代理人得請求回復之權利也（§1146Ⅰ）。此項侵害必於繼承開始前已存在，真正繼承人方得於訴訟上或訴訟外主張回復請求權，此項請求權自知悉被侵害之時起，2年間不行使而消滅。自繼承開始時起，逾十年者亦同（§1146Ⅱ）。

伍　代位繼承、限定繼承與拋棄繼承

一、代位繼承

（一）代位繼承之意義

代位繼承者，又稱代襲繼承、承祖繼承，乃謂被繼承人之直系血親卑親屬，有於應繼承開始前死亡或喪失繼承權者，由其直系血親卑親屬代位繼承其應繼分（§1140）之謂也。此有照顧家中各房之意。

（二）代位繼承之要件

1. 被代位繼承人須於繼承開始前死亡或喪失繼承權

若繼承開始後，繼承人未為繼承之承認、拋棄或死亡，而由該繼承人之繼承人繼承者，此為再轉繼承而非代位繼承。代位繼承是指被代位繼承（繼承）人於繼承開始前已死亡。本書認為於繼承開始前已喪失繼承權者不應享有代位繼承權。

2. 該被代位繼承人須係被繼承人之直系血親卑親屬

　　代位繼承，僅於第1138條所定第一順序之直系血親卑親屬之繼承人始得適用。養子女與養父母間之關係為擬制血親，則養子女之婚生子女，養子女之養子女，以及婚生子女之養子女，均得代位繼承（45釋字第70號）。

3. 代位繼承人須為被代位繼承之直系血親卑親屬

　　代位繼承人須為被代位繼承人之直系血親卑親屬，且未死亡或喪失繼承權始可。若被代位繼承人喪失繼承權後，始有直系血親卑親屬，可否代位？學者有主否定說。

4. 代位繼承人僅代被代位繼承人繼承之順位

　　代位繼承，乃指代位人於繼承之順序上，代位被代位人（繼承人）之地位也。故若代位人有數人時，則共同繼承該被代位繼承人之應繼分。

二、限定繼承

（一）限定繼承之意義

　　限定繼承，亦稱限定承認，乃指繼承人得限定以因繼承所得之遺產，償還被繼承人之債務(§1148Ⅱ)。我民法雖以單純承認為原則，但亦傚法、日立法例承認「限定繼承」之制度。

（二）限定繼承之程序

1. 期限

　　為限定之繼承者，應於繼承知悉其得繼承之時起，3個月內為之，此3個月陳報期間為法定不變期間。但恐繼承人來不及或不克完成遺產清冊，法院得因繼承人之聲請，認為必要時，得將呈報遺產清冊之期限

延展之(§1156Ⅰ、Ⅱ)。延展期限，法無明文，法院得以職權、或依聲請展期之理由決定。

2. 方式

　　為限定之繼承者，繼承人應於知悉其得繼承之時起三個月內開具遺產清冊陳報法院(§1156Ⅰ)。凡被繼承人所遺一切之資產及負債，而可為繼承之標的者，均應詳細開列記載，不許隱匿、遺漏，或虛偽記載，如有違反者，繼承人即應負單純承認之責(§1163)。

　　限定繼承雖須呈報法院，但仍不失為繼承人之單獨行為，故不以法院之許諾為要件。是以法院僅就限定繼承之期間等形式要件加以審查（23年院解字1054號）。又此處之法院，應指被繼承人住所地之地方法院。法院於知悉債權人以訴訟程序或非訟程序向繼承人請求清償繼承債務時，得依職權命繼承人於3個月內提出遺產清冊(§1156-1Ⅱ)。繼承依前條規定呈報法院時，法院應依公示催告程序公告，命被繼承人之債權人於一定期限內（不得少於3個月）報明其債權(§1157)，必要時，得延展之。

3. 主體

　　限定繼承，是否應由全體繼承人為之？我民法規定「繼承人有數人時，其中一人已依第1項開具遺產清冊陳報法院者，其他繼承人視為已陳報。」(§1156Ⅲ)。

　　若共同繼承人之一人主張單純承認，其他繼承人主張限定繼承，仍有第1148條第2項之適用，本書於前論述時，即不認為單純承認係意思表示，此亦其理由之一也。但共同繼承人中之一人，有法定單純承認之情事時，則僅該人不得適用限定繼承，其他共同繼承人仍適用限定繼承。

4. 限定繼承之效力

(1) 有限責任

　　繼承人對於被繼承人之債務，以因繼承所得遺產為限，負清償責任(§1148Ⅱ)。

(2) 財產分離

　　為限定之繼承者，其對於被繼承人之權利義務，不因繼承而消滅(§1154)。故繼承人與被繼承人間之固有財產，應嚴格分離，故繼承人對於被繼承人享有權利者，得就繼承財產行使權利，反之，對於被繼承人負有債務，仍應清償之。

(3) 債務清償

　　A. 報明債權之償還：在第1157條所定之期限屆滿後，繼承人對於在該一定期限內報明之債權，及繼承人所已知之債權，均應按其數額，比例計算，以遺產分別償還，但不得害及優先權人之利益(§1159Ⅰ)。

　　B. 不依期限申報者：被繼承人之債權人，不於第1157條所定之一定期限內，報明其債權，而又為繼承人所不知者，僅得就剩餘遺產，行使其權利(§1162)。

　　C. 期限內清償限制：債權人報明債權之法定期間未屆滿前，債權總額究有若干，尚不確定，故繼承人在第1157條所定之一定期限內，不得對於被繼承人之任何債權人，償還債務(§1158)，以示公允。

　　D. 償還未到期債權：債權人已依第1157條之規定報明其債權，但其債權尚未屆清償期，應否得依第1157條清償？有主張繼承人無清償義務，除非繼承人自願拋棄期限利益，否則無強制清償之理，亦有學者主張為避免影響遺產清算程序之進行，應立即清償。通說採後說。民國98年修正第1159條時增列「繼承人對於繼承開始

時未屆清償期之債權，亦應依第一項規定予以清償。前項未屆清償期之債權，於繼承開始時，視為已到期。其無利息者，其債權額應扣除自第1157條所定之一定期限屆滿時起至到期時止之法定利息。」

　　E. 遺贈交付：繼承人非依第1157條規定償還債務後，不得對受遺贈人交付遺贈(§1160)。

5. 限定繼承之失格

　　繼承人中有下列各款情事之一者，不得主張第1148條第2項所定之利益：一、隱匿遺產情節重大。二、在遺產清冊為虛偽之記載情節重大。三、意圖詐害被繼承人之債權人之權利而為遺產之處分(§1163)。繼承人如有民法第1163條規定之情形，即喪失限定繼承之利益，且其效力及於被繼承人所有債權人。

三、拋棄繼承

（一）拋棄繼承之意義

　　繼承之拋棄者，乃指有繼承權之人，不欲承受被繼承人財產上之權利與義務，所為之要式的拋棄之意見表示。蓋繼承與否，繼承人有其自由，如其不欲為該繼承之主體，實無強制其應為繼承之理由，故其得否認就其個人發生繼承之效力，是所謂繼承之拋棄（37年院解字第3845號）。我民法第1174條第1項即明文規定「繼承人得拋棄其繼承權」。

（二）拋棄繼承之程序

1. 拋棄期間

　　繼承人拋棄其繼承權，應於知悉其得繼承之時起3個月內以書面為之（§1174 II前段）。此3個月為法定期間。又繼承人拋棄其繼承權之時期，須自知悉時為之，因其係於繼承開始後，否認繼承效力之意思表

示而言，故若於繼承開始前預為繼承權之拋棄，則不能認為有效（22上2652號判例）。

2. 拋棄方式

應以書面向法院為之。並以書面通知其拋棄而為繼承之人。但不能通知者，不在此限(§1174Ⅱ)。且此項拋棄，不得為一部拋棄（65台上1563號判例）。且亦不許先為繼承之承認，而後再為拋棄（52台上451號判例）。

（三）拋棄繼承之效力

1. 效力之發生期

繼承之拋棄，溯及於繼承開始時發生效力(§1175)。

2. 對於本人之效力

繼承人一旦拋棄繼承，溯及於繼承開始，自始即與被繼承人之遺產無任何權利、義務之關聯。但有學者認為對於違反特留分之扣減權，仍得適用。

3. 對其他繼承人之效力

(1) 第1138條所定第一順序之繼承人中有拋棄繼承權者，其應繼分歸屬於其他同為繼承之人（§1176一）。

(2) 第二順序至第四順序之繼承人中，有拋棄繼承權者，其應繼分歸屬於其他同一順序之繼承人（§1176二）。配偶仍僅依原應繼分繼承。

(3) 與配偶同為繼承之同一順序繼承人均拋棄繼承權，而無後順序之繼承人時，其應繼分歸屬於配偶（§1176三）。

(4) 配偶拋棄繼承者，其應繼分歸屬於與其同為繼承之人（§1176四）。

(5) 第一順序之繼承人，其親等近者均拋棄繼承權時，由次親等之直系血親卑親繼承（§1176五）。

(6) 先順序繼承人均拋棄其繼承權時，由次順序之繼承人繼承。其次順序繼承人有無不明或第四順序之繼承人均拋棄其繼承權者，準用關於無人承認繼承之規定（§1176六）。

(7) 因他人拋棄繼承而應為繼承之人，為限定繼承或拋棄繼承時，應於知悉其得繼承之日起3個月內為之（§1176七）。

4. 對遺產之管理

拋棄繼承權者，就其所管理之遺產，於其他繼承人或遺產管理人開始管理前，應與處理自己事務為同一之注意，繼續管理(§1176-1)。

綜上所述，我們可以簡單的說：如果遺產大於負債，則可概括繼承；如果遺產小於負債，則應拋棄繼承；如果不知遺產是否大於負債，則可採用限定繼承。

陸　共同繼承與繼承分割

一、共同繼承之意義

共同繼承者，乃數個繼承人共同繼承被繼承人全部遺產之謂也。在分割遺產前，為公同共有，故共同繼承實係以遺產分割為其終局目的，以公同共有為過渡狀態。共同繼承遺產之分割應限於積極財產之分割，至於消極財產之債務，仍須由共同繼承人負連帶責任而不准分割。在遺產分割前，共同繼承人彼此間之法律關係可分為內部關係及外部關係兩部分。茲分述如下：

二、共同繼承人間之關係

（一）內部關係

1. 公同共有

繼承人有數人時，在分割遺產時，各繼承人對於遺產全部為公司共有(§1151)。且共同繼承人僅就繼承財產之全部有其應有部分，然在分割前，其應繼分為隱藏、潛在的、不確定的（30上202號判例）。

2. 遺產管理

在分割遺產前，共有之遺產，得由繼承人中互推一人管理之(§1152)。此項管理權，係基於委任契約而發生，依照民法第五四九條第一項規定，委任人自得隨時予以終止（30上1955號判例）。

3. 使用效益

關於共有物之處分及其他權利之行使，除法律或契約另有規定外，應得公同共有人全體之同意(§828Ⅱ)。是以，就繼承遺產，在分割前之使用、收益，如共同繼承人間有特別約定者，依其約定。

4. 處分財產

屬於繼承遺產之各個標的物或遺產，於處分行為，除係繼承遺產之保存或管理上所必要者外，若未受共同繼承人全部之授權時，各共同繼承人不得單獨為之(§828Ⅱ)。各共同繼承人，就個別的繼承遺產之物權之應有部分，縱得他共同繼承人之同意，亦不能予以處分。

5. 比例負擔

繼承人相互間對於被繼承人之債務，除法律另有規定或另有約定外，按其應繼分比例負擔之(§1153Ⅱ)。

（二）外部關係

外部關係僅有一個即連帶負責之關係，亦即負擔連帶債務之責任。民法第1153條第1項規定：繼承人對於被繼承人之債務，以因繼承所得遺產為限，負連帶責任。故債權人得向共同繼承人中之任何一繼承人，請求全部債務之清償（26渝上247號判例）。其既負連帶清償之責，自得適用債編中有關連帶債務之規定(§272~282)。

三、遺產之分割

（一）遺產分割之概說

1. 意義

遺產分割者，乃共同繼承人，以消滅遺產共有之關係，分割遺產而為各繼承人單獨所有之謂也。然遺產如何認定呢？被繼承人一切之財產均屬其遺產。即便繼承人在繼承開始前二年內，從被繼承人受有財產之贈與者，該財產視為其所得遺產。前項財產如已移轉或滅失，其價額，依贈與時之價值計算(§1148-1)。

2. 限制

遺產分割，以自由為原則，故繼承人得隨時請求分割遺產，但法律另有規定或契約另有規定者，不在此限(§1164)。所謂法律另有規定者，如：「胎兒為繼承人時，非保留其應繼分，他繼承人不得分割」(§1166Ⅰ)。遺產與贈與稅法規定「遺產稅未繳清前，不得分割遺產」(§8Ⅰ)等是之。當事人自行決定者如：以「遺囑禁止遺產之分割者，其禁止之效力以10年為限」(§1165Ⅱ)。

3. 方法

遺產分割方法，可分為三種，茲分述如下：

(1) 遺囑分割：被繼承人之遺囑，定有分割遺產之方法，或託他人代定者，從其所定(§1165Ⅰ)。其可專就分割之方法或為應繼分之指定均可。唯遺囑分割之指定，不得違反特留之規定，如有違反，受害人得行使扣減權(§1225)。

(2) 協議分割：若被繼承人未立有遺囑，則適用民法第830條準用第824條之規定，得就公同共有財產為協議分割或聲請裁判分割。協議分割者，其情形有四：

A. 被繼承人未以遺囑指定分割方法時。

B. 未以遺囑委託他人代定者。

C. 遺囑所託之人拒絕指定。

D. 僅就遺產一部分為指定，共同繼承人得以協議分割遺產。

(3) 裁判分割：共同繼承人不能協議分割時，得聲請法院，代為決定分割之方法。其方法以原物分割為原則。於協議分割，或裁判分割時，就胎兒關於遺產之分割，以其母為代理人(§1166)。

（二）遺產分割之效力

1. 對內之效力

(1) 單獨所有不溯概往：遺產分割，乃共同繼承人，以消滅遺產公同共有關係，分割遺產而為各繼承人單獨所有之謂也。其分割之效力並無溯及至繼承開始時之效力。

(2) 繼承人間相互擔保：遺產分割後，繼承人按其所得部分，對於他繼承人因分割而得之遺產負與出賣人同一之擔保責任(§1168)。學者謂之為「追奪及瑕疵擔保責任」。

(3) 支付能力擔保責任：遺產分割後，各繼承人按其所得部分，對於他繼承人因分割而得之債權，就遺產分割時債務人之支付能力，負擔保之責(§1169Ⅰ)。學者謂之為「債務人資力之擔保責任」。如此

項債權，附有停止條件或未屆清償期者，各繼承人就應清償時債務人之支付能力，負擔保責任(§1169Ⅱ)。

(4) 擔保責任比例加減：依第1168條、第1169條規定負擔保責任之繼承人中，有無支付能力不能償還其分擔額者，其不能償還之部分，由有請求權之繼承人與他繼承人，按其所得部分，比例分擔之（§1170本文），以維分割公平性及貫徹法定應繼分之精神。但其不能償還，係由有請求權人之過失所致者，不得對於他繼承人，請求分擔（§1170但書）。

2. 對外效力

(1) 連帶債務之免除：繼承人之連帶責任，自遺產分割時起，如債權清償期在遺產分割後者，自清償期屆滿時起，過五年而免除(§1171Ⅱ)。此五年期間，應屬法定不變期間。

(2) 主體變動之免除：遺產分割後，其未清償之被繼承人之債務，移歸一定之人承受，或劃歸各繼承人分擔，如經債權人同意者，各繼承人免除連帶責任(§1171Ⅰ)。

柒 遺產之酌給

被繼承人生前所扶養之人，原不僅限於法院繼承人，如家屬、子婦、女婿亦包括在內，彼等如因被繼承人死亡而失其扶養之依賴，亦非人情所能忍。世界各國對此多設有補救之道，我民法亦同。規定「被繼承人生前，繼續扶養之人，應由親屬會議，依其所受扶養之程度，及其他關係，酌給遺產」(§1149)。其要件如下：

一、係被繼承人生前繼承扶養之人

此受扶養之人不限於具有家屬或親屬身分者，只要被繼承人生前未曾間斷給與扶養者，不論期間之久暫，均屬之。

二、須不能維持生活而無謀生能力

本條雖無明文，但依第1117條規定，此為受扶養之要件，則自應類推適用。

三、須被繼承人未為相當之贈與

如被繼承人已以遺囑，依其生前繼續扶養之人所受扶養之程度及其他關係，遺贈相當財產者，毋庸再由親屬會議酌給遺產（26渝上59號判例）。

四、須由親屬會議決定遺產之酌給

應由請求權人或其法定代理人依第1129條召集親屬會議決議為之，對於親屬會議之決議有不服時，始得依第1137條之規定，向法院聲訴，不得逕行請求法院以裁判酌給（37上7137號判例）。若親屬會議不成立或「給而過少」或「根本不給」者，得向法院請求之。若親屬會議已開會而未為給否之任何決議時，亦應視為與決議不給之情形同，而應賦予以向法院聲訴不服之機會（48台上1532號判例）。

捌　扣還與歸扣

一、扣還

繼承人中如對被繼承人負有債務者，於遺產分割時，應按其債務數額，由該繼承人之應繼分內扣還(§1172)。如對被繼承人有債權者，自得就遺產受領清償後，再與其他共同繼承人依應繼分之比例分割遺產。

二、歸扣（扣除）

（一）應歸扣之贈與

　　繼承人中有在繼承開始前因結婚、分居或營業，已從被繼承人受有財產之贈與者，應將該贈與價額加入繼承開始時被繼承人所有之財產中，為應繼承財產。但被繼承人於贈與時有反對之意思表示者，不在此限(§1173Ⅰ)。可知應歸扣之贈與僅限於繼承開始前因1.結婚；2.分居；3.營業所獲之贈與，且被繼承人於贈與時未為反對之意思表示者。如侵害特留分，應為扣減權之行使，但有主張仍屬歸扣。

（二）歸扣價額計算

　　該贈與之價額既須加入遺產中，然贈與價值應如何計算？我民法規定贈與價額依贈與時之價值計算(§1173Ⅲ)。又此計算應僅限於原本，而不及於孳息及收益，方符公平原則。

（三）歸扣權義主體

　　歸扣權利人為共同繼承人，歸扣義務人亦限於共同繼承人，且以承認繼承者為限，蓋其拋棄繼承，即非繼承人，自不合於本條之要件。如其受有特種贈與而拋棄繼承，是否有扣減權之適用？學者通說及實務見解認為無適用，但亦有反對說。

（四）歸扣權之實行

　　第1173條第1項贈與價額，應於遺產分割時，由該繼承人之應繼分扣除(§1173Ⅱ)。

玖 遺囑

一、意義、方式及內容

(一)意義

遺囑者，乃自然人於生存中，為使自己就處分自己財產之意思，或其他行為，能於死亡後發生法律上之效力，而依法定方式為之一種要式的、無相對人的單獨行為。

(二)方式

遺囑須依法定方式為之，乃在確保當事人之真意，預防錯誤、詐欺，為求日後證據明確，防止利害關係人之爭執，並要求遺囑人慎重，法律乃明定其須為要式行為，若有違反，應屬無效(§73)。

遺囑為要式行為，我民法規定，凡年滿16歲者，其立遺囑應依下列方式之一為之：1.自書遺囑。2.公證遺囑。3.密封遺囑。4.代筆遺囑。5.口授遺囑(§1189)。

見證人之資格

遺囑，除自書遺囑外，皆須有見證人在場為一定行為為其成立要件，則見證人實屬重要。各國對於見證人之資格多為消極限制，而不為積極規範，我民法倣之，規定下列之人不得為見證人：1.未成年。2.受監護或輔助宣告之人。3.繼承人及配偶或直系血親。4.受遺贈人及其配偶或直系血親。5.為公證人或代行公證職務人之同居人、助理人或受僱人(§1198)。

(三)內容

依遺囑內容自由原則，凡不違反公序良俗，及強制規定者，均得以遺囑為。有關財產者，遺囑人於不違反關於特留分規定範圍內，得以遺囑自由處分遺產(§1187)。

二、遺囑之生效時期

（一）單純遺囑

遺囑，自遺囑人死亡時，發生效力(§1199)。

（二）附條件或期限之繼承

1. 附停止條件者：遺囑所定遺贈，附有停止條件者，自條件成就時，發生效力(§1200)。

2. 附解除條件時：我民法對此無明文，學者間認為遺囑亦可附解除條件。遺囑自遺囑人死亡時發生效力(§1199)，於條件成就時失其效力(§99 II)。

3. 附始期之遺囑：我民法對附始期、終期之遺囑亦無明文，學者間認為亦可附之。附始期之遺囑，自遺囑人死亡時生效(§1199)，但其履行須俟期限屆至(§102 I)。

三、遺贈之失效與無效

遺贈者，乃遺囑人於遺囑中，以書面表示對於他人無償贈與財產之單方行為。

（一）失效

受遺贈人於遺囑發生效力前死亡者，其贈與不生效力(§1201)。

（二）無效

遺囑人以一定之財產遺贈，而其財產在繼承開始時，有一部分不屬於遺囑者，其一部遺贈為無效。全部不屬於遺產者，其全部遺贈為無效。但遺贈之財產仍屬遺產(§1208)。

四、遺贈之承認、拋棄及失權

（一）承認或拋棄

1. 時期：受遺贈人在遺囑人死亡後，得拋棄繼承(§1206Ⅰ)。遺囑自遺囑人死亡時發生效力，則遺贈之承認及拋棄，均應自遺囑人死亡後始得為之。唯承認遺贈與否，受贈人有其自由。

2. 催告：繼承人或其他利害關係人，得定相當期限，請求受遺贈人於期限內，為承認遺贈與否之表示。期限屆滿，尚無表示者，視為承認遺贈(§1207)。

3. 方式：承認或拋棄，無庸特別方式，以意思表示即可，唯承認或拋棄後，不得再行撤回，蓋其為單方行為且具形成權之性質也。

4. 效力：遺贈之拋棄溯及遺囑人死亡時，發生效力(§1206Ⅱ)。雖民法僅對拋棄而為規定，解釋上承認亦應適用之。因受遺贈人拋棄繼承溯及遺囑人死亡之時，則其遺贈之財產仍屬於財產(§128)。

（二）失權

第1145條喪失繼承之規定，於受遺贈人準用之(§1188)。倘受遺贈人有重大不德、不正或不法行為，自不應允許其再享有利益，自應喪失受遺贈權。

五、遺囑撤回之方法

（一）明示撤回

遺囑人雖有撤回遺囑之自由，但因遺囑之製作係為要式行為，則遺囑之撤回亦回應以要式為之，民法規定「遺囑人得隨時依遺囑之方式，撤回遺囑之全部或一部」(§1219)，學者稱之為明示撤回。

（二）法定撤回

法定撤回，又稱之為擬制撤回、默示撤回，乃指因一定法定之事實存在，不問當事人意思如何，法律上即當然視為撤回前遺囑。其情形有三：

1. 前後遺囑相抵觸者

前後遺囑有相抵觸者，其抵觸之部分，前遺囑視為撤回(§1220)。如前後遺囑內容完全無涉或可互相調和共存者，則兩遺囑皆有效。若前後兩遺囑互有抵觸者，抵觸之部分前遺囑視為撤回，乃因遺囑係遺囑人最後之意思表示，自應以後遺囑為有效。

2. 遺囑與行為抵觸者

遺囑人於為遺囑後所為之行為與遺囑相有相抵觸者，其抵觸部分，遺囑視為撤回(§1221)。此所謂之「行為」係指遺囑人本身之生前處分及其他法律行為而言。如甲以遺囑載明將某古董遺贈給A，後甲又將古董於生前贈與給B，則原遺囑中之遺贈即視為撤回。

3. 破毀塗銷或廢棄者

遺囑人故意破毀或塗銷遺囑，或在遺囑上記明廢棄之意思者，其遺囑視為撤回(§1222)。若為遺囑人過失、或不可抗力、或第三人所為者，不得視為撤回，唯若遺囑內容已無法辨識，本書以為若為遺囑人過失或不可抗力時，應視為撤回，如為第三人所為者，不視為撤回，但對於因無法執行而受損害者，第三人應負賠償責任。

六、遺囑撤回之效力

遺囑經撤回後，當然的失其存在。但若撤回行為係被詐欺或被脅迫而為之者，遺囑人對之行使撤銷權後，則原被撤回之遺囑，應回復之。

拾　特留分

一、特留分之意義

　　特留分者，乃遺囑人以遺囑為無償處分遺產時，法律上對未拋棄繼承權或未喪失繼承權者，於遺產中所保留之部分，並以抽象比率規定之，稱為特留分。其目的乃在維護公益，保護繼承人之生計，並尊重被繼承人處分財產之自由意思，所設立之制度。

二、特留分之數額

　　繼承人之特留分，依下列各款之規定(§1123)：

1. 直系血親卑親屬之特留分，為其應繼分二分之一。

2. 父母之特留分，為其應繼分二分之一。

3. 配偶之特留分，為其應繼分二分之一。

4. 兄弟姊妹之特留分，為其應繼分三分之一。

5. 祖父母之特留分，為其應繼分三分之一。

三、特留分之算定

　　特留分，依第1173條算定之應繼承財產中，除去債務額，算定之。亦即以現實所有之積極財產加上特種贈與之財產減去債務額之餘數，如有剩餘，依第1123條所定特留分比率，算定之。

拾壹　遺贈之扣減

一、扣減之意義

　　因被繼承人所為之遺贈，侵害繼承人特留分時，自須有相當救濟之方法，此即為特留分之保全，亦即所謂扣減權是也。

二、主體及相對人

　　扣減權人為特留分之權利人及其繼承人，相對人為受遺贈人。

三、扣減權之行使

（一）時期及方法：須於繼承開始後，以意思表示向相對人為之，無庸向
　　　法院以訴請求。

（二）標的及限度：扣減權之標的，僅限於遺贈，而不及於生前贈與（25
　　　上660號判例）。應得特留分之人，如因被繼承人所為之遺贈，致其
　　　應得之數不足者，得按其不足之數，由遺贈財產扣減之。受遺贈人
　　　有數人時，應按其所得遺贈價額比例扣減(§1225)。本條僅規定得
　　　由遺贈價額財產中比例扣減，並未認侵害特留分之遺贈為無效（58
　　　台上1279號判例）。

案例解說

一、本案涉及繼承權有無喪失之問題

　　繼承權之喪失乃指將為繼承人之繼承權的喪失而言。喪失繼承權有下
列二種情形：

（一）絕對的喪失，係指繼承人將絕對地不能繼承者之謂也。其原因如
　　　下：

　　　　繼承人「故意致被繼承人或應繼承人於死或雖未致死因而受刑
　　　之宣告者」（§1145一）。至於繼承人為斯種不法行為，有無謀
　　　奪遺產之動機，在所不問，僅須其有殺人之故意，且已致特定人死
　　　亡，或雖未死亡但已受有期徒刑以上刑之宣告為已足。

（二）相對的喪失，係指繼承人之繼承權，原應喪失，但如經繼承人宥恕者(§1145Ⅱ)，或被繼承人未表示其不得繼承者，則不喪失。其原因如下：（§1145二～五）

1. 以詐欺或脅迫使被繼承人為關於繼承之遺囑，或使其撤回或變更之者。

2. 以詐欺或脅迫妨害被繼承人為關於繼承之遺囑，或妨害其撤回或變更之者。

3. 偽造、變造、隱匿或湮滅被繼承人關於繼承之遺囑者。

4. 對於被繼承人有重大之虐待或侮辱情事，經被繼承人表示其不得繼承者。

　　本案應屬第1145條第3款之情形，為繼承權相對喪失之原因。因甲僅表示將來繼承時遺產由乙多繼承些，是否表示宥恕丙的行為？似仍需探求當事人之真意。但因甲未表示丙不得為繼承人，因此丙仍享有繼承權。

二、本案涉及收養、胎兒之應繼分等法律關係

　　養子女與養父母之關係，除法律另有規定外，與婚生子女同(§1077)。由於養親子間係屬法定直系血親之關係，因而本案養子丁亦為繼承人。

　　胎兒有無繼承權？依民法第六條規定：人之權利能力，始於出生，終於死亡。第七條載：胎兒以將來非死產為限，關於其個人利益之保護，視為既已出生。因而如被繼承人之遺產大於負債，則胎兒應有繼承權。此為同時存在原則之例外。

　　甲之非婚子女A有無繼承權？非婚生子女與其生母之關係視為婚生子女，無須認領(§1065)。非婚生子女經生父認領者，視為婚生子女，其經生父撫育者，視為認領(§1065Ⅰ)。如甲有撫育事實則視為認領而得視為婚生子女具有繼承權，否則無法繼承。本案未能證明甲有撫育B之事實。

　　本案繼承人為乙、丙、丁及胎兒，配偶與第一順位繼承人共同繼承，應繼分應依人數平均。

（200＋200＋800）/4＝300→每人可繼承300萬元

本案因有遺贈，因此涉及特留分及扣減

乙、丙、丁及胎兒之特留分為應繼分二分之一(§1223)。因此遺產為：

1200/4＝300→應繼分

300×1/2＝150→特留分

150×4＝600

1200－（500×2）＝200　200-600＝-400

扣除遺贈後之遺產，不足400萬。須行扣減。

1000－400＝600

600/2＝300→父母各可獲遺贈300萬

200+400＝600

600/4＝150→乙、丙、丁及胎兒各繼承額

自 我 練 習

一、請就您所看過的影片、新聞中有關繼承糾紛的部分,以300字以內的文字介紹其情節及感想。

二、您認為被繼承人之遺產應否由配偶及第1順位者繼承?是否應由家族全體繼承?或僅由其子女繼承?

三、您認為被繼承人得以遺囑禁止遺產之分割者,其禁止之效力以10年為限,此項規定是否合理?

第二節 ｜ 遺產稅

LAW & LIFE

壹 遺產稅之意義、客體、主體納稅義務人

一、意義

遺產稅係指被繼承人死亡後，就其所遺留的財產，於移轉給繼承人時所課徵之稅負。其目的一為實現稅負公平，促使財富重分配、縮短貧富差距，進而達成合理的社會財富平均分配，以利推行各項公共政策。二為符合有所得就應納稅的理論，繼承人自被繼承人處獲得一定之財產，此為繼承人之所得，但又與一般所得之來源不同，故針對此特殊之來源科徵之稅收，稱之為遺產稅。在立法上可分為總遺產稅制，分遺產稅制以及混合遺產稅制三種，我國、美國、新加坡、韓國等國採用總遺產稅制。

死亡事實或贈與行為發生前二年內，被繼承人或贈與人自願喪失中華民國國籍者，仍應依本法關於中華民國國民之規定，課徵遺產稅或贈與稅（§3-1）。

二、客體

遺產及贈與稅法第1條規定「凡經常居住中華民國境內之中華民國國民死亡時遺有財產者，應就其在中華民國境內境外全部遺產，依本法規定，課徵遺產稅。經常居住中華民國境外之中華民國國民，及非中華民國國民，死亡時在中華民國境內遺有財產者，應就其在中華民國境內之遺產，依本法規定，課徵遺產稅。」本法稱財產，指動產、不動產及其他一切有財產價值之權利。本法稱經常居住中華民國境外，係指不合前項經常居住中華民國境內規定者而言（§4）。

（一）視同遺產

原則上，被繼承人所遺留之財產（含債權債務）均為被繼承人之遺產。

遺產及贈與稅法第15條規定「被繼承人死亡前2年內贈與下列個人之財產，應於被繼承人死亡時，視為被繼承人之遺產，併入其遺產總額，依本法規定徵稅：一、被繼承人之配偶。二、被繼承人依民法第1138條及第1140條規定之各順序繼承人。三、前款各順序繼承人之配偶。87年6月26日以後至前項修正公布生效前發生之繼承案件，適用前項之規定。」

（二）境內外財產之認定

遺產及贈與稅法第9條規定「第1條及第3條所稱中華民國境內或境外之財產，按被繼承人死亡時或贈與人贈與時之財產所在地認定之：一、動產、不動產及附著於不動產之權利，以動產或不動產之所在地為準，但船舶、車輛及航空器，以其船籍、車輛或航空器登記機關之所在地為準。二、礦業權，以其礦區或礦場之所在地為準。三、漁業權，以其行政管轄權之所在地為準。四、專利權、商標權、著作權及出版權，以其登記機關之所在地為準。五、其他營業上之權利，以其營業所在地為準。六、金融機關收受之存款及寄託物，以金融機關之事務所或營業所所在地為準。七、債權，以債務人經常居住之所在地或事務所或營業所所在地為準。八、公債、公司債、股權或出資，以其發行機關或被投資事業之主事務所所在地為準。九、有關信託之權益，以其承受信託事業之事務所或營業所所在地為準。　前列各款以外之財產，其所在地之認定有疑義時，由財政部核定之。」

（三）估價原則

遺產及贈與稅法第10條規定「死亡之宣告者，以法院宣告死亡判決內所確定死亡日之時價為準。本法中華民國84年1月15日修正生效前發生死亡

事實或贈與行為而尚未核課或尚未核課確定之案件，其估價適用修正後之前項規定辦理。第一項所稱時價，土地以公告土地現值或評定標準價格為準；房屋以評定標準價格為準；其他財產時價之估定，本法未規定者，由財政部定之。」

（四）遺產稅價值計算

　　遺產及贈與稅法第10-1條規定「依第3-2條第2項規定應課徵遺產稅之權利，其價值之計算，依左列規定估定之：一、享有全部信託利益之權利者，該信託利益為金錢時，以信託金額為準，信託利益為金錢以外之財產時，以受益人死亡時信託財產之時價為準。二、享有孳息以外信託利益之權利者，該信託利益為金錢時，以信託金額按受益人死亡時起至受益時止之期間，依受益人死亡時郵政儲金匯業局一年期定期儲金固定利率複利折算現值計算之；信託利益為金錢以外之財產時，以受益人死亡時信託財產之時價，按受益人死亡時起至受益時止之期間，依受益人死亡時郵政儲金匯業局一年期定期儲金固定利率複利折算現值計算之。三、享有孳息部分信託利益之權利者，以信託金額或受益人死亡時信託財產之時價，減除依前款規定所計算之價值後之餘額為準。但該孳息係給付公債、公司債、金融債券或其他約載之固定利息者，其價值之計算，以每年享有之利息，依受益人死亡時郵政儲金匯業局一年期定期儲金固定利率，按年複利折算現值之總和計算之。四、享有信託利益之權利為按期定額給付者，其價值之計算，以每年享有信託利益之數額，依受益人死亡時郵政儲金匯業局一年期定期儲金固定利率，按年複利折算現值之總和計算之；享有信託利益之權利為全部信託利益扣除按期定額給付後之餘額者，其價值之計算，以受益人死亡時信託財產之時價減除依前段規定計算之價值後之餘額計算之。五、享有前四款所規定信託利益之一部者，按受益比率計算之。」

（五）信託財產之計算

遺產及贈與稅法第3-2條規定「因遺囑成立之信託，於遺囑人死亡時，其信託財產應依本法規定，課徵遺產稅。信託關係存續中受益人死亡時，應就其享有信託利益之權利未領受部分，依本法規定課徵遺產稅。」

遺產及贈與稅法第10-1條規定「依第3-2條第2項規定應課徵遺產稅之權利，其價值之計算，依左列規定估定之：一、享有全部信託利益之權利者，該信託利益為金錢時，以信託金額為準，信託利益為金錢以外之財產時，以受益人死亡時信託財產之時價為準。二、享有孳息以外信託利益之權利者，該信託利益為金錢時，以信託金額按受益人死亡時起至受益時止之期間，依受益人死亡時郵政儲金匯業局一年期定期儲金固定利率複利折算現值計算之；信託利益為金錢以外之財產時，以受益人死亡時信託財產之時價，按受益人死亡時起至受益時止之期間，依受益人死亡時郵政儲金匯業局一年期定期儲金固定利率複利折算現值計算之。三、享有孳息部分信託利益之權利者，以信託金額或受益人死亡時信託財產之時價，減除依前款規定所計算之價值後之餘額為準。但該孳息係給付公債、公司債、金融債券或其他約載之固定利息者，其價值之計算，以每年享有之利息，依受益人死亡時郵政儲金匯業局一年期定期儲金固定利率，按年複利折算現值之總和計算之。四、享有信託利益之權利為按期定額給付者，其價值之計算，以每年享有信託利益之數額，依受益人死亡時郵政儲金匯業局一年期定期儲金固定利率，按年複利折算現值之總和計算之；享有信託利益之權利為全部信託利益扣除按期定額給付後之餘額者，其價值之計算，以受益人死亡時信託財產之時價減除依前段規定計算之價值後之餘額計算之。五、享有前四款所規定信託利益之一部者，按受益比率計算之。」

（六）被繼承人死亡日後所孳生之利息係屬繼承人之所得

繼承人繼承附有利息約定之定期存款者，除本金債權外，關於從屬本金債權之利息約定部分，僅繼承約定利息之基本權及繼承發生時已實現之

利息。定期存款自存款人死亡之翌日起，至存款屆滿日止，依該被繼承人原訂定期存款契約而由繼承人於繼承開始後所取得之利息，定期存款自存款人死亡之翌日起，至該存款屆滿日止所生之利息，係繼承開始後，由繼承人所繼承之定期存款本金及所從屬之抽象利息基本權，隨時間經過而具體發生，故該利息並非被繼承人死亡時遺有之財產，非屬應依遺產及贈與稅法第1條第1項規定課徵遺產稅。

　　釋字第597號解釋文載「憲法第19條規定，人民有依法律納稅之義務。所謂依法律納稅，係指租稅主體、租稅客體、稅基、稅率等租稅構成要件，均應依法律明定之。各該法律之內容且應符合量能課稅及公平原則。遺產及贈與稅法第1條第1項規定，凡經常居住中華民國境內之中華民國國民死亡時遺有財產者，應就其全部遺產，依法課徵遺產稅；又所得稅法第13條及中華民國86年12月30日修正前同法第14條第1項第4類規定，利息應併入個人綜合所得總額，課徵個人綜合所得稅。財政部86年4月23日台財稅第861893588號函釋示，關於被繼承人死亡日後所孳生之利息，係屬繼承人之所得，應扣繳個人綜合所得稅等語，符合前開遺產及贈與稅法與所得稅法之立法意旨，與憲法所定租稅法律主義並無牴觸，尚未逾越對人民正當合理之稅課範圍，不生侵害人民受憲法第15條保障之財產權問題。」

（七）不計入遺產總額

　　遺產及贈與稅法第16條規定「左列各款不計入遺產總額：一、遺贈人、受遺贈人或繼承人捐贈各級政府及公立教育、文化、公益、慈善機關之財產。二、遺贈人、受遺贈人或繼承人捐贈公有事業機構或全部公股之公營事業之財產。三、遺贈人、受遺贈人或繼承人捐贈於被繼承人死亡時，已依法登記設立為財團法人組織且符合行政院規定標準之教育、文化、公益、慈善、宗教團體及祭祀公業之財產。四、遺產中有關文化、歷史、美術之圖書、物品，經繼承人向主管稽徵機關聲明登記者。但繼承人將此項圖書、物品轉讓時，仍須自動申報補稅。五、被繼承人自己創作之

著作權、發明專利權及藝術品。六、被繼承人日常生活必需之器具及用品，其總價值在72萬元以下部分。七、被繼承人職業上之工具，其總價值在四十萬元以下部分。八、依法禁止或限制採伐之森林。但解禁後仍須自動申報補稅。九、約定於被繼承人死亡時，給付其所指定受益人之人壽保險金額、軍、公教人員、勞工或農民保險之保險金額及互助金。十、被繼承人死亡前五年內，繼承之財產已納遺產稅者。十一、被繼承人配偶及子女之原有財產或特有財產，經辦理登記或確有證明者。十二、被繼承人遺產中經政府闢為公眾通行道路之土地或其他無償供公眾通行之道路土地，經主管機關證明者。但其屬建造房屋應保留之法定空地部分，仍應計入遺產總額。十三、被繼承人之債權及其他請求權不能收取或行使確有證明者。」

同法第16-1條亦規定「遺贈人、受遺贈人或繼承人提供財產，捐贈或加入於被繼承人死亡時已成立之公益信託並符合左列各款規定者，該財產不計入遺產總額：一、受託人為信託業法所稱之信託業。二、各該公益信託除為其設立目的舉辦事業而必須支付之費用外，不以任何方式對特定或可得特定之人給予特殊利益。三、信託行為明定信託關係解除、終止或消滅時，信託財產移轉於各級政府、有類似目的之公益法人或公益信託。」

（八）遺產總額範圍

遺產及贈與稅法第14條規定「遺產總額應包括被繼承人死亡時依第1條規定之全部財產，及依第10條規定計算之價值。但第16條規定不計入遺產總額之財產，不包括在內。」

三、主體

遺產稅之主體，是指：遺產稅捐之債務人，亦即負有納稅義務之人。凡可以作為稅捐法律關係的權利與義務的主體，便具有稅捐權利能力，而為稅捐權利主體或稅捐主體。

遺產及贈與稅法第6條規定「遺產稅之納稅義務人如左：一、有遺囑執行人者，為遺囑執行人。二、無遺囑執行人者，為繼承人及受遺贈人。三、無遺囑執行人及繼承人者，為依法選定遺產管理人。其應選定遺產管理人，於死亡發生之日起6個月內未經選定呈報法院者，或因特定原因不能選定者，稽徵機關得依非訟事件法之規定，申請法院指定遺產管理人。」

貳 遺產稅之申報

一、申報程序

（一）自行申報

遺產及贈與稅法第23條規定「被繼承人死亡遺有財產者，納稅義務人應於被繼承人死亡之日起6個月內，向戶籍所在地主管稽徵機關依本法規定辦理遺產稅申報。但依第6條第2項規定由稽徵機關申請法院指定遺產管理人者，自法院指定遺產管理人之日起算。被繼承人為經常居住中華民國境外之中華民國國民或非中華民國國民死亡時，在中華民國境內遺有財產者，應向中華民國中央政府所在地之主管稽徵機關辦理遺產稅申報。」

被繼承人死亡時遺有財產者，不論有無應納稅額，納稅義務人均應填具遺產稅申報書向主管稽徵機關據實申報。其有依本法規定之減免扣除或不計入遺產總額者，應檢同有關證明文件一併報明。

（二）通知申報

遺產及贈與稅法第28條規定「稽徵機關於查悉死亡事實或接獲死亡報告後，應於1個月內填發申報通知書，檢附遺產稅申報書表，送達納稅義務人，通知依限申報，並於限期屆滿前10日填具催報通知書，提示逾期申報之責任，加以催促。前項通知書應以明顯之文字，載明民法限定繼承及拋棄繼承之相關規定。納稅義務人不得以稽徵機關未發第一項通知書，而免除本法規定之申報義務。」

二、申報期間

一般申報期限為6個月，亦即納稅義務人應於被繼承人死亡之日起或判決受死亡宣告日起6個月內，辦理遺產稅申報。遺產及贈與稅法第26條規定「遺產稅或贈與稅納稅義務人具有正當理由不能如期申報者，應於前三條規定限期屆滿前，以書面申請延長之。 前項申請延長期限以3個月為限。但因不可抗力或其他有特殊之事由者，得由稽徵機關視實際情形核定之。」

本法第23條規定之遺產稅申報間，如被繼承人為受死亡之宣告者，應自判決宣告之日起計算。

三、申報義務人

申報義務人原則上為繼承人，遺產稅納稅義務人為2人以上時，應由其全體會同申報，未成年人或受監護宣告之人應由其法定代理人代為申報。但納稅義務人1人出面申報者，視同全體已申報。

四、對未申報者之調查核定

遺產及贈與稅法第33條規定「遺產稅或贈與稅納稅義務人違反第23條或第24條之規定，未依限辦理遺產稅或贈與稅申報，或未依第26條規定申請延期申報者，該管稽徵機關應即進行調查，並於第29條規定之限期內調查，核定其應納稅額，通知納稅義務人依第30條規定之期限繳納。」

參 應納遺產稅之計算

應納遺產稅額＝課稅遺產淨額×稅率－累進差額－扣抵稅額及利息

（一）遺產總額：被繼承人死亡時，全部遺產加上死亡前2年內贈與配偶、依民法第1138條及第1140條規定之各順序繼承人及上述各順序繼承人之配偶之財產，再扣除不計入遺產總額之財產後之金額。

（二）課稅遺產淨額＝遺產總額－免稅額－扣除額 。

所以：

應納遺產稅額＝課稅遺產淨額×稅率－累進差額－扣抵稅額及利息。

一、遺產稅價值計算

（一）金額項目

　　遺產及贈與稅法第12-1條規定「本法規定之下列各項金額，每遇消費者物價指數較上次調整之指數累計上漲達10%以上時，自次年起按上漲程度調整之。調整金額以萬元為單位，未達萬元者按千元數四捨五入：一、免稅額。二、課稅級距金額。三、被繼承人日常生活必需之器具及用具、職業上之工具，不計入遺產總額之金額。四、被繼承人之配偶、直系血親卑親屬、父母、兄弟姊妹、祖父母扣除額、喪葬費扣除額及身心障礙特別扣除額。財政部於每年12月底前，應依據前項規定，計算次年發生之繼承或贈與案件所應適用之各項金額後公告之。所稱消費者物價指數，係指行政院主計處公布，自前一年11月起至該年10月底為止12個月平均消費者物價指數。」

（二）扣除額

　　遺產及贈與稅法第17條規定「左列各款，應自遺產總額中扣除，免徵遺產稅：一、被繼承人遺有配偶者，自遺產總額中扣除400萬元。二、繼承人為直系血親卑親屬者，每人得自遺產總額中扣除40萬元。其有未滿20歲者，並得按其年齡距屆滿20歲之年數，每年加扣40萬元。但親等近者拋棄繼承由次親等卑親屬繼承者，扣除之數額以拋棄繼承前原得扣除之數額為限。三、被繼承人遺有父母者，每人得自遺產總額中扣除100萬元。四、第1款至第3款所定之人如為身心障礙者保護法第3條規定之重度以上身心障礙者，或精神衛生法第5條第2項規定之病人，每人得再加扣500萬元。五、

被繼承人遺有受其扶養之兄弟姊妹、祖父母者，每人得自遺產總額中扣除40萬元；其兄弟姊妹中有未滿20歲者，並得按其年齡距屆滿20歲之年數，每年加扣40萬元。六、遺產中作農業使用之農業用地及其地上農作物，由繼承人或受遺贈人承受者，扣除其土地及地上農作物價值之全數。承受人自承受之日起5年內，未將該土地繼續作農業使用且未在有關機關所令期限內恢復作農業使用，或雖在有關機關所令期限內已恢復作農業使用而再有未作農業使用情事者，應追繳應納稅賦。但如因該承受人死亡、該承受土地被徵收或依法變更為非農業用地者，不在此限。七、被繼承人死亡前6年至9年內，繼承之財產已納遺產稅者，按年遞減扣除80%、60%、40%及20%。八、被繼承人死亡前，依法應納之各項稅捐、罰鍰及罰金。九、被繼承人死亡前，未償之債務，具有確實之證明者。十、被繼承人之喪葬費用，以100萬元計算。十一、執行遺囑及管理遺產之直接必要費用。被繼承人如為經常居住中華民國境外之中華民國國民，或非中華民國國民者，不適用前項第1款至第7款之規定；前項第8款至第11款規定之扣除，以在中華民國內發生者為限；繼承人中拋棄繼承權者，不適用前項第1款至第5款規定之扣除。」

（三）配偶剩餘財產差額分配請求權

遺產及贈與稅法第17-1條規定「被繼承人之配偶依民法第1030-1條規定主張配偶剩餘財產差額分配請求權者，納稅義務人得向稽徵機關申報自遺產總額中扣除。納稅義務人未於稽徵機關核發稅款繳清證明書或免稅證明書之日起1年內，給付該請求權金額之財產予被繼承人之配偶者，稽徵機關應於前述期間屆滿之翌日起5年內，就未給付部分追繳應納稅賦。」

（四）免稅額

遺產及贈與稅法第18條規定「被繼承人如為經常居住中華民國境內之中華民國國民，自遺產總額中減除免稅額1,200萬元；其為軍警公教人員因

執行職務死亡者，加倍計算。被繼承人如為經常居住中華民國境外之中華民國國民，或非中華民國國民，其減除免稅額比照前項規定辦理。」

二、稅率

遺產及贈與稅法第13條規定「遺產稅按被繼承人死亡時，依本法規定計算之遺產總額，減除第17條、第17-1條規定之各項扣除額及第18條規定之免稅額後之課稅遺產淨額依下列稅率課徵之：

1. 5千萬元以下者，課徵10%。

2. 超過5千萬元至1億元者，課徵5百萬元，加超過5千萬元部分之15%。

3. 超過1億元者，課徵1250萬元，加超過1億元部分之20%。

肆 繳納遺產稅及處罰

一、繳納遺產稅

2015年修正該法第30條載：「遺產稅及贈與稅納稅義務人，應於稽徵機關送達核定納稅通知書之日起2個月內，繳清應納稅款；必要時，得於限期內申請稽徵機關核准延期2個月。遺產稅或贈與稅應納稅額在30萬元以上，納稅義務人確有困難，不能一次繳納現金時，得於納稅期限內，向該管稽徵機關申請，分18期以內繳納，每期間隔以不超過2個月為限。經申請分期繳納者，應自繳納期限屆滿之次日起，至納稅義務人繳納之日止，依郵政儲金一年期定期儲金固定利率，分別加計利息；利率有變動時，依變動後利率計算。遺產稅或贈與稅應納稅額在30萬元以上，納稅義務人確有困難，不能一次繳納現金時，得於納稅期限內，就現金不足繳納部分申請以在中華民國境內之課徵標的物或納稅義務人所有易於變價及保管之實物一次抵繳。中華民國境內之課徵標的物屬不易變價或保管，或申請抵繳日之時價較死亡或贈與日之時價為低者，其得抵繳之稅額，以該項財產價值

占全部課徵標的物價值比例計算之應納稅額為限。本法中華民國98年1月12日修正之條文施行前所發生未結之案件，適用修正後之前三項規定。但依修正前之規定有利於納稅義務人者，適用修正前之規定。第4項抵繳財產價值之估定，由財政部定之。第4項抵繳之財產為繼承人公同共有之遺產且該遺產為被繼承人單獨所有或持分共有者，得由繼承人過半數及其應繼分合計過半數之同意，或繼承人之應繼分合計逾三分之二之同意提出申請，不受民法第828條第3項限制。」

二、處罰

（一）未依限申報之處罰

遺產及贈與稅法第44條規定「納稅義務人違反第23條或第24條規定，未依限辦理遺產稅或贈與稅申報者，按核定應納稅額加處2倍以下之罰鍰。」

（二）短漏報稅之處罰

遺產及贈與稅法第45條規定「納稅義務人對依本法規定，應申報之遺產或贈與財產，已依本法規定申報而有漏報或短報情事者，應按所漏稅額處以2倍以下之罰鍰。」

（三）故意詐欺逃稅之處罰

遺產及贈與稅法第46條規定「納稅義務人有故意以詐欺或其他不正當方法，逃漏遺產稅或贈與稅者，除依繼承或贈與發生年度稅率重行核計補徵外，並應處以所漏稅額1~3倍之罰鍰。」

（四）罰鍰之限制

遺產及贈與稅法第47條規定「前三條規定之罰鍰，連同應徵之稅款，最多不得超過遺產總額或贈與總額。」

（五）稽徵戶籍人員違法之處罰

遺產及贈與稅法第48條規定「稽徵人員違反第29條之規定，戶籍人員違反第37條之規定者，應由各該主管機關從嚴懲處，並責令迅行補辦；其涉有犯罪行為者，應依刑法及其有關法律處斷。」

（六）稅前分割遺產等刑責

遺產及贈與稅法第50條規定「納稅義務人違反第8條之規定，於遺產稅未繳清前，分割遺產、交付遺贈或辦理移轉登記，或贈與稅未繳清前，辦理贈與移轉登記者，處1年以下有期徒刑。」

（七）逾期繳納之處罰

遺產及贈與稅法第51條規定「納稅義務人，對於核定之遺產稅或贈與稅應納稅額，逾第30條規定期限繳納者，每逾2日加徵應納稅額1%滯納金；逾期30日仍未繳納者，主管稽徵機關應即移送法院強制執行。但因不可抗力或不可歸責於納稅義務人之事由，致不能於法定期間內繳清稅捐，得於其原因消滅後10日內，提出具體說明，向稅捐機關申請延期或分期繳納核准者，免予加徵滯納金。前項應納稅款，應自滯納期限屆滿之次日起，至納稅義務人繳納之日止，依郵政儲金一年期定期儲金固定利率，按日加計利息，一併徵收。」

（八）未驗證而受理之處罰

遺產及贈與稅法第52條規定「違反第42條之規定，於辦理有關遺產或贈與財產之產權移轉登記時，未通知當事人繳驗遺產稅或贈與稅繳清證明書，或核定免稅證明書，或不計入遺產總額證明書，或不計入贈與總額證明書，或同意移轉證明書等之副本，即予受理者，其屬民營事業，處1萬5千元以下之罰鍰；其屬政府機關及公有公營事業，由主管機關對主辦及直接主管人員從嚴議處。」

═══ **自 我 練 習** ═══

一、何種財產不計入遺產總額？

二、短漏報稅會受到何種處罰？

 # 司法院釋字第748號解釋施行法

壹　釋字第748號【同性二人婚姻自由案】

　　中華民國106年5月24日院台大二字第1060014008號公布釋字第748號同性二人婚姻自由案，引起強烈的論戰。

　　本案之爭點在於民法親屬編婚姻章，未使相同性別二人，得為經營共同生活之目的，成立具有親密性及排他性之永久結合關係，是否違反憲法第22條保障婚姻自由及第7條保障平等權之意旨？

　　該號解釋文載「民法第4編親屬第2章婚姻規定，未使相同性別二人，得為經營共同生活之目的，成立具有親密性及排他性之永久結合關係，於此範圍內，與憲法第22條保障人民婚姻自由及第7條保障人民平等權之意旨有違。有關機關應於本解釋公布之日起2年內，依本解釋意旨完成相關法律之修正或制定。至於以何種形式達成婚姻自由之平等保護，屬立法形成之範圍。逾期未完成相關法律之修正或制定者，相同性別二人為成立上開永久結合關係，得依上開婚姻章規定，持二人以上證人簽名之書面，向戶政機關辦理結婚登記。」

　　該號解釋理由略謂「本件聲請涉及同性性傾向者是否具有自主選擇結婚對象之自由，並與異性性傾向者同受婚姻自由之平等保護，為極具爭議性之社會暨政治議題，民意機關本應體察民情，盱衡全局，折衝協調，適時妥為立（修）法因應。茲以立（修）法解決時程未可預料，而本件聲請事關人民重要基本權之保障，本院懍於憲法職責，參照本院釋字第585號及第601號解釋意旨，應就人民基本權利保障及自由民主憲政秩序等憲法基

本價值之維護，及時作成有拘束力之司法判斷。爰本於權力相互尊重之原則，勉力決議受理，並定期行言詞辯論，就上開憲法爭點作成本解釋。⋯適婚人民而無配偶者，本有結婚自由，包含「是否結婚」暨「與何人結婚」之自由（本院釋字第362號解釋參照）。該項自主決定攸關人格健全發展與人性尊嚴之維護，為重要之基本權(a fundamental right)，應受憲法第22條之保障。按相同性別二人為經營共同生活之目的，成立具有親密性及排他性之永久結合關係，既不影響不同性別二人適用婚姻章第1~5節有關訂婚、結婚、婚姻普通效力、財產制及離婚等規定，亦未改變既有異性婚姻所建構之社會秩序；且相同性別二人之婚姻自由，經法律正式承認後，更可與異性婚姻共同成為穩定社會之磐石。復鑑於婚姻自由，攸關人格健全發展與人性尊嚴之維護，就成立上述親密、排他之永久結合之需求、能力、意願、渴望等生理與心理因素而言，其不可或缺性，於同性性傾向者與異性性傾向者間並無二致，均應受憲法第22條婚姻自由之保障。現行婚姻章規定，未使相同性別二人，得為經營共同生活之目的，成立具有親密性及排他性之永久結合關係，顯屬立法上之重大瑕疵。於此範圍內，與憲法第22條保障人民婚姻自由之意旨有違。⋯憲法第7條規定：「中華民國人民，無分男女、宗教、種族、階級、黨派，在法律上一律平等。」本條明文揭示之5種禁止歧視事由，僅係例示，而非窮盡列舉。是如以其他事由，如身心障礙、性傾向等為分類標準，所為之差別待遇，亦屬本條平等權規範之範圍。⋯究國家立法規範異性婚姻之事實，而形成婚姻制度，其考量因素或有多端。如認婚姻係以保障繁衍後代之功能為考量，其著眼固非無據。然查婚姻章並未規定異性二人結婚須以具有生育能力為要件；亦未規定結婚後不能生育或未生育為婚姻無效、得撤銷或裁判離婚之事由，是繁衍後代顯非婚姻不可或缺之要素。相同性別二人間不能自然生育子女之事實，與不同性別二人間客觀上不能生育或主觀上不為生育之結果相同。故以不能繁衍後代為由，未使相同性別二人得以結婚，顯非合理之差別待遇。倘以婚姻係為維護基本倫理秩序，如結婚年齡、單一配偶、近親

禁婚、忠貞義務及扶養義務等為考量，其計慮固屬正當。惟若容許相同性別二人得依婚姻章實質與形式要件規定，成立法律上婚姻關係，且要求其亦應遵守婚姻關係存續中及終止後之雙方權利義務規定，並不影響現行異性婚姻制度所建構之基本倫理秩序。是以維護基本倫理秩序為由，未使相同性別二人得以結婚，顯亦非合理之差別待遇。凡此均與憲法第7條保障平等權之意旨不符。…慮及本案之複雜性及爭議性，或需較長之立法審議期間；又為避免立法延宕，導致規範不足之違憲狀態無限期持續，有關機關應自本解釋公布之日起2年內，依本解釋意旨完成相關法律之修正或制定。至以何種形式（例如修正婚姻章、於民法親屬編另立專章、制定特別法或其他形式），使相同性別二人，得為經營共同生活之目的，成立具有親密性及排他性之永久結合關係，達成婚姻自由之平等保護，屬立法形成之範圍。逾期未完成法律之修正或制定者，相同性別二人為成立以經營共同生活為目的，具有親密性及排他性之永久結合關係，得依婚姻章規定，持二人以上證人簽名之書面，向戶政機關辦理結婚登記，並於登記二人間發生法律上配偶關係之效力，行使配偶之權利及負擔配偶之義務。」

貳　同性婚與公投

依據《公民投票法》於2018年11月24日在九合一大選併行舉行的十個公投案，其中有七案通過。關於同性別婚姻的「您是否同意民法婚姻規定應限定在一男一女的結合？」（編號第10案）公投以765萬(72.5%)同意票通過。「您是否同意，以民法婚姻章保障同性別二人建立婚姻關係？」（編號第14案）公投以694萬(67.2%)反對而未獲通過。「您是否同意以民法婚姻規定以外之形式來保障同性別二人經營永久共同生活的權益？」（編號第12案）公投以640萬(61.1%)同意票通過。

有了公投第12按同意的民意基礎，於是立法院於2019年5月17日通過司法院釋字第748號施行法並於同年月24日施行。

　　本書對748號解釋理由以及依此公投結果所制訂之施行法是否合乎法理不為討論。僅就該施行法之規定加以論述。

參　司法院釋字第748號施行法

　　第748號解釋文明示：「為避免立法延宕，導致規範不足之違憲狀態無限期持續，有關機關應自本解釋公布之日起2年內，依本解釋意旨完成相關法律之修正或制定。」

　　按司法院釋字第748號解釋，就民法未使相同性別二人，得為經營共同生活之目的，成立具有親密性及排他性之永久結合關係，宣告其屬「規範不足之違憲」，並責成有關機關應於解釋公布之日起二年內，依解釋意旨完成相關法律之修正或制定。於是立法院於民國108年5月17日公布《司法院釋字第七四八號解釋施行法》並於同年月24日施行。剛好符合該解釋案之要求。茲略述該施行法如下：

一、第748號施行法之概說

（一）立法目的

　　為落實司法院釋字第748號解釋之施行，特制定本法(§1)。其宗旨乃為落實司法院釋字第748號解釋意旨，使相同性別二人，得為經營共同生活之目的，成立具有親密性及排他性之永久結合關係，達成婚姻自由之平等保護，並符合公民投票案第12案「以民法婚姻以外之其他形式來保障同性別二人經營永久共同生活的權益」，使相同性別二人之永久結合關係獲致法律承認。

（二）名詞定義

　　本施行法第2條規定「相同性別之二人，得為經營共同生活之目的，成立具有親密性及排他性之永久結合關係。」本條揭示本法之立法目的，旨

在依司法院釋字第748號解釋意旨，達成婚姻自由之平等保護，使相同性別二人之永久結合關係獲致法律承認。本條文並未明文為「同性婚姻關係」但立法理由則明示為同性婚姻關係。於是「具有親密性及排他性之永久結合關係」即解釋為「同性婚姻關係」，此似有偷換概念之嫌。於是以下之條文即會有此二種不同用語之表示。

二、成立具有親密性及排他性之永久結合（同性婚姻）關係之要件

（一）實質要件

1. 須達最低年齡

本施行法第3條規定：「未滿18歲者，不得成立前條關係。未成年人成立前條關係，應得法定代理人之同意。」此乃參酌民法第980條及第981條規定，明定成立第2條關係之最低年齡。

2. 一定親屬關係之禁止

本施行法第5條規定：「與下列相同性別之親屬，不得成立第二條關係：一、直系血親及直系姻親。二、旁系血親在四親等以內者。但因收養而成立之四親等旁系血親，輩分相同者，不在此限。三、旁系姻親在五親等以內，輩分不相同者。前項與直系姻親成立第2條關係之限制，於姻親關係消滅後，適用之。第1項與直系血親及直系姻親成立第2條關係之限制，於因收養而成立之直系親屬間，在收養關係終止後，適用之。」

3. 監護關係之禁止

本施行法第6條規定：「相同性別之監護人與受監護人，於監護關係存續中，不得成立第2條關係。但經受監護人父母同意者，不在此限。」

4. 禁止再成立第2條關係

本施行法第7條規定：「有配偶或已成立第2條關係著，不得再成立第2條關係。1人不得同時與2人以上成立第2條關係，或同時與2人以上分別為

民法所定之結婚及成立第2條關係。已成立第2條關係者,不得再為民法所定之結婚。」

(二) 形式要件

本施行法第4條規定:「成立第2條關係應以書面為之,有2人以上證人之簽名,並應由雙方當事人,依司法院釋字第748號解釋之意旨及本法,向戶政機關辦理結婚登記。」立法理由載「因成立第2條關係後,當事人間即產生身分上之效力,為確保當事人之真意,並有對外公示外觀,爰參酌民法第982條規定,明定成立第2條關係之形式要件。」

第2條關係並非婚姻關係,但是本條竟然規定「辦理結婚登記」,則會使人認為第2條關係即為婚姻關係。

三、無效與得撤銷

(一) 無效之原因

本施行法第8條規定:「第2條關係有下列情形之一者,無效:一、不具備第4條之方式。二、違反第5條之規定。三、違反前條第1項或第2項之規定。違反前條第3項之規定者,其結婚無效。民法第988條第3款但書及第988-1之規定,於第1項第3款及前項情形準用之。」

(二) 得撤銷之原因

本施行法第9條規定:「成立第2條關係違反第3條第1項之規定者,當事人或其法定代理人,得向法院請求撤銷之。但當事人已達該項所定年齡者,不得請求撤銷之。成立第2條關係違反第3條第2項之規定者 ,法定代理人得向法院請求撤銷之。但自知悉其事實之日起,已逾6個月,或成立第2條關係後已逾1年者,不得請求撤銷之。成立第2條關係違反第6條之規定者,受監護人或其最近親屬,得向法院請求撤銷之。但第2條關係成立後已逾1年者,不得請求撤銷之。」

四、無效與得撤銷之效力

（一）無效之效力

無效之效力有三特性：一為當然無效，無待任何人主張，即屬無效。二為絕對無效，對任何人均屬無效。三為自始無效。

（二）得撤銷之效力

第2條關係撤銷之要件及效力，準用民法第996~998條之規定（§10Ⅰ）。

（三）共通之效力

第2條關係無效或經撤銷者，其子女親權之酌定及監護、損害賠償、贍養費之給與及財產取回，準用民法第999條及第999-1條之規定（§10Ⅱ）。

五、第2條關係有效之普通效力

（一）同居之義務

本施行法第11條規定：「第2條關係雙方當事人互負同居之義務。但有不能同居之正當理由者，不在此限。」

（二）當事人住所

本施行法第12條規定：「第2條關係雙方當事人之住所，由雙方共同協議；未為協義或協議不成時，得聲請法院定之。」

（三）代理之效力

本施行法第13條規定：「第2條關係雙方當事人於日常家務，互為代理人。第2條關係雙方當事人之一方濫用前項代理權時，他方得限制之。但不得對抗善意第三人。」

（四）家庭生活費

本施行法第14條規定：「第2條關係雙方當事人之家庭生活費用，除法律或契約另有約定外，由雙方當事人各依其經濟能力、家事勞動或其他情事分擔之。因前項費用所生之債務，由雙方當事人負連帶責任。」

（五）互負扶養義務

本施行法第22條規定：「第2條關係雙方當事人互負扶養義務。第2條關係雙方當事人間之扶養，準用民法第1116-1條、第1117條第1項、第1118條但書、第1118-1條第1、2項、第1119~1121條之規定。」

六、第2條關係有效之特殊效力

此為財產上之效力。

本施行法第15條規定：「第2條關係雙方當事人之財產制，準用民法親屬編第2章第4節關於夫妻財產制之規定。」

七、第2條關係終止之方式

（一）終止之方式

1. 合意終止

本施行法第16條規定：「第2條關係得經雙方當事人合意終止。但未成年人，應得法定代理人之同意。前項終止，應以書面為之，有2人以上證人簽名並應向戶政機關為終止之登記。」

2. 裁判終止

本施行法第17條規定：「第2條關係雙方當事人之一方有下列情形之一者，他方得向法院請求終止第2條關係：一、與他人重為民法所定之結婚或成立第2條關係。二、與第2條關係之他方以外之人合意性交。三、第2條關

係之一方對他方為不堪同居之虐待。四、第2條關係之一方對他方之直系親屬為虐待，或第2條關係之一方之直系親屬對他方為虐待，致不堪為共同生活。五、第2條關係之一方以惡意遺棄他方在繼續狀態中。六、第2條關係之一方意圖殺害他方。七、有重大不治之病。八、生死不明已逾3年。九、因故意犯罪，經判處有期徒刑逾6個月確定。有前項以外之重大事由，難以維持第2條關係者，雙方當事人之一方得請求終止之。對於第1項第1款、第2款之情事，有請求權之一方，於事前同意或事後宥恕，或知悉後已逾6個月，或自其情事發生後已逾2年者，不得請求終止。對於第1項第6款及第9款之情事，有請求權之一方，自知悉後已逾1年，或自其情事發生後已逾5年者，不得請求終止。」

第2條關係之終止經法院調解或法院和解成立者，第2條關係消滅。法院應依職權通知該管戶政機關(§18)。

八、第2條關係終止之效力

本施行法第19條規定：「第2條關係終止者，其子女親權之酌定及監護、損害賠償、贍養費之給與及財產取回，準用民法第1055條至第1055-2條、第1056~1058條之規定。」

九、第2條關係之準用

（一）親子關係之準用

本施行法第20條規定：「第2條關係雙方當事人之一方收養他方之親生子女時，準用民法關於收養之規定。」

（二）配偶關係之準用

本施行法第21條規定：「民法第1111條至第1111-2條中關於配偶之規定，於第2條關係雙方當事人準用之。」

（三）民法繼承篇之準用

本施行法第23條規定：「第2條關係雙方當事人有相互繼承之權利，互為法定繼承人，準用民法繼承編關於繼承人之規定。民法繼承編關於配偶之規定，於第2條關係雙方當事人準用之。」

（四）民法總則債篇之準用

民法總則編及債編關於夫妻、配偶、結婚或婚姻之規定，於第2條關係準用之（§24Ⅰ）。

（五）其他法規之準用

民法以外之其他法規關於夫妻、配偶、結婚或婚姻之規定，及配偶或夫妻關係所生之規定，於第2條關係準用之。但本法或其他法規另有規定者，不在此限（§24Ⅱ）。

十、救濟程序

本施行法第25條規定：「因第2條關係所生之爭議，為家事事件，適用家事事件法有關之規定。」

十一、宗教自由及其他自由權利，不受影響

本施行法第26條規定：「任何人或團體依法享有之宗教自由及其他自由權利，不因本法之施行而受影響。」

法律與經濟生活

01 Chapter 買賣關係

摘 要

　　自古以來，公平正義即為人類所欲追求之目標，在交易行為的過程中和結果上，如何能獲得公平正義？契約係一方面以己之自由意志決定放棄自己對交易物之所有權，同時另一方面以己之自由意志決定接受原屬於他人之所有權，且此二自由意志均認為這是合理的、公正的且存在於雙方當事人的共同意志中。因此，契約乃雙方當事人因意思表示合致而成立。

　　買賣關係之當事人間，彼此以供給與需求之主觀意思，基於互利、互助的概念，將利己之心轉化為互利的社會化行為，使財富得以分享，利潤得以共得，如此共通善與個人人格中心正義發生關聯，而個人人格中心的正義包括了平均正義與分配正義，二者均受共通善的約束，因此各國對交易行為、買賣契約即設有法律規範，以令供給與需求間能符合正義原則。

　　我民法規定契約之成立方式有三：一為要約與承諾一致，二為意思實現，三為懸賞廣告。另外，學說與實務亦承認交錯要約。此四種方式，以要約與承諾一致而成立契約者，最為常見。

　　買賣為契約之一，乃當事人約定一方移轉財產權於他方，他方支付價金之契約。出賣人因買賣契約之成立而負有移轉財產權及交付標的物之義務，以及負擔瑕疵擔保之責任；買受人則負有交付價金、受領標的物、保管標的物等義務，其給付價金可分期為之，故有分期付價買賣。至於有關郵購買賣及訪問買賣之相關規定，則另有專章論述。

案　例

一、甲與乙約定房屋買賣契約，甲屋售予乙價金N.T.1,000萬元。雙方立有書面買賣契約，但未公證。因為物價上漲，丙出價N.T.1,200萬元，甲乃售予丙。乙知悉，對甲主張解約並請求損害賠償。問：乙之主張有理由否？

二、甲與T汽車公司訂約，以N.T.150萬購買X車款汽車，言明於訂約後三個月交貨。該款車向有瑕疵之爭議，但甲並不知情，於訂約後二週，甲看到新聞登載T公司回收所有該款汽車。甲立即通知T公司解約、請求返還價金並請求損害賠償。問：甲是否有理由？

三、甲向乙購買汽車一輛，價金100萬元，約定以分期付款方式為之，乙雖於契約中表明分期付款之總價款，但未表明與現金價之差額（現金價92萬元），而甲支付十期款中之頭二期後即未支付，至第五期時，乙要甲支付餘額全部，問本案之爭點為何？如何處理？

-----------------------------------   -----------------------------------

　　在交易行為的過程中，如何能公平正義？在交易的結果上如何能公平正義？

　　亞里斯多德提出「平均正義」，乃指在交易過程及結果，各人所享受的利益及蒙受的損失，應依算術級數之比例，求其平均原理。

　　在交易的過程中，交易雙方當事人應是立於對立的立場，賣方希望能以最高（好）的價格賣出最差（少）的貨品；同時買方希望能以最低（少）的價格買入最好（多）的貨品，因而雙方當事人必是立於對立的立場，那如何能夠成立契約而完成交易行為，且又能各自滿意呢？本章擬介紹有關買賣之一般知識如下：

壹 買賣之意義與要件

一、買賣之意義

買賣者，當事人約定一方移轉財產權於他方，他方支付價金之契約也（§345 I）。約定移轉財產權之一方，稱為出賣人，約定支付價金之一方，稱為買受人。

二、買賣之要件

出賣人與買受人就出賣之標的物與價金互相同意時，買賣契約即為成立（§345 II）。因此買賣契約之成立要件為：當事人、標的、意思表示合致。

買賣契約之生效要件為：當事人應有行為能力，標的須適法、可能、確定，意思表示須無瑕疵且無不自由之狀態。依據民法第345條之規定而言，買賣契約為不要式契約，只須雙方當事人意思表示合致，契約即可成立生效。但是於民國88年增訂民法第166-1條規定：「契約以負擔不動產物權之移轉、設定或變更之義務為標的者，應由公證人作成公證書。未依前項規定公證之契約，如當事人已合意為不動產物權之移轉、設定或變更而完成登記者，仍為有效。」由本項之規定可顯示：一、物權行為的獨立性與無因性。二、不動產物權的買賣契約之生效要件須經公證，因此有關不動產買賣之債權契約的生要件應為要式契約。本條載「應由公證人作成公證書」，似屬強制規定，若買賣之債權契約未依之公證，該債權契約應屬無效（§71本文）。

立法院與行政院應已發現該條有窒礙難行之處，於是於89年5月修正債篇施行法，於該法第36條規定「本施行法自民法債編施行之日施行。民法債編修正條文及本施行法修正條文自中華民國89年5月5日施行。但民法第166-1條施行日期，由行政院會同司法院另定之。」

　　但是本書以為即便日後公證人已充足，本條仍有疑慮。因為該項之規定可知不動產物權的買賣契約應為要式契約。本條載「應由公證人作成公證書」，似屬強制規定，若買賣之債權契約未依之公證，應屬無效（§71本文）。但一般民眾並不具有充足的法律知識，為不動產物權之移轉、處分或設定負擔，亦未必均由代書或仲介為之，因此日後之爭議似乎在所難免。

　　至關於買賣費用之負擔，債務履行之時期及處所，擔保責任之免除或限制等，則除有特別約定以其為買賣契約之成立要件外，當事人間意思雖尚未趨於一致，亦無礙於買賣契約之成立(§153Ⅱ)。又除當事人特別約定之成約定金外，亦不以定金之交付為買賣契約成立之要件。（大理院三年上字第97號判例）惟買賣雙方如已有定金之接受，則不論該項定金屬何性質，通常應視買賣契約為成立(§248)。

　　此外；於民國98年1月修正民法物權篇，增列民法第758條第2項「不動產物權，依法律行為而取得、設定、喪失、及變更者，應以書面為之。」此為不動產物權契約之成立要件，而非不動產債權契約之成立要件。

貳　買賣之效力

一、出賣人之義務

　　出賣人之義務有二：一為移轉財產權及交付標的物之義務，一為瑕疵擔保責任，分述如次。

（一）移轉財產權及交付標的物之義務

1. 移轉財產權之義務

　　　　出賣人基於買賣契約，對於買受人負有移轉財產權之義務，出賣人標的物如為有體物則該物之所有權，出賣人負交付其物於買受人並使

其取得該物所有權之義務;如為其他權利,則負使買受人取得該權利之義務,如因其權利而得占有一定之物者,出賣人並負交付其物之義務(§348)。

2. 交付標的物之義務

所謂標的物之交付,即移轉其物之占有於買受人之謂,其方法除現實交付外,更分別情形以簡易交付,占有改定其指示交付行之。所有權及限制物權中之地上權、典權等,係以物之占有為其內容,以此等權利為買賣之標的物時,出賣人除應使買受人取得該項權利外,更應將其物之占有,移轉於買受人。

如須交付其物,而買受人請求將該物送交清償地以外之處所者,自出賣人交付其標的物於運送承攬人時起,標的物之危險,由買受人負擔(§348、§377、§378 II)。買受人關於該物之送交方法,如有特別指示,而出賣人無緊急之原因,遵其指示者,對於買受人因此所受之損害,亦應負賠償責任(§376、§377)。所謂緊急原因,與第536條及第633條所稱之急迫情事,意義略同。

出賣人不履行移轉財產權之義務者,買受人得依關於債務不履行之規定,行使其權利。所謂債務不履行應包括債務人不為給付或不為完全之給付,及因可歸責於債務人之事由致給付不能兩種情形而言(20年上字第265號判例)。在出賣人延遲履行時,買受人得請求出賣人負擔遲延責任。

(二)瑕疵擔保之責任

屬法定責任,無須當事人約定,亦係無過失責任,不以出賣人有故意或過失為必要。此項責任又分為:

1. 權利瑕疵擔保之責任

權利瑕疵擔保之責任;權利之瑕疵,即權利有所缺失之謂。法律使出賣人就此負擔保責任。權利瑕疵擔保責任,亦稱追奪擔保責任,即

出賣人應擔保第三人就買賣之標的物（含權利），對於買受人，不得主張任何權利(§349)。又債權或其他權利之出賣人，應擔保其權利確係存在。有價證券之出賣人，並應擔保其證券未因公示催告而宣示為無效(§350)。惟債權之出賣人對於債務人之支付能力，除契約另有訂定外，不負擔保責任，如出賣人就債務人之支付能力負擔保責任者，推定其擔保債權移轉時，債務人之支付能力(§352)。

權利之瑕疵，出賣人對之負擔保責任者，以買賣契約成立時所已存在者為限，至於權利之瑕疵是否因可歸責於出賣人之事由而發生，則非所問。又買受人於買賣契約成立當時知有權利之瑕疵者，除契約另有訂定外，出賣人即不負擔保之責(§351)。又當事人間以特約免除或限制出賣人關於權利或物之瑕疵擔保義務者，如出賣人故意不知知其瑕疵，其特約為無效(§366)。

2. 權利瑕疵擔保之效果

權利瑕疵擔保之效果：出賣人應負權利瑕疵擔保責任而不履行其擔保責任之義務者，買受人得依關於債務不履行之規定，行使其權利(§353)。亦即：

權利之缺失可以補正者，買受人得請求出賣人為補正之行為，並得請求賠償因遲延補正所生之損害，或得拒絕出賣人之補正而請求不履行之損害賠償(§232)。

權利之缺失不能補正者，權利全部缺失不能補正或一部缺失不能補正，而其他部分之履行於買受人無利益者，買受人均得請求全部不履行之損害賠償；或解除契約並請求不履行之損害賠償（參看第226條，第256條及第260條，並司法院院字第1695號第1項解釋）。

3. 物之瑕疵擔保責任

物之瑕疵擔保責任：物之瑕疵，即標的物有所缺失，凡依通常交易觀念或依當事人之意思，認為物所應具有之價值、效用或品質，而不具

備者，即為物有瑕疵，法律為維護交易之公平及信用，特使出賣人就物之瑕疵，負擔保責任。民法關於物之瑕疵擔保責任之規定，係適用於有體物之買賣亦即動產及物所有權之買賣，且係就特定物而言。但其他權利之買賣，亦可類推適用之。

(1) 擔保無滅失或減少價值之瑕疵

物之出賣人，對於買受人應擔保其物依第373條之規定危險移轉於買受人時，無滅失或減少其價值之瑕疵。

(2) 擔保其物之性質上無減滅之瑕疵

無滅失或減少其通常效用之瑕疵，或契約預定效用之瑕疵。惟存在於物之缺失，如屬甚輕微，其減少價值或效用之程度，無關重要者，則不得視為瑕疵(§354 I)。

(3) 擔保其物應具有所保證之品質

出賣人應擔保其出賣之物於危險移轉時，具有其所保證之品質(§454 II)。出賣人對物之瑕疵負擔保責任者，以該項瑕疵於買賣標的物之危險移轉時業已存在者為限，但無須於買賣契約成立時即已存在（29上826號判例）。至於出賣人是否知悉此項瑕疵之存在，以及此項瑕疵是否因可歸責於出賣人之事由所發生，亦均非所問。

(4) 瑕疵擔保之免責

A. 買受人明知有瑕疵者

買受人明知有瑕疵者：買受人若於買賣契約成立時知其存在者，則係明知有瑕疵而甘願買受，出賣人即不負擔保之責(§355 I)。

B. 買受人重大過失不知

買受人重大過失不知：買受人於契約成立當時雖不知物之價值或效用瑕疵存在，但其所以不知係因重大過失所致者，出賣人原則上亦不負擔保責任（§355 II前段）惟有下列情形之一時，則仍

應負擔保之責：1.出賣人曾保證其無價值或效用之瑕疵者。2.出賣人故意不告知買受人該項瑕疵者（§355Ⅱ後段及但書）。

C. 買受人怠於檢查通知

買受人怠於檢查通知：買受人應按物之性質，依通常程序從速檢查其所受領之物，如發現有應由出賣人負擔保責任之瑕疵時，應即通知出賣人。買受人如怠於通知，除依通常之檢查不能發現之瑕疵外，視為買受人承認其所受領之物(§356Ⅰ、Ⅱ)。此際出賣人不復負擔保責任。依通常檢查不能即知之瑕疵，至日後發見者，除出賣人有故意不告知瑕疵之情形外，買受人應即通知出賣人，買受人怠於為此項通知者，亦視為承認其所受領之物，出賣人不復負擔保責任(§356Ⅲ)。此所謂日後發見，如屬價或效用之瑕疵，則原則上當以受領標的物後6個月內發見者為限，因逾此限期，除出賣人故意不告知瑕疵之情形外，買受人即不得行使解除契約或請求減少價金之瑕疵擔保權也（參看第356條）。

D. 買受人怠於瑕疵證明

買受人怠於瑕疵證明：至於異地之買賣，買受人對於由他地送到之物，主張有瑕疵而不願受領者，如出賣人於受領地又無代理人，則買受人仍應暫時保管，並應就其所主張之瑕疵，即依相當方法，證明其存在，如不即為依相當方法證明或不能證明，即推定於受領時為無瑕疵(§358Ⅰ、Ⅱ)。此際，出賣人亦不負擔保責任矣。

5. 物之瑕疵擔保之效果

物之瑕疵擔保之效果：買賣因物有瑕疵而出賣人應負擔保之責者，買受人得選擇下列方法之一，以行使權利：

(1) 買受人得解除契約

買受人得解除契約：出賣人應負物之瑕疵擔保責任時，買受人得解除買賣契約(§359)。因主物有瑕疵而解除契約者，其效力及於從物，惟從物有瑕疵者，則買受人僅得就從物之部分解除契約（§362，參看§68）。為買賣標的物之數物其性質係可份者。僅其中一物有瑕疵時，買受人僅得就有瑕疵之物解除契約。其以總價金將數物同時賣出者，買受人並得請求減少與瑕疵物相當之價金（§363Ⅰ、19上1223號判列）。若買賣標的之數物，雖非均有瑕疵，但當事人之任何一方，如因有瑕疵之物與他物分離而顯受損害者，則得解除全部契約(§363Ⅱ)。又買受人主張物有瑕疵者，出賣人得定相當期限，催告買受人於期限內是否解除契約，買受人於該期限內不解除契約者，即喪失其解除權(§361Ⅰ、Ⅱ)。其未經出賣人定期限催告者，除出賣人有故意不告知瑕疵之情形外(§365Ⅲ)，買受人之該項解除權依第356條規定為通知後6個月間不行使或自物之交付時起5年而消滅(§365Ⅰ、Ⅱ)。此項期間，就解除權而言，為無時效性質之法定期間（22上716號判例）。

(2) 買受人得請求減少價金

買受人得請求減少價金：出賣人應負物之瑕疵擔保責任時，買受人得不解除契約而請求減少價金。如依情形解除契約顯失公平者，買受人僅得請求減少價金(§359)。除出賣人故意不告知瑕疵之情形外，買受人之減少價金請求權，於通知後6個月不行使或物之交付時起5年而消滅(§365)。此項期間，就該請求權而言，則屬消滅時效之性質。

(3) 買受人得請求損害賠償

買受人得請求損害賠償：出賣人故意不告知物之瑕疵或買賣之物缺少出賣人所保證之品質者，買受人得請求不履行之損害賠償（§360）。

(4) 買受人得請求另行交付

買受人得請求另行交付：買賣之物，僅指定種類者，如出賣人交付之物有瑕疵時，買受人得不解除契約或請求減少價金，而即時請求另行交付無瑕疵之物，出賣人另行交付之物，仍負擔保責任，故如仍有瑕疵，買受人仍得即時另行請求交付(§364)。

（三）擔保責任之免除及限制

民法上關於出賣人之瑕疵擔保責任之規定除第351、355之規定外，係為補充當事人之意思表示而設，故當事人對於出賣人之權利瑕疵擔保責任或物之瑕疵擔保責任，得以特約較法定責任加重之，亦得以特約免除或限制之。惟以特約免除或限制出賣人關於權利或物之瑕疵擔保義務者，如出賣人故意不告知其瑕疵，其特約為無效(§366)。是否故意不告知，應由買受人負舉證之責。

二、買受人之義務

買受人之義務，有交付價金，受領標的物，保管標的物，此外尚有變賣及通知之義務。分述如下：

（一）交付價金之義務

民法規定買受人對於出賣人有交付約定價金之義務（§367前段）。交付價金，為買受人基於買賣契約原來之義務。惟價金之交付，與買賣標的物之給付為兩相對待之給付，故買受人依法得為同時履行之抗辯或不安之抗辯。是以，買受人有正當理由，恐第三人主張權利，致失其因買賣契約所得權利之全部或一部者，得拒絕支付價金之全部或一部（§368Ⅰ前段）。但出賣人如已提出相當擔保者，則買受人即不得行使此項抗辯權以拒絕支付價金（同條但書）。又買受人為前述之價金拒付時，出賣人為保障自己的利益，得請求買受人提存價金（同條第2項）。

買賣標的物與其價金之交付，除法律另有規定或契約另有訂定或另有習慣外，應同時為之(§369)。所謂法律另有規定，如後述拍賣之規定是之（參看§396）。若當事人間僅約定標的物之交付期限。而未約定價金之交付期限者，則推定其亦為交付價金之期限(§370)。至於交付價金之處所，若標的物與價金同時交付者，其價金應於標的物之交付處所交付之(§371)。若非同時交付，則自應依通則第314條之規定辦理。價金依物之重量計算者，應除去其包皮之重量，但契約另有訂定或另有習慣者，仍從其訂定或習慣(§372)。

（二）受領標的物之義務

出賣人有交付標的物之義務，買受人亦有受領標的物之義務(§367)。故出賣人合法提出標的物之給付而買受人無故拒絕受領或主觀的不能受領時，買受人不特負債權人受領遲延之責任，其因可歸責於買受人之事由致受領遲延者，買受人且負債務人履行遲延之責任。

（三）保管標的物之義務

異地之買賣，買受人對於由他地送到之物，主張有瑕疵，不願受領者，如出賣人於受領地無代理人，買受人有暫為保管之責(§358Ⅰ)。買受人此項保管義務可類推適用於寄託之法則。

（四）變賣及通知之義務

買受人對於由他地送到之物，主張有瑕疵，而不願受領，且送到之物易於敗壞者，買受人經依相當方法之證明，得照市價變賣之。如為出賣人之利益，有必要時，買受人並有變賣之義務。其盡此義務，亦應得上述官署之許可，以求公允。買受人為變賣後，並應從速通知出賣人，如怠於通知，則應負損害賠償之責(§358Ⅲ、Ⅳ)。

此外，買賣契約對雙方當事人之效力尚有：利益承受及危險負擔(§266、§373、§374、§377)、及費用之負擔(§375、§381、§378)。接著，我們將介紹特種買賣中之「分期付款買賣」、「拍賣」、「標賣」及「郵購或訪問買賣」。

貳 分期付價之買賣

一、意義

分期付價之買賣，為當事人約定其標的物於訂立買賣契約後即行交付，而價金則約定嗣後分期支付。此種買賣得約定僅先行交付標的物之占有，而於價款未付清前由出賣人保留標的物之所有權者，並無不可。惟標的物之利益與危險，除當事人間有特約外，均自交付時起即由買受人承受及負擔(§373、§377)。

二、特約條款之限制

分期付價買賣之出賣人，為預防損失之危險，常於買賣契約附加苛刻之特約條款，法律為保護買受人維持交易之公平起見，對此設有限制規定，分述如下：

(一) 期限利益喪失約款之限制

分期付價之買賣，約定買受人有遲延付價時，出賣人得即請求交付全部價金者，謂之期限利益喪失條款。我民法於此特加限制，僅限於買受人遲付之價額已達全部價金五分之一時，出賣人始得請求支付全部價金(§389)。

（二）有關解約扣價約款之限制

分期付價之買賣，如約定出賣人解除契約時，得扣留其所受領之價金者，謂之失權約款。我民法於此設有限制之規定；其扣留之數額，不得超過標的物使用之代價，及標的物受有損害時的賠償額(§390)。

（三）消保法之特別規定

消費者保護法第21條規定：企業經營者與消費者分期付款買賣契約應以書面為之，故分期付價買賣為要式行為，且其應載明下列事項：1.頭期款。2.各期價款與其他附加費用合計之總價款與現金交易價額之差額，若企業經營者，違反此二款之規定者，消費者不負現金交易價格之外價款之給付義務。3.利率，如企業經營者未依規定記載利率者，其利率按現金交易價格過年利率百分之五計算之。

案例解說

一、 民國88年增訂民法第166-1條規定：「契約以負擔不動產物權之移轉、設定或變更之義務為標的者，應由公證人作成公證書。未依前項規定公證之契約，如當事人已合意為不動產物權之移轉、設定或變更而完成登記者，仍為有效。」由本項之規定可顯示：不動產物權的買賣契約之生效要件須經公證，因此有關不動產買賣之債權契約的生要件應為要式契約。本條載「應由公證人作成公證書」，似屬強制規定，若買賣之債權契約未依之公證，該債權契約應屬無效（§71本文）。

立法院與行政院應已發現該條有窒礙難行之處，於是於89年5月修正債篇施行法，於該法第36條規定「本施行法自民法債編施行之日施行。民法債編修正條文及本施行法修正條文自中華民國89年5月5日施行。但民法第166-1條施行日期，由行政院會同司法院另定之。」

目前該條尚未實施，故甲違約，乙可請求債務不履行的損害賠償。

二、 本案涉及買受人行使解除權之期間。

依民法第373條規定：「買賣標的物之利益及危險，自交付時起，均有買受人承擔。但契約另有訂定者，不在此限。」民法第354條第1項規定：「物之出賣人，對於買受人應擔保其物依民法第373條之規定危險移轉於買受人時，無減失或減少其通常效用或契約預定效用之瑕疵。但減少之程度無關重要者，不得視為瑕疵。」同法第359條規定：「買賣因物有瑕疵，而出賣人依前五條之規定，應負擔保之責者，買受人得解除其契約，或請求減少價金。但依其情形，解除契約顯失公平者，買受人僅得請求減少價金。」

依上述條文之規定而言，似乎甲僅得於該車交付後主張解約。但在危險移轉前，買受人已發覺其物有瑕疵，而其瑕疵之除去，於危險移轉時已屬不能，或出賣人確定的拒絕擔保時，買受人非不得主張出賣人應負擔保之責而對之解除契約（85台上字878號判例）。因此甲是有可能解除契約的。

又依民法第260條規定：「解除權之行使，不妨礙損害賠償之請求。」若甲因其他原因已發生之債務不履行之損害賠償請求權，不因解除權之行使而受妨礙（55台上字2727號判例)）。

三、 本案涉及消費者保護法

依消費者保護法第21條規定，企業經營者未於書面契約載明各期價款與其他附加費用合計之總價款與現金交易價格之差額者，消費者不負現金交易價格以外價款之給付義務。

分期付價買賣，如約定買受人有遲延時，出賣人得即請求支付全部價金者，除買受人遲付之價額已達全部價金五分之一外，出賣人仍不得請求支付全部價金（民§389）。

═══ 自 我 練 習 ═══

一、試依民法之規定,說明出賣人之義務為何?

二、試依民法之規定,說明買受人於何種情況下得主張損害賠償?

三、法律為保護買受人以及維持交易之公平起見,對於分期付價買賣之對特約條款有何種限制規定?

四、丙至百貨公司,正逢商品促銷期,銷售員丁遊說丙購買其化妝品,丙買回家後才後悔不應購買,隔三天,丙去退貨要求退款,問丙有理由否?合乎公平正義嗎?

贈與及贈與稅

摘 要

　　基於人的社會存在之特性，人必須與他人互動而發生經濟活動，此一活動必須遵守「行為之一般法則」，社會存在的安全才得確保，於是「法」與「經濟活動」發生結合作用，人在處分其所有物時，即應遵循規範為之。贈與應負擔贈與稅，其立意即在於公平正義性以及社會存在的概念中，在分配的正義中去理解共通善的概念。

　　贈與為當事人約定，一方以自己之財產無償給與他方，他方允受之契約。這是一個私法上的經濟行為，但會發生公法上…稅法的效果。凡經常居住中華民國境內之中華民國國民，就其在中華民國境內或境外之財產為贈與者，原則上，均應課徵其贈與稅。因此，本章除論述贈與之意義、要件、效力、以及其與遺贈之不同點外，尚介紹贈與稅中對贈與之定義、贈與財產之認定、贈與稅之課徵及例外、贈與稅之計算、以及稽徵程序等相關規定。

案 例

一、夫甲於婚後有外遇，與乙女同居，甲贈與乙屋一棟值N.T.1,000萬元，贈予甲之妹丙股票值N.T.800萬元。此事為甲妻丁知悉，丁得否主張撤銷甲之贈與？

二、夫甲妻乙育有子丙女丁，甲於甲乙結婚25週年時贈與乙鑽戒一枚值200萬元，乙則贈甲名車一輛值200萬元。當年，女丁結婚，甲、乙各贈丁嫁妝100萬元，甲、乙同意未成年之子丙與丁所簽之價金500萬元之房屋買賣契約，並各贈200萬元，餘款由丙以分期付款方式繳納。試問各該贈與之效力如何？贈與稅之問題如何？

第一節 │ 贈 與

--------------------------------   --------------------------------

壹　贈與之概說

一、人之存在與所有權之關聯

當社會承認人們有權將其意志實現於其所有之物中，於是產生了所有權的概念，當人們可以經由其意志去處分其所有物，則人的外部實存也因而顯現，這個處分使自己與他人產生互動，因而造成人的「社會的存在」，因為人有社會的存在而被他們肯定，於是人的價值超脫物的價值，人的意志因受到尊重致人格的不可侵性得以彰顯，因為當人得以依其自由自在自為地以自主意志去支配、管理、處分其所有物時，該人不僅僅是「個人的實存」，而且是「社會的存在」。

當人們具有社會的存在時，自我與他我即互相依存而共存，由自我意志發展至共同意志，因共同意志而產生行為客觀原理…此即所謂的「行為之一般法則」，亦稱道德法則，只有道德法則才具有普遍妥當性，故道德法則具有與自然法則之同質性。因而康德認為：在一般包含一切自由法則，能使任何一個人之自由意志與他人之自由意志相結合的各種條件之集合，即為法律。因此在該社會群體中的每一份均有遵守的義務。於是「法」與「經濟」活動發生結合作用。

基於人的「社會存在」之特性，人必須與他人互動而發生經濟活動，為求整體的安定及「社會存在」的安全，行為之一般法則必須被遵守，則各人的「實存」、實質的自由方得確保，因其得以確保致令個人願與他人互動。又因互動造而造成經濟的發展，人類社會因而得以互通有無，而增進社會公益，使人的「社會存在」之人格得以提升，大家得以和平共處，社會的全體存在因而有其意義。

在人與人的互動過程中，人可經由其處分其所有物，致所有權從「定在」的存在化約至「觀念」的存在，所有權即可向契約過渡，人不僅是在轉讓其所有物，尚包含有轉讓了自我意志的概念，在自我意志與他人的自我意志的結合中，法律即扮演了重要的角色。

二、贈與之概說

人將其所有物「贈與」他人，此為狹義的贈與。廣義而言，人亦得經由其自由意義處分其勞務，亦即人得將其勞務贈與他人，諸如協助鄰居蓋屋，協助親友搬運貨物，這種情形，在我國民法上將之歸類到「無因管理」的法律層面。

（一）贈與之意義

贈與者，謂當事人約定，一方以自己之財產無償給與他方，他方允受之契約（民§406）。其以自己財產為無償給與他方之意義表示者，稱之為贈與人；其允受之他人，稱之為受贈人。此處所謂之財產，包括：動產、不動產、無體財產、權利等。

（二）贈與之成立

贈與契約之成立，以當事人意思表示合致而成立。原則上並即生效。

（三）贈與之性質

贈與之性質，可簡述如下：

1. 贈與為債權契約

贈與契約，在使贈與人負擔無償給與財產之債務，於當事人間，僅生債的關係，故為債權契約。

2. 贈與為片務及無償契約

贈與契約僅一方負擔債務，且無對價關係，故為片務契約。又贈與契約之當事人，不因給付而取得利益，故又為無償契約。

3. 贈與為不要式及諾成契約

贈與契約之訂立，不拘用何種方式。故為不要式契約。又贈與契約以雙方意思合致而成立，故為諾成契約。

（四）贈與之種類

贈與契約，依各種標準，分為下列數種：

1. 單純贈與

凡贈與未附有條件期限或負擔者，即為單純贈與。

2. 附條件或附期之贈與

贈與契約為法律行為之一種，自亦得附件或附期限。

3. 附負擔之贈與

贈與人為贈與時，得為自己，第三人或公益計，而附加約款，使受贈人負擔某種給付之義務。受贈人如願負擔而受贈與，則附負擔之贈與契約即行成立（參看§412～§414）。此外尚有定期給付之贈與及混合贈與。

三、贈與和遺贈之不同

（一）性質不同

贈與為一契約行為。遺贈為單方行為。

（二）方式不同

贈與為不要式行為，原則上於當事人意思表示合致時贈與契約即成立並發生效力。遺贈則屬要式行為，須於遺囑中載明遺贈事項。

（三）時期不同

贈與為生前行為。遺贈為死後行為。

（四）主體不同

贈與人原則上無限制，因而限制行為能力人亦得贈與。但遺贈之主體受有限制，未滿十六歲所立之遺囑無效，故未滿16歲之人即不得為遺贈。

（五）範圍不同

原則上，贈與之客體及金額並無限制。但遺贈則有限制，亦即立遺囑人以遺囑為無償處分其遺產時，不得侵害其繼承人之特留分。

（六）撤銷不同

贈與人為贈與之撤銷，應向受贈人以意思表示為之（民§419）。但遺贈則否，其得於遺贈未發生效力前隨時撤銷，而無須向受遺贈人為意思表示。

以上僅略舉數項不同之點，如欲細分尚有許多之分類，如種類之不同，責任之不同，得否拒絕履行之不同等，於此不再贅述。

四、贈與之效力

（一）贈與人之責任

因贈與為無償行為，故贈與人之責任，較有償契約之債務之為輕，分述如下：

1. 債務不為履行之責任

在立有字據之贈與或為履行道德上之義務而為贈與者，若贈與人不履行債務，受贈人得請求交付贈與物或其價金，但不得請求遲延利息或其他不履行之損害賠償(§409)。

2. 給付不能之責任

贈與之標的物，在交付以前，有滅失或毀損、減少，致履行不能時，贈與人僅就其故意或重大過失，對受贈人負給付不能之責任(§410)。此項責任，自亦限於贈與人不得任意撤銷贈與之情形（參看§408Ⅱ），始負擔之。

3. 不完全給付之責任

贈與人不依債務本旨履行時，其應負之責任，應視其不完全之情形是否可以補正，而分別適用上述關於債務不履行或給付不能之法則，以定期責任。

4. 瑕疵擔保之責任

為贈與之物或權利，如有瑕疵，在無附負擔之贈與，贈與人不負擔保責任，惟贈與人故意不告知其瑕疵，或保證其無瑕疵者，對於受贈人因瑕疵所生之損害，負賠償之義務(§411)。賠償之範圍，僅限於積極損害，至於在附有負擔之贈與，則其贈與之物或權利如有瑕疵，贈與人應於受贈人負擔之限度內，負與出賣人同一之擔保責任(§414)。以免受贈人受不當之損失，而昭公允。

（二）負擔與贈與之關係

贈與附有負擔者，如贈與人已為給付而受贈人不履行其負擔時，贈與人得請求受贈人履行其負擔，或撤銷贈與(§412 I)。如負擔係以公益為目的者，於贈與人死亡後，主管機關或檢察官得請求受贈人履行其負擔(§412 II)。惟主管機關於此情形，無撤銷贈與之權。

因不可歸責於贈與之人事由致贈與履行不能時，贈與人免履行贈與之義務，受贈人亦免履行負擔之義務。

因可歸責於贈與人之事由（贈與人之故意或重大過失）致贈與履行不能時，如其贈與依法不得任意撤銷，贈與人應即負債務不履行之損害賠償責任(§410、408 I)，於已為損害賠償後，得請求受贈人履行其負擔。

贈與不足償其負擔，即負擔之價值超過贈與之價值者，受贈人僅於贈與之價值限度內，有履行負擔之責任(§413)。

（三）定期給付贈與之失效

定期給付之贈與，當事人間之契約關係，因於期限屆滿時消滅，惟贈與人或受贈人於原定存續期限屆滿前死亡，或未定有存續期限而贈與人或受贈人死亡，本法特規定當事人有一方死亡時，此贈與契約即失其效力，不得移轉於繼承人，但贈與人有反對之意思表示者，自應從其意思(§415)。

五、贈與之撤銷及拒絕履行

（一）贈與之撤銷

1. 撤銷之原因

贈與除得依一般撤銷原因撤銷外（參看§88、§89、§92）更有其特別撤銷原因，略述如下：

贈與物之權利未移轉前，贈與人得撤銷其贈與。其一部已移轉者，得就其未移轉之部分撤銷之。前項規定，於經公證之贈與，或為履行道德上義務而為贈與者，不適用之(§408 I、II)。但其贈與如附有應向第三人為給付之負擔，而第三人已為享受其利益之表示者，解釋上贈與人即不得任意撤銷贈與（參看§269 II）。

附有負擔之贈與，贈與人已為給付而受贈人不履行其負擔時，贈與人得撤銷贈與(§412 I)。

受贈人對於贈與人、其配偶、直系血親、三親等內旁系血親或二親等內姻親，有故意侵害之行為，依刑法有處罰之明文者，或對於贈與人有扶養義務而不履行者，贈與人得撤銷其贈與。惟此項撤銷權，自贈與人知有撤銷原因之時起一年內不行使，即歸消滅。且若贈與人對於受贈人已為宥恕之表示者，其撤銷權亦歸消滅(§416)。

受贈人以故意不法之行為，致贈與人死亡，或以故意不法行為，妨礙其為撤銷者，贈與人之繼承人，得撤銷其贈與。惟此種撤銷權之除斥期間眼短，即自知有撤銷原因之時起，6個月間不行使者，其撤銷權即歸於消滅(§417)。

2. 撤銷之方法

贈與之撤銷，應向受贈人以意思表示為之(§419 I)。（參看§94、§95）受贈人死亡時，贈與之撤銷權即因而消滅(§420)，解釋上應僅限於第416條及第417條所定之贈與人撤銷權，始有其適用。

3. 撤銷之效果

　　贈與撤銷之效果，與一般法律行為無異，即視為自始無效（參看§114 I）。贈與人已為給付而撤銷贈與者，得依關於不當得利之規定，請求返還贈與物(§419 II)。

（二）贈與之拒絕履行

　　贈與人於贈與約定後，其經濟狀況顯有變更，如因贈與致其生計有重大之影響，或妨礙其扶養義務之履行者，縱令受贈人有權求履行贈與，贈與人仍得拒絕贈與之履行（§418，參看§409）。至其經濟狀況變更之原因是否可歸責於自己之事由，則非所問（參看41台上4號判例）。

第二節 ｜ 贈與稅

LAW & LIFE

壹　贈與稅之概說

　　我國遺產及贈與稅法於民國98年1月12日經立法院為第10次之修正，同年1月21日總統令公布，此即為現行之「遺產及贈與稅法」。本文僅就該法中有「贈與稅」之部分，略述如下。

一、贈與稅之客體

　　凡經常居住中華民國境內之中華民國國民，就其在中華民國境內或境外之財產為贈與者，應依本法規定，課徵贈與稅。經常居住中華民國境外之中華民國國民，及非中華民國國民，就其在中華民國境內之財產為贈與者，應依本法規定，課徵贈與稅(§3)。

　　本法稱經常居住中華民國境內，係指被繼承人或贈與人有下列情形之一：「死亡事實或贈與行為發生前二年內，在中華民國境內有住所者。在

中華民國境內無住所而有居所，且在死亡事實或贈與行為發生前2年內，在中華民國境內居留時間合計逾365天者。但受中華民國政府聘請從事工作，在中華民國境內有特定居留期限者，不在此限。本法稱經常居住中華民國境外，係指不合前項經常居住中華民國境內規定者而言(§41Ⅲ、Ⅴ)。」

死亡事實或贈與行為發生前2年內，被繼承人或贈與人自願喪失中華民國國籍者，仍應依本法關於中華民國國民之規定，課徵遺產稅或贈與稅(§3-1)。

二、贈與稅之納稅義務人

民國98年1月修正該法第7條規定：「贈與稅之納稅義務人為贈與人。但贈與人有下列情形之一者，以受贈人為納稅義務人：一、行蹤不明者。二、逾本法規定繳納期限尚未繳納，且在中華民國境內無財產可供執行者。三、死亡時贈與稅尚未核課。依前項規定受贈人有二人以上者，應按受贈財產之價值比例，依本法規定計算之應納稅額，負納稅義務。」

三、贈與之定義

依遺產及贈與稅法第4條第2項所載之規定以觀，其定義與民法贈與同，茲引述如下：「本法稱贈與，指財產所有人以自己之財產無償給予他人，經他人允受而生效力之行為。」但該法增列「視同贈與」之規定，此為民法所無。該法第5條規定：「財產之移動，具有下列各款情形之一者，以贈與論，依本法規定，課徵贈與稅：一、在請求 權時效內無償免除或承擔債務者，其免除或承擔之債務。二、以顯著不相當之代價，讓與財產、免除或承擔債務者，其差額部分。三、以自己之資金，無償為他人購置財產者，其資金。但該財產為不動產者，其不動產。四、因顯著不相當之代價，出資為他人購置之財產者，其出資與代價之差額部分。五、限制行為能力人或無行為能力人所購置之財產，視為法定代理人或監護人之贈與。但能證明支付之款項屬於購買人所有者，不在此限。六、二親等以內親屬

間財產之買賣。但能提出已支付價款之確實證明,且該已支付之價款非由出賣人貸與或提供擔保向他人借得者,不在此限。」

四、贈與財產之認定

依該法第9條規定:「第1條及第3條所稱中華民國境內或境外之財產,按被繼承人死亡時或贈與人贈與時之財產所在地認定之:一、動產、不動產及附著於不動產之權利,以動產或不動產之所在地為準,但船舶、車輛及航空器,以其船籍、車輛或航空器登記機關之所在地為準。二、礦業權,以其礦區或礦場之所在地為準。三、漁業權,以其行政管轄權之所在地為準。四、專利權、商標權、著作權及出版權,以其登記機關之所在地為準。五、其他營業上之權利,以其營養所在地為準。六、金融機關收受之存款及寄託物,以金融機關之事務所或營業所所在地為準。七、債權,以債務人經常居住之所在地或事務所或營業所所在地為準。八、公債、公司債、股權或出資,以其發行機關或被投資事業之主事務所所在地為準。九、有關信託之權益,以其承受信託事業之事務所或營業所所在地為準。前列各款以外之財產,其所在地之認定有疑義時,由財政部核定之。」

五、贈與稅之課徵與例外

該法第5-1條規定:「信託契約明定信毛利益之全部或一部之受益人為非委託人者,視為委託人將享有信託利益之權利贈與該受益人,依本法規定,課徵贈與稅。信託契約明定信託利益之全部或一部之受益人為受託人,於信託關係存續中,變更為非委託人者,於變更時,適用前項規定課徵贈與稅。信託關係存續中,委託人追加信託財產,致增加非委託人享有信託利益之權利者,於追加時,就增加部分,適用第一項規定課徵贈與稅。前三者之納稅義務人為委託人。低委託人有第7條第1項但書各款情形之一者,以受託人為納稅義務人。」

同法第5-2條為例外之規定，其載：「信託財產於下列各款信託關係人間移轉或為其他處分者，不課徵贈與稅：1.因信託行為成立，委託人與受託人間。2.信託關係存續中受託人變更時，原受託人與新受託人間。3.信託關係存續中，受託人依信託本旨交付信託財產，受託人與受益人間。4.因信託關係消滅，委託人與受託人間或受託人與受益人間。5.因信託行為不成立、無效、解除或撤銷，委託人與受託人間。」

六、贈與稅價值計算及估算原則

（一）價值計算

規定於第10-2條：「依第5-1條規定應課徵贈與稅之權利，其價值之計算，依下列規定估定之：一、享有全部信託利益之權利者，該信託利益為金錢時，以信託金額為準；信託利益為金錢以外之財產時，以贈與時信託財產之時價為準。二、享有孳息以外信託利益之權利者，該信託利益為金錢時，以信託金額按贈與時起至受益時止之期間，依贈與時郵政儲金匯業局一年期定期儲金固定利率複利折算現值計算之；信託利益為金錢以外之財產，以贈與時信託財產之時價，按贈與時起至受益時止之時間，依贈與時郵政儲金匯業局一年期定期儲金固利率複利折算現值計算之。三、享有孳息部分信託利益之權利者，以信託金額或贈與時信託財產之時價，減除依前款規定所計算之價值後之餘額為準。但該孳息係給付公債、公司債、金融債券或其他約載之固定利息者，其價值之計算，以每年享有之利息，依贈與時郵政儲金匯業局一年期定期儲金固定利率，按年複利折算現值之總和計算之。四、享有信託利益之權利為按期定額給付者，其價值之計算，以每年享有信託利益之數額，依贈與時郵政儲金匯業局一年期定期儲金固定利率，按年複利折算現值之總和計算之；享有信託利益之利為全部信託利益扣除按期定額給付後之餘額者，其價值之計算，以贈與時信託財產之時價減除依前段規定計算之價什後之餘額計算之。五、享有前四款所規定信託利益之一部者，按受益比率計算之。」

（二）估價原則

民國98年1月修正該法第10條規定：「遺產及贈與財產價值之計算，以被繼承人死亡時或贈與人贈與時之時價為準；被繼承人如係受死亡之宣告者，以法院宣告死亡判決內所確定死亡日之時價為準。本法中華民國84年1月15日修正生效前發生死亡事實或贈與行為而尚未核課或尚未核課確定之案件，其估價適用修正後之前項規定辦理。第1項所稱時價，土地以公告土地現值或評定標準價格為準；房屋以評定標準價格為準；其他財產時價之估定，本法未規定者，由財政部定之。」

七、贈與稅之計算

（一）稅率

該法第19條規定：「贈與稅按贈與人每年贈與總額，減除第21條規定之扣除額及第22條規定之免稅額後之課稅贈與淨額，依下列稅率課徵之：一、2500萬元以下者，課徵10%。二、超過2500萬元至5000萬元者，課徵250萬元，加超過2500萬元部分之15%。三、超過5000萬元者，課徵625萬元，加超過5000萬元部分之20%。一年內有2次以上贈與者，應合併計算其贈與額，依前項規定計算稅額，減除其已繳之贈與稅額後，為當次之贈與稅額。」

該法第21條規定：「贈與附有負擔者，由受贈人負擔部分應自贈與額中扣除。」

該法第22條規定：「贈與稅納稅義務人，每年得自贈與總額中減除免稅額220萬元。」修正理由載：「為減輕小額財產贈與案件之稅負，增加財產運用效率，降低贈與稅課徵對財富移轉時點之干擾，爰將贈與稅免稅額調高為220萬元。」

（二）不計入贈與總額

該法第20條規定：「下列各款不計入贈與總額：一、捐贈各級政府及公立教育、文化、公益、慈善機關之財產。二、捐贈公有事業機構或全部公股之公營事業之財產。三、捐贈依法登記為財團法人組織且符合行政院規定標準之教育、文化、公益、慈善、宗教團體及祭祀公業之財產。四、扶養義務人為受扶養人支付之生活費、教育費及醫藥費。五、作農業使用之農業用地及其地上農作物，贈與民法第1138條所定繼承人者，不計入其土地及地上農作物價值之全數。受贈人自受贈之日起5年內，未將該土地繼續作農業使用且未在有關機關所令期限內恢復作農業使，或雖在有關機關所令期限內已恢復作農業使用而再有未作農業使用情可者，應追繳應納稅賦。但如因該受贈人死亡、該受贈土地被徵收或依法變更為非農業用地者，不在此限。六、配偶相互贈與之財產。七、父母於子女婚嫁時所贈與之財物，總金額不超過100萬元。84年1月14日以前配偶相互贈與之財產，及婚嫁時受贈於父母之財物在100萬元以內者，於本項修正公布生效日尚未核課或尚未核課確定者，適用前項第6款及第7款之規定。」

此外，尚有第20-1條的規定，亦是不計入贈與總額之情形：「因委託人提供財產成立，捐贈或加人入符合第16-1條各款規定之公益信託，受益人得享有信託利益之權利，不計入贈與總額。」

（三）國外財產遺產稅和贈與稅之扣抵

該法第11條即規定：「國外財產依所在地國法律已納之遺產稅或贈與稅，得由納稅義務人提出所在地國稅務機關發給之納稅憑證，併應取得所在地中華民國使領館之簽證；其無使領館者，應取得當地公定會計師或公證人之簽證，自其應納遺產稅或贈與稅額中扣抵。但扣抵額不得超過因加計其國外遺產而依國內適用稅率計算增加之應納稅額。被繼承人死亡前二年內贈與之財產，依第15條之規定併入遺產課微遺產稅者，應將已納之

贈與稅與土地增值稅連同按郵政儲金匯業局一年期定期存款利率計算之利息，自應納遺產稅額內扣抵。但扣抵額不得超過贈與財產併計遺產總額後增加之應納稅額。」

八、扣除額與免稅額

此乃指某項額度屬贈與總額，但因其贈與附有負擔或其額度在一定範圍內，法律特許扣減該額度。茲分述如下：

（一）扣除額

該法第21條規定：「贈與附有負擔者，由受贈人負擔部分應自贈與額中扣除。」

（二）免稅額

民國98年1月修正該法第22條規定：「贈與稅納稅義務人，每年得自贈與總額中減除免稅額220萬元。」

九、稽徵程序

（一）贈與稅之申報

該法第24條規定：「除第20條所規定之贈與外，贈與人在1年內贈與他人之財產總值超過贈與稅免稅額時，應於超過免稅額之贈與行為發生後30日內，向主管稽徵機關依本法規定辦理贈與稅申報。贈與人為經常居住中華民國境內之中華民國國民者，向戶籍所在地主管稽徵機關申報：其為經常居住中華民國境外之中華民國國民或非中華民國國民，就其在中華民國境內之財產為贈與者，向中華民國中央政府所在地主管稽徵機關申報。」

此外，第24-1條亦規定：「除第20-1條所規定之公益信託外，委託人有第5-1條應課徵贈與稅情形者，應以訂定、變更信託契約之日為贈與行為發生日，依前條第一項規定辦理。」

1. **合併申報**

　　同一贈與人在同一年內有兩次以上依本法規定應申報納稅之贈與行為者，應於辦理後一次贈與稅申報時，將同一年內前各次之贈與事實及納稅情形合併申報(§25)。

2. **延長申報期間**

　　第26條規定：「遺產稅或贈與稅納稅義務人具有正當理由不能如期申報者，應於前三條規定限期屆滿前，以書面申請延長之。前項申請延長期限以3個月為限。但因不可抗力或其他有特殊之事由者，得由稽徵機關視實際情形核定之。」

3. **對未申報者之調查核定**

　　遺產稅或贈與稅納稅義務人違反第23條或第24條之規定，未依限辦理遺產稅或贈與稅申報，或未依第26條規定申報延期申報者，該管稽徵機關應即進行調本，並於第29條規定之限期內調查，核定其應納稅額，通知納稅義務人依第30條規定之期限繳納(§33)。

（二）調查估價

　　稽徵機關應於接到遺產稅或贈與稅申報書表之日起2個月內，辦理調查及估價，決定應納稅額，繕發納稅通知書，通知納稅義務人繳納；其有特殊情形不能2個月內辦竣者，應於限期內呈准上級主管機關核准延期(§29)。

（三）延期或分期繳納

　　該法第30條已有修正，請參考遺產稅部分，於此不再贅述。

十、遺產贈與稅之保全

　　遺產稅未繳清前，不得分割遺產、交付遺贈或辦理移轉登記。贈與稅未繳清前，不得辦理贈與移轉登記。但依第41條規定，於事前申報該管稽

徵機關核准發給同意移轉證明書，或經稽徵機關發免稅證明書，不計入遺產總額證明書或不計入贈與總額證明書者，不在此限(§8 I)。

遺產中之不動產，債權人聲請強制執行時，法院應通知該管稽徵機關，迅依法定程序核定其稅額，並移送法院強制執行。(§8 II)。

十一、搜索扣押

第39條規定：「稽徵機關進行調查，如發現納稅義務人有第46條所稱故意以詐欺或不正當方法逃漏遺產稅或贈與稅時，得敘明事由，申請當地司法機關，實施搜索、扣押或其他強制處分。」

十二、證明書

納稅義務人繳清應納稅款、罰鍰……等等費用後，主管稽徵機關依第40條規定核發相關證書。政府機關在辦理產權移轉登記時，應通知當事人繳交相關證明書，其不能繳附者，不得逕為移轉登記(§42)。

至於有關獎懲之規定，於此不再贅述。

案例解說

一、 民國91年6月修正民法新增第1020-1條：「I.夫或妻於婚姻關係存續中就其婚後財產之無償行為，有害及法定財產制消滅後他方之剩餘財產分配請求權者，他方得聲請法院撤銷之。但為履行道德上義務上所為之相當贈與，不在此限。II.夫或妻於婚姻關係存續中就其婚後財產所為之有償行為，於行為時明知有損於法定財產制關係消滅後他方之剩餘財產分配請求權者，以受益人受益時亦知其情事者為限，他方得請聲法院撤銷之。」修正理由載「修正後法定財產制第1030-1條雖賦予夫或妻於法定財產制關係消滅時，對雙方婚後剩餘財產之差額，有請求平均分配之權，惟如夫或妻之一方於婚姻關係存續中，就其所有

之婚後財產為無償行為，致有害及法定財產制消滅後他方之剩餘財產分配請求權時，如無防範之道，婚後剩餘財產差額分配容易落空。爰參酌民法第244條第1項規定之精神，增訂本條。」

依前引法條之規定而言，丁得否主張撤銷甲之贈與。但這是否牴觸了憲法保障財產權的意旨？筆者以為值得商榷！

二、贈與契約之成立，以當事人意思表示合致而成，原則上亦立即生效。贈與人即因而負有履行贈與之義務，除非其行使撤銷權或有拒絕履行之法定原因者，例外得不履行。贈與如未含任何負擔、條件，則限制行為能力人在純獲法律上之利益時，不須法定代理人之允許即為有效。

本案未成年之子丙所購之屋為契約行為，故須法定代理人之允許或同意，而父母贈與其金額未附負擔，故屬純獲法律上利益之行為，無庸父母允許，事實上該父母已為允許且由父母所贈，故丙之契約行為均有效。

配偶間相互贈與之財產，不列入贈與總額（遺、贈§20-6），故無贈與稅之問題。

女丁出嫁時，父母各贈其一百萬元，應否繳交贈與稅？查該法第20條第7款規定父母於子女婚嫁時所贈與之財物，總金額不超過100萬元者，不列入贈與總額。本案應否繳交？財政部於85年解釋：父母於子女婚嫁時，父母各自贈與該子女價值在新台幣100萬元以下之財物，應不計入贈與總額。

因丙購屋，甲乙各贈之100萬元，此不屬於遺產及贈與稅法第20條之情形，故應繳贈與稅。但依該法第22條規定，贈與稅納稅義務人，每年得自贈與總額中減除免稅額220萬元。因前述情形均不列入贈與人總額，則父甲贈與總額僅係對子丙所贈之100萬元，扣除後，甲即無須繳交贈與稅，母乙之情形亦同。

自 我 練 習

一、所謂「施比受更有福」？你曾贈與他人物品嗎？捐贈與贈與有何不同？贈與和遺贈有何不同？

二、你認為民法第1020-1條之規定是否合乎法理？是否合憲？為什麼？

三、贈與稅的課徵，是否合於公平正義性？為什麼自己將自己的財產送給他人還要課稅呢？為什麼配偶相互間的贈與，其贈與之財產又不計入贈與總額內呢？這是否合於公平正義？

memo

租賃關係

摘 要

　　租賃關係之當事人間，彼此以供給與需求之主觀意思，基於互利、互助的概念，將利己之心轉化為互利的社會化行為，使財富得以分享，利潤得以共得，如此共通善與個人人格中心正義發生關聯，而個人人格中心的正義包括了平均正義與分配正義，二者均受共通善的約束，因此各國對交易行為、租賃契約即設有法律規範，以令供給與需求間能符合正義原則。

　　市民社會就是藉著需求與供給的體系而存續，在此存續的過程中，基於互利、互助、相互尊重而發展出一實體的善而得以拘束人們的內在自我意識。換言之，人們必須依據理性來支配自己之意志，以意志來規律自己的行為，因而大家須遵守道德法則，於是市民社會得以進化、發展。

　　本章首先介紹一般租賃。而後討論有關房屋租賃的相關問題。

案 例

一、甲為某公寓大廈一樓住戶之所有人，甲將該屋前空地租給乙停車，每月收取租金三千元。丙為該大廈住戶之一，主張甲之行為違法，該租約無效。丙有理由否？

二、A有房屋一棟，以不定期限出租於B，B違反法令而為使用，A不聞不問，嗣後將房屋出賣與C，問C可否終止該租約？

三、民國93年1月甲屋租給乙未經公證，甲於民國99年4月將該屋售予丙，乙對丙主張租賃權繼續存在。問：乙之主張是否有理由？

--------------------------------   --------------------------------

　　因為人有社會的存在而被他人肯定，於是人的價值超脫物的價值，人的意志因受到尊重致人格的不可侵性得以彰顯，因為當人得以依其自由自在自為地以自主意思去支配、管理、處分其所有物時，該人不僅是「個人的實存」，而且是「社會的實存」。人們必須依據理性來支配自己之意志，以意志來規律自己的行為，因而大家須遵守道德法則，於是市民社會得以進化、發展。

　　人有生存的、滿足的等等的需求，在我的需求的概念上，亦顯示出他人存在的必要，在我的供給的概念下，亦突顯出他人存在的必要。滿足需求的手段有許多種，如買賣、互易、借貸、租賃…。

　　在租賃關係之當事人間，彼此以主觀利己之意思轉化為協助他方獲得滿足需求之社會化行為，使得財富得以分享，利潤得以共得，如此共通善與個人人格中心的正義發生關聯。個人人格中心的正義包括平均正義與分配正義。

　　平均正義側重人類之個別存在性，而分配正義則專注人類之社會存在性，二者均受共通善的約束。於是各國對租賃契約即設有法律規範，以令需求與供給間符合正義原則。

壹　租賃之概說

一、意義

　　租賃者，謂當事人約定，一方以物租與他方使用、收益、他方支付租金之契約。其當事人一為出租人，一為承租人。租賃標的物，以有體物為限。若以權利之有償使用收益為標的之契約，僅可類推適用有關租賃之規定（如電話之承租）。又以物之使用為目的之租賃，謂之為使用租賃，如

兼為使用收益，則屬用益租賃。承租人支付之租金，得以金錢或租賃物之孳息充之(§421)。

二、租賃契約之成立

（一）標的物

以物為限，若為動產須為不消費物，且原則上；標的物應限於代替物。不動產不問其種類如何，皆得為之。

（二）不要式

租賃契約因當事人之合意而成立，故為諾成契約。耕地三七五減租條例第六條所載「本條例施行後，耕地租約應一律以書面為之」，係為保護佃農及謀舉證上便利而設，若未以書面為之，得請求訂立書面，故非要式行為（62台上1647號判例）。又同條載「租約之訂立、變更、終止、或換訂，應由出租人會同承租人申請登記」，其並非生效要件（51台上2629號判例）。此外，民法亦規定：不動產之租賃契約，其期限逾一年者，應以字據訂立之。未以字據訂立者，視為不定期限之租賃(§422)。

（三）其內容

租賃契約之客體；亦即租賃契約之內容，須以物之使用或使用及收益為其內容。且其期限不得逾20年，逾20年應縮短為20年(§449Ⅰ)。但當事人得更新之(§449Ⅱ)。

（四）付租金

承租人須支付租金。租金得以金錢或租賃物之孳息充之（§421）。

三、租賃契約之性質

租賃契約為諾成契約、不要式契約、雙務及有償契約。亦有學者認為近來租賃有物權化傾向（§425）。

貳 租賃之效力

一、出租人之效力

（一）義務

1. 交付租賃物之義務

出租人應以合於所約定使用，收益之租賃物，交付承租人（§423前段）。交付者，乃移轉占有之謂也。唯物之一部出租，且不以交付為必要者（如屋之外牆出租以供張貼廣告，此實為權利之有償使用），則無庸交付，但應作成得為使用收益之狀態。又此項交付請求權，承租人因保全自己債權得代位出租人而向第三人行使其返還請求權以備交付（47台上1815號判例）。

2. 保持租賃物之義務

出租人應於租賃關係存續中，保持其租賃物合於使用，收益之狀態（§423後段）。基此，產生下述之義務：

（1）租賃物之修繕

租賃關係存續中，租賃物如有修繕之必要，除契約另有訂定或另有習慣外，應由出租人負擔。承租人得定相當期限，催告出租人修繕，如出租人於其期限內不為修繕者，承租人得終止契約，或自行修繕而請求出租人償還其費用，或於租金中扣除之（§430、429）。此外承租人亦得經催告後解除契約，或聲請強制執行，或請求損害賠償（§254、227）。在修繕完畢以前，出租人免其以該物

租於承租人使用收益之義務，承租人亦免其支付租金之義務（30渝上345號判例）。

(2) 瑕疵擔保責任

A. 物之瑕疵擔保

物之瑕疵擔保：瑕疵於租賃物交付前已存在者，如其為房屋或其他供居住之處所者，其有瑕疵並危及承租人或其同居人之安全或健康時，出租人應負瑕疵擔保之責(§424)。除此外，應準用有關買賣之物的瑕疵擔保責任之規定。若於交付後，租賃關係存續中，因不可歸責於承租人之事由，致租賃物一部滅失者，承租人得按滅失之部分，請求減少租金，如其存餘部分不能達租賃之目的者，承租人尚得終止租約(§435)。

B. 權利瑕疵擔保

權利瑕疵擔保：出租人應擔保第三人就租賃物，對於承租人不得主張任何權利(§436)。

C. 妨害除去義務

租賃物因毀損以外之原因，承租人之使用收益，受有妨害或妨害之虞時，出租人負有除去其妨害之義務(§437Ⅰ)。

D. 負擔稅捐之義務

就租賃物應納之一切稅捐，由出租人負擔(§427)。此係指田賦、地價稅、房屋稅等而言。此項義務，當事人得為相反之約定，但僅有私法之效力，不得以此對抗稅捐機關。

E. 償還有益之費用

償還有益之費用：承租人就租賃物支出有益費用，因而增加該物之價值者，如出租人知其情事，而不為反對之表示，於租賃關係終止時，應償還其費用，但以其現存之增價額為限(§431)。

（二）權利：出租人之權利

1. 租金支付請求權

民法第439條規定：「承租人應依約定日期，支付租金；無約定者，依習慣；無約定亦無習慣者，應於租賃期滿時支付之。如租金分期支付者，於每期屆滿時支付之。如租賃物之收益有季節者，於收益季節終了時支付之。」第440條規定：「承租人租金支付有遲延者，出租人得定相當期限，催告承租人支付租金，如承租人於其期限內不為支付，出租人得終止契約。租賃物為房屋者，遲付租金之總額，非達2個月之租額，不得依前項之規定，終止契約。其租金約定於每期開始時支付者，並應於遲延給付逾二個月時，始得終止契約。租用建築房屋之基地，遲付租金之總額，達2年之租額時，適用前項之規定。」

2. 租賃物返還請求權

出租人於租賃關係終了時，得請求承租人返還該租賃物。民法第455條規定：「承租人於租賃關係終止後，應返還租賃物；租賃物有生產力者，並應保持其生產狀態，返還出租人。」

3. 留置權

不動產之出租人，就租賃契約所生之債權，對於承租人之物置於該不動產者，除禁止扣押之物外，有留置權。此項情形，僅於已得請求權之損害賠償，及本期與以前未交之租金之限度內，得就留置物取償（§445）。但若承租人係非乘出租人之不知或出租人未曾提出異議，而將該留置物取去者，出租人之留置權即消滅（§446Ⅰ）。唯若承租人如因執行業務取去其物，或其取去適於通常之生活關係，或所留之物足以擔保租金之支付者，出租人不得提出異議（§446Ⅱ）。出租人有提出異議權者，得不聲請法院，逕行阻止承租人取去其留置物，如承租人離去租賃之不動產者，並得占有其物。承租人乘出租人之不知或不顧出租人提出

異議，而取去其物者，出租人得終止契約(§447)。承租人得提出擔保，以免出租人行使留置權，並得提出與各個留置物價值相當之擔保，以消滅對於該物之留置權(§448)。

4. 終止租約

承租人違反約定方法而為租賃物之使用、收益經出租人阻止而仍繼續為之者，出租人得終止契約(§438Ⅱ)。或因承租人不為租金之支付(§440)，或因承租人違約轉租(§443)或承租人擅自取去留置物(§447Ⅱ)等情形，出租人均得終止租約。

二、對承租人效力

（一）義務

1. 保管之義務

承租人應以善良管理人之注意，保管租賃物，租賃物有生產力者，並應保持其生產力。承租人違反前項義務，致租賃物毀損、滅失者，負損害賠償責任。但依約定之方法，或依物之性質而定之方法為使用收益，致有變更或毀損者，不在此限(§432)。又因承租人之同居人，或因承租人允許為租賃物之使用收益之第三人，應負責之事由，致租賃物毀損、滅失者，承租人仍應負損害賠償之責任(§433)。由於承租人負有保管義務，而產生下列附隨義務：

2. 負擔飼養費

租賃物為動物者，其飼養費由承租人負擔(§428)。

3. 容忍之義務

出租人為保存租賃物所為之必要行為，承租人不得拒絕(§429Ⅱ)。

4. 通知之義務

　　租賃關係存續中，租賃物如有修繕之必要，應由出租人負擔者，或因防止危害有設備之必要，或第三人就租賃物主張權利者，承租人應即通知出租人，但為出租人所已知者，不在此限。承租人怠於為前項之通知，致出租人不能及時救濟者，應賠償出租人因此所生之損害(§437)。

5. 失火之責任

　　租賃物因承租人之重大過失致失火而毀損、滅失者，承租人對於出租人負損害賠償責任(§434)。承租人雖應以善良管理人之注意保管租賃物，雖本條對承租人之失火責任，以有重大過失始負責任，實已減輕承租人之注意義務（30上721號判例）。良以失火人自己之財產亦遭焚燬，其情可憫也。但本條並非強行規定，故當事人得以特約約定，承租人就輕過失之失火，亦應負責。

6. 租金之支付

　　此為租賃契約中承租人最重要之義務，租金之名稱並無限制。租金之數額得自由約定（17上1165號判例），但法律有特別規定（如土地法、耕地三七五減租條例……等），或有特別習慣者，則租金之數額受有限制。

　　至於租金支付之時期如何決定？本法規定承租人應依約定日期，支付租金。無約定者，依習慣，無約定亦無習慣者，應於租賃期滿時支付之。如租金分期支付者，於每期屆滿時支付之。但租賃物之收益有季節者，於收益季節終了時支付之(§439)。如承租人租金支付有遲延者，出租人得定相當期限，催告承租人支付租金，如承租人於其期限內不為支付，出租人得終止租約(§440Ⅰ)。此項催告為意思通知，只須載明催告支付租金即可，無庸載明不為支付之效果。又租賃物為房屋者，遲付租金之總額，非達兩個月之租額，不得終止租約。其租金約定於每期開始

時支付者，並應於遲延給付逾二個月時，始得終止契約(§440 II)。承租人因自己之事由，致不能為租賃物全部或一部之使用、收益者，不得免其支付租金之義務(§441)。

7. 返還租賃物

　　承租人於租賃關係終止後，應返還租賃物。租賃物有生產力者，並應保持其生產狀態，返還出租人(§455)。

（二）權利

1. 契約終止權

(1) 瑕疵終止

　　租賃物為房屋或其他供居住之處所者，如有瑕疵，危及承租人或其同居人之安全或健康時，承租人雖於訂約時已知其瑕疵，或已拋棄其終止契約之權利，仍得終止契約(§424)。該法第430條亦有此規定。

(2) 效能終止

　　租賃物一部滅失者，承租人就其存餘部分不能達租賃之目的者，得終止租約(§435 II)。

2. 租金之減少

　　租賃關係存續中，因不可歸責於承租人之事由，致租賃物之一部滅失者，承租人得按滅失之部分，請求減少租金(§435 I)。租賃物為不動產者，因其價值之升降，當事人得聲請法院增減其租金，但其租賃定有期限者，不在此限(§442)。故承租人於不動產價值降低時，得請求法院減少租金。此外如租賃物為耕地者，耕地之承租人因不可抗力，致其收益減少或全無者，得請求減少或免除租金。此項租金減免請求權，不得預先拋棄(§457)。

3. 孳息及費用

　　耕作地之承租人，因租賃關係終止時未及收獲之孳息，所支出之耕作費用，得請求出租人償還之。但其請求額不得超過孳息之價額（§461）。

4. 使用及收益

　　承租人應依約定方法，為租賃物之使用、收益，無約定方法者，應以依租賃物之性質而定之方法為之(§438 I)。故其有使用、收益之權利。

5. 轉租及讓與

　　承租人非經出租人承諾，不得將租賃物轉租於他人，但租賃物為房屋者，除有反對之約定外，承租人得將其一部分，轉租於他人（§443 I）。承租人合法將租賃物轉租於他人者，其與出租人間之租賃關係仍為繼續（§444 I），故承租人對出租人仍負租賃之責，縱因次承租人應負責之事由所生之損害，承租人仍應負賠償之責(§444 II)。

　　租賃權得否讓與？民法無明文，有認為應禁止讓與（戴修瓚債各上P125）。有認為若無特約，除因不利益之變更於出租人外，承租人得自由為之（史尚寬債各P172）。實務上認為租賃權通常為不得讓與之債權，如未經出租人同意，擅自讓與租賃物與第三人，出租人自得終止租約（37上6886號判例）。依此判例反面解釋，若得出租人同意，即得將租賃權讓與第三人。

6. 地上權登記

　　租用基地建築房屋者，承租人於契約成立後，得請求出租人為地上權之登記(§422-1)本項規定，於修正施行前租用基地建屋者，亦適用之（施§23）。

三、對第三人之效力

對第三人之效力，又有稱之為承租人之物權效力，分述如下：

1. 租賃物所有權移轉

又稱之為租賃物之讓與，或買賣不破租賃，或謂之為租賃物權化。其仍指出租人於租賃物交付後，承租人占有中，縱將其所有權讓與第三人，其租賃契約，對於受讓人，仍繼續存在。前項規定，於未經公證之不動產租賃契約，其期限逾5年或未定期限者，不適用之(§425)。出租人於租賃物交付後，將其所有權讓與第三人時，其租賃契約既對於受讓人繼續存在，則在承租人與受讓人間，自無須另立租賃契約，於受讓之時當然發生租賃關係（23上3092號判例）。但須出租人已交付租賃物始有適用（43台上250號判例）。

土地及其土地上之房屋同屬一人所有，而僅將土地或僅將房屋所有權讓與他人，或將土地及房屋同時或先後讓與相異之人時，土地受讓人或房屋受讓人與讓與人間或房屋受讓人與土地受讓人間，推定在房屋得使用期限內，有租賃關係。其期限不受第449條第1項規定之限制。前項情形，其租金數額當事人不能協議時，得請求法院定之(§425-1)。租用基地建築房屋，承租人房屋所有權移轉時，其基地租賃契約，對於房屋受讓人，仍繼續存在(§426-1)。

2. 租賃物上設定物權

出租人就租賃物設定物權，致妨礙承租人之使用收益時，準用第425條之規定，使租賃契約，對於權利取得人仍繼續存在，以保護承租人之利益(§426)。

3. 優先承買權

租用基地建築房屋，出租人出賣基地時，承租人有依同樣條件優先承買之權。承租人出賣房屋時，基地所有人有依同樣條件優先承買之

權。前項情形，出賣人應將出賣條件以書面通知優先承買權人。出賣人未以書面通知優先承買權人而為所有權之移轉登者，不得對抗優先承買權人(§426-2)。

參　租賃之消滅

一、租期屆滿

租賃定有期限者，其租賃關係，於期限屆滿時消滅(§450 I)。租賃契約之期限，不得逾20年，逾20年者縮短為20年。但當事人得依契約，更新租賃之期限。租用基地建築房屋者，不適用第一項之規定(§449)。如租賃期限屆滿後，承租人仍為租賃物之使用收益，而出租人不即表示反對之意思者，視為以不定期限繼續契約(§451)，如係租地建屋未定期限者，應解為定有租至房屋不堪使用時為止之期限（30渝上311號判例）。不動產之租賃契約，其期限逾1年者，應以字據訂立之，未以字據訂立者，視為不定期租賃(§422)。

二、契約終止

（一）不定期租賃

租賃未定期限者，各當事人得隨時終止契約，但有利於承租人之習慣者，從其習慣。前項終止契約，應依習慣先期通知，但不動產之租金，以星期、半個月或一個月定其支付之期限者，出租人應以曆定星期、半個月或一個月之末日為契約終止期，並應至少於一星期、半個月或一個月前通知之(§450 II、III)。如為房屋租賃，尚應注意土地法第100條之規定。

（二）定期租賃

定有期限之租賃契約，如約定當事人之一方於期限屆滿前，得終止契約者，其終止契約，應依第450條第3項之規定，先期通知(§453)。除此外，定期租賃尚得因下述情形而終止租約：

1. 死亡終止

　　承租人死亡者，租賃契約雖定有期限，其繼承人仍得終止契約，但應依第450條第3項之規定，先期通知(§452)。

2. 違法轉租

　　承租人違反第443條第1項之規定，將租賃物轉租於他人者，出租人得終止租約(§443Ⅱ)。

3. 遲付租金

　　承租人租金支付有遲延者，出租人經催告後，承租人於期限內仍不為支付，出租人得終止契約，但如為房屋租賃，須遲付租金之總額已達兩期之租額，始得為之(§440)。

4. 瑕疵終止

　　租賃關係存續中，租賃物如有修繕之必要，應由出租人負擔者，承租人得定相當期限催告出租人修繕，如出租人於期限內不為修繕者，承租人得終止租約(§430)，另有民法第414條所定之瑕疵終止，已如前述，不為複贅。

5. 其他終止

　　如違反約定方法使用收益租賃物(§438)，承租人擅自取去留置物(§447Ⅱ)，租賃物一部滅失致租賃目的不達(§435Ⅱ)，均得終止契約，已於前述，不再復贅。

（三）租賃契約終止後，有二效力

1. 預收租金之返還

　　租賃契約依第452、453條之規定終止時，如終止後始到期之租金，出租人已預先受領者，應返還之(§454)。

2. 租賃物之返還

　　　承租人於租賃關係終止後，應返還租賃物，租賃物有生產力者，應保持其生產狀態，返還出租人(§455)。

三、租賃物滅失

　　租賃物之全部滅失，縱係因天災或意外事變滅失者，其租賃關係既無存續之可能，無論原契約有無存續期間，均可為終止之原因（19上1060號判例）。亦即租賃物因不可歸責於雙方當事人之事由而毀損，致全部不能為約定之使用收益者，且又不能修繕，依民法第225條第1項、第226條第1項之規定，出租人免其以該物租與承租人使用收益之義務，承租人亦免其支付租金之義務，租賃關係當然從此消滅（30渝上345號判例）。如為一部滅失毀損，應先修繕，於修繕不能，或致租賃目的不達者，租賃契約自得終止，而消滅(§435)。

四、承租人破產

　　承租人受破產宣告時，雖其租賃契約定有期限，破產管理人得終止契約（破產法§77）。

五、租賃消滅後之效力

　　租賃關係消滅後，其效力僅向將來生效，而無溯及效力。租賃關係消滅後，承租人就租賃物所增設之工作物，得取回之，但應回復租賃物之原狀(§431Ⅱ)，此外尚有預收租金之返還(§454)，租賃物之返還(§455)、費用、已如前述，不再複贅。僅補述工作物等償還請求權(§456)如下：

六、償還請求之時效

　　出租人就租賃物所受損害，對於承租人之賠償請求權，承租人之償還費用請求權，及工作物取回權，均因二年間不行使而消滅。前項期

間，於出租人自受租賃物返還時起算，於承租人，自租賃關係終止時起算（§456）。

肆　房屋租賃

　　除已於前述相關部分論及民法有關房屋租賃之特別規定(§424、440Ⅱ、443Ⅰ)。此外尚有土地法第3編第3章關於房屋租用之特別規定。唯土地法關於房屋租用之規定，僅適用於城市地方之房屋租賃（院解字第3643號），土地法第100條之規定亦僅適用於不定期之租賃（院解字第3489號），於此不再贅述。民國84年6月28日公布之公寓大廈管理修例，對於出租人，承租人之注意義務，使用收益，均設有限制規定，並設有違反之處罰規定（如該條例第5、6、7、15、16、38、39等條）因篇幅關係，不複贅述。

案例解說

一、依公寓大廈管理條例之規定，共用部分乃指公寓大廈專有部分以外之其他部分及不屬專有之附屬建築物，而供共同使用者（§3Ⅰ四）。如屬公寓大廈共用部分即不得獨立使用供做專有部分。如為公寓大廈本身所占之地面，社區內各巷道、防火巷弄……等亦不得為約定專用部分(§7)。所謂「公寓大廈本身所占之地面」，乃指建築物外牆中心線或其代表柱中心線以內之最大水平投影範圍（施§5）。除此外之公寓大廈法定空地，非經規約或區分所有權人會議之決議，不得約定為約定專用部分。

本案，首先審查該空地是否為甲之專有部分，如為其專有部分，則甲在不違反公寓大廈管理條例等法規情形下，得出租與他人。

如為共用部分，則不得出租，但若為約定專用部分，甲將其使用權租與乙，應視甲乙契約之約定是否有以使用權為出租，另須視該公寓大廈之規約或區分所有權人會議是否同意。如屬不得出租者，或甲、乙租約亦未同意以使用權為租賃標的者，則甲乙間之契約自屬無效。此時得依公寓大廈管理條例第9條第4項規定，由管理負責人或管理委員會予以制止，並得請求損害賠償。亦得依該法第39條第1項第2款規定，請直轄市、縣（市）主管機關處甲新台幣4萬元以上20萬元以下之罰鍰。

二、依土地法第100條之規定，出租人非依下列情形之一，不得收回房屋：

出租人收回自主或重新建築時。

承租人違反民法第443條第1項之規定轉租他人時。

承租人積欠租金額，除擔保金抵償外，達2個月以上時。

承租人以房屋供違反法令之使用時。

承租人違反租賃契約時。

承租人損壞出租人之房屋或附著財物，而不為相當之賠償時。且司法院第3489號解釋認為本條僅適用於不定期租賃。B將該屋違法使用，A得終止租約。今A將房屋出賣與C，依民法第425條之規定，其租賃契約既對B繼續存在，受讓人C當然繼承出租人A之地位，而行使或負擔由租賃契約所生之權利或義務（26上365、41台上1100號判例）。則C受讓A之終止租約權，自得據以終止租約。

三、本題涉及買賣不破租賃

買賣不破租賃，或謂之為租賃物權化。其仍指出租人於租賃物交付後，承租人占有中，縱將其所有權讓與第三人，其租賃契約，對於受讓人，仍繼續存在。前項規定，於未經公證之不動產租賃契約，其期限逾五年或未定期限者，不適用之(§425)。出租人於租賃物交付後，

將其所有權讓與第三人時，其租賃契約既對於受讓人繼續存在，則在承租人與受讓人間，自無須另立租賃契約，於受讓之時當然發生租賃關係（23上3092號判例）。但須出租人已交付租賃物始有適用（43台上250號判例）。

═══ **自 我 練 習** ═══

一、出租人於何種情況下享有留置權？

二、出租人於何種情況下得終止租約？

三、何謂買賣不破租賃？我民法之規定為何？

四、房屋租賃之承租人得否擅自轉租？

借貸與票據問題

摘 要

　　借貸可分成使用借貸和消費借貸二種。使用借貸者，謂當事人一方以物交付他方，而約定他方於無償使用後返還其物之契約。其具有片務契約、要物契約、無償契約以及不要式契約之性質。借用人之使用權，係就借用物得享受利益之權利，但此權受有下列二限制：一、借用人應依約定方法使用借用物；無約定方法者，應以依借用物之性質而定之方法使用之。二、借用人非經貸與人之同意，不得允許第三人使用借用物。

　　消費借貸者，謂當事人一方移轉金錢或其他代替物之所有權於他方，而約定他方以種類、品質、數量相同之物返還之契約。當事人之一方對他方負金錢或其他代替物之給付義務而約定以之作為消費借貸之標的者，亦成立消費借貸。其具有片務契約、要物契約以及不要式契約之性質。消費借貸契約得為有償或無償契約。

　　因為目前在臺灣的金錢借貸過程，大多會要求借用人提供擔保，該擔保可能是抵押或提供保證人，此二者容後再述。通常也會要求借用人開立保證票，實際上；保證票是不具保證之效力的。因此本章特別介紹票據的意義、性質以及有關支票的相關概念。

案 例

一、甲向乙借轎車使用一個月，但乙使用五日後即將該車借給丙使用，此事為甲所知悉，乃要求乙返還該車。問：甲有理由否？

二、乙欠缺資金，乃向好友甲洽借N.T.100萬元，乙對甲說只需借用三五個月，甲乃如數借給乙，但未約定返還期限。時隔半年，甲對乙說請乙還錢，乙說他一定會還。隔了一個月乙仍不還，甲乃訴請法院判令乙返還。問甲是否有理由？

三、甲向乙借款，乙要求甲提供擔保，甲乃開立支票一紙請丙於票據背面背書，丙乃記載保證背書。甲另開立本票一紙請丁公司於票背記載保證擔任保證人。甲屆期未為清償，乙提示票據亦未獲得票款，乙乃向丙丁主張票據上之權利。問乙丙之責任如何？

--------------------   --------------------

壹　使用借貸之概說

一、使用借貸之意義及要件

（一）意義

　　稱使用借貸者，謂當事人一方以物交付他方，而約定他方於無償使用後返還其物之契約(§464)。

（二）要件

1. 以物之交付為其成立及生效要件

　　　民法規定之使用借貸，通說認係要物契約，於當事人合意外，更須交付借用物始能成立。為避免使人誤認為使用借貸為諾成契約，故於條文中明示須以物之交付為其生效要件。

2. 貸方將標的物無償貸予他方使用

借用人對於標的物之使用，毋庸支付對價。使用借貸必係無償，有償則非使用借貸（67台上2488判例）。

3. 雙方當事人間有使用借貸之合意

此非所謂「好意契約」，若僅容許他人一時之利用，不因而發生使用借貸之法律關係者，不成立使用借貸。使用借貸需當事人間有使用借貸之合意並交付借貸物，其使用借貸契約方得成立生效。但當事人得先以使用借貸之合意成立「使用借貸之預約」，惟該預約成立後，預約貸與人得撤銷其約定。但預約借用人已請求履行預約而預約貸與人未即時撤銷者，不在此限(§465-1)。修正理由載：「使用借貸為要物契約，常先有預約之訂立，惟其亦為無償契約，故於預約成立後，預約貸與人如不欲受預約之拘束，法律應許其撤銷預約，始為合理。但預約借用人已請求履行預約而預約貸與人未即時撤銷者，應限制其復任意撤銷其預約。爰參照第408條第1項、第269條第2項規定，增訂本條。」

二、使用借貸之效力

（一）借用人之權利

1. 使用權

借用人之使用權，係就借用物得享受利益之權利，但此權受有下列二限制：一、借用人應依約定方法使用借用物；無約定方法者，應以依借用物之性質而定之方法使用之。二、借用人非經貸與人之同意，不得允許第三人使用借用物(§467)。若借用人違反約定或依物之性質而定之方法使用借用物，或未經貸與人同意允許第三人使用者，貸與人得終止契約（§472二）。此外貸與人亦得主張損害賠償。

2. 償還權

借用人就借用物支出有益費用，因而增加該物之價值者，準用第431條第1項之規定(§469Ⅱ)。

3. 取回權

借用人就借用物所增加之工作物，得取回之。但應回復借用物之原狀(§469Ⅲ)。

（二）借用人之義務

1. 保管義務

借用人應以善良管理人之注意義務保管借用物。借用人違反前項義務，致借用物毀損、滅失者，負損害賠償責任。但依約定之方法或依物之性質而定之方法使用借用物，致有變更或毀損者，不負責任(§468)。

2. 付費義務

借用物之通常保管費用，由借用人負擔。借用物為動物者，其飼養費亦同(§469Ⅰ)。若借用人不支付通常保管費用，致借用物毀損滅失者，為保管義務之違反，應負賠償之責。

3. 返還義務

借用人應於契約所定期限屆滿時，返還借用物；未定期限者，應於依借貸之目的使用完畢時返還之。但經過相當時期，可推定借用人已使用完畢者，貸與人亦得為返還之請求。借貸未定期限，亦不能依借貸之目的而定其期限者，貸與人得隨時請求返還借用物(§470)。此亦為貸與人權利之規定。至於返還之場所，如不能依契約、習慣或其他情形定之者，以契約訂定時物之所在地為返還地(§314Ⅰ)。

4. 連帶責任

數人共借一物者，對於貸與人，連帶負責(§471)。

（三）貸與人之權利

1. 返還請求權

已如前述，請參看借用人之返還之義務。

2. 賠償請求權

民法第473條規定：「貸與人就借用物所受損害，對於借用人之賠償請求權、借用人依第466條所定之賠償請求權、第469條所定有益費用償還請求權及其工作物之取回權，均因6個月間不行使而消滅。前項期間，於貸與人，自受借用物返還時起算。於借用人，自借貸關係終止時起算。」

此外尚有契約終止權，留待後述。

（四）貸與人之義務

1. 容許使用

貸與人對於借用人富有容許使用其所借用物之消極義務。若該物為第三人侵奪或加以妨害時，借用人僅得依自己之占有訴權，請求返還或妨害之除去，貸與人不負協力之義務。

2. 瑕疵擔保

使用借貸之貸與人，既係無償以物貸與他方使用，原則上貸與人不負瑕疵擔保之責。但若貸與人故意不告知借用物之瑕疵，致借用人受損害者，負賠償責任(§466)。

三、使用借貸之消滅

（一）期限屆滿

借用人應於契約所定期限屆滿時，返還借用物；未定期限者，應於依借貸之目的使用完畢時返還之(§470Ⅰ)。

（二）通常終止

通常終止又稱返還請求，乃指借用契約雖未定有期限，但經過相當時期，可推定借用人已使用完畢者，貸與人亦得為返還之請求（§ 470 I 但書）。借貸未定期限，亦不能依借貸之目的而定其期限者，貸與人得隨時請求返還借用物(§470 II)。

（三）非常終止

貸與人有特定情形之一時，得終止契約，但對該終止事由如有爭執，應由貸與人證明該事實之存在。該事實即為民法第472條所規定事由，該條規定：「有左列各款情形之一者，貸與人得終止契約：一、貸與人因不可預知之情事，自己需用借用物者。二、借用人違反約定或依物之性質而定之方法使用借用物，或未經貸與人同意允許第三人使用者。三、因借用人怠於注意，致借用物毀損或有毀損之虞者。四、借用人死亡者。」

所謂貸與人因不可預知之情事自己需用借用物者，得終止契約，為民法第472條第1款所明定。本條之適用，不問使用借貸是否定有期限，均包括在內。所謂不可預知之情事，指在訂立使用借貸契約以後所發生之情事，而非訂立契約時所能預見者而言。而所謂自己需用借用物，祇須貸與人有自己需用借用物之原因事實為已足，其是否因正當事由而有收回之必要，不必深究（58年台上第788號判例）。

（四）該物滅失

借用物全部滅失時，使用借貸之關係自應消滅。

貳 消費借貸之概說

一、消費借貸意義及要件

（一）意義

　　民法第474條規定：「稱消費借貸者，謂當事人一方移轉金錢或其他代替物之所有權於他方，而約定他方以種類、品質、數量相同之物返還之契約。當事人之一方對他方負金錢或其他代替物之給付義務而約定以之作為消費借貸之標的者，亦成立消費借貸。」修正理由載：「消費借貸，通說認係要物契約，惟依原條文及第475條合併觀察，易使人誤為消費借貸為諾成契約，而以物之交付為其生效要件。為免疑義，爰予修正。當事人之一方對他方負金錢或其他代替物之給付義務而約定以之作為消費借貸之標的者，亦應成立消費借貸契約，否則，必令當事人反覆交付而後始能成立消費借貸，非僅不便，且與社會生活之實情不符。增訂第2項。」

（二）要件

1. 標的物須為金錢或代替物

　　消費借貸，乃指當事人一方移轉金錢或其他代替物之所有權於他方，而約定他方以種類、品質、數量相同之物返還之契約。以金錢為標的者，稱為金錢借貸。以具融通性之其他替代物為標的者，為一般之消費借貸。

2. 當事人有成立借貸之合意

　　消費借貸者，於當事人間必本於借貸之意思合致，而有移轉金錢或其他代替物之所有權於他方之行為，始得當之。是以消費借貸，因交付金錢之原因多端，除有金錢之交付外，尚須本於借貸之意思而為交付，方克成立。倘當事人主張與他方有消費借貸關係存在者，自應就該借貸意思互相表示合致及借款業已交付之事實，均負舉證之責任，其僅證明

有金錢之交付，未能證明借貸意思表示合致者，仍不能認為有該借貸關係存在（98年台上字第1045號判決）。

3. 因物之交付而成立並生效

消費借貸，因金錢或其他代替物之交付而生效力(§475)。金錢借貸契約，固屬要物契約，但如因買賣或其他原因，借用人以其對於貸與人所負之金錢債務，作為金錢借貸所應交付之金錢，而合意成立消費借貸，亦應解為已具要物性（61年台上字第2177號判例）。

至於對於標的物占有之移轉，則無須以現實交付為限，以簡易交付、占有改定、或指示占有均可。惟究竟有無交付金錢，應由貸與人就交付金錢之事實負舉證之責，但若貸與人提出之借用證內，經載明借款額，當日親收足訖無訛者，要應解為貸與人就要物性之具備，已盡舉證責任（69年台上字第3546號判例）。

4. 借用人取得標的物所有權

民法第474條第1項規定：「稱消費借貸者，謂當事人一方移轉金錢或其他代替物之所有權於他方，而約定他方以種類、品質、數量相同之物返還之契約。」可知貸與人須將標的物之所有權移轉給借用人，此為消費借貸與使用借貸最大不同之點。

5. 有償無償均可且依約返還

消費借貸契約得為有償契約，亦得為無償契約，此亦與使用借貸有所不同。

二、消費借貸之效力

（一）借用人之義務

1. 返還之義務

借用人應於約定期限內，返還與借用物種類、品質、數量相同之物，未定返還期限者，借用人得隨時返還，貸與人亦得定一個月以上之

相當期限，催告返還(§478)。所謂貸與人得定一個月以上之相當期限催告返還，非謂貸與人之催告必須定有期限，祇須貸與人有催告之事實，而催告後已逾一個月以上相當期限者，即認借用人有返還借用物之義務（73年台抗字第413號判例）。

民法第479條規定：「借用人不能以種類、品質、數量相同之物返還者，應以其物在返還時、返還地所應有之價值償還之。返還時或返還地未約定者，以其物在訂約時或訂約地之價值償還之。」

本法對於金錢借貸之返還，設有特別之規定，民法第480條規定：「金錢借貸之返還，除契約另有訂定外，應依左列之規定：一、以通用貨幣為借貸者，如於返還時已失其通用效力，應以返還時有通用效力之貨幣償還之。二、金錢借貸，約定折合通用貨幣計算者，不問借用人所受領貨幣價格之增減，均應以返還時有通用效力之貨幣償還之。三、金錢借貸，約定以特種貨幣為計算者，應以該特種貨幣，或按返還時、返還地之市價，以通用貨幣償還之。」若以貨物或有價證券折算金錢而為借貸者，縱有反對之約定，仍應以該貨物或有價證券按照交付時交付地之市價所應有之價值，為其借貸金額(§481)。

2. 利息及報酬

民法第477條規定：「利息或其他報償，應於契約所定期限支付之；未定期限者，應於借貸關係終止時支付之。但其借貸期限逾一年者，應於每年終支付之。」

（二）貸與人之義務

1. 瑕疵擔保

民法第476條第1項規定：「消費借貸，約定有利息或其他報償者，如借用物有瑕疵時，貸與人應另易以無瑕疵之物。但借用人仍得請求損害賠償。」且不問貸與人有無過失，但若借用人於接受物之交付時，知其物有瑕疵或因重大過失而不知；且貸與人亦未保證其無瑕疵，又非故

意不告知者，貸與人不負瑕疵擔保責任（類推適用§355）。但若該消費借貸為無報償者，如借用物有瑕疵時，借用人得照有瑕疵原物之價值，返還貸與人。前項情形，貸與人如故意不告知其瑕疵者，借用人得請求損害賠償(§476 II、III)。

參 票據之簡介

一、票據之意義及種類

（一）票據之意義

票據之意義可分為廣義、狹義及最狹義三種涵義。

1. 廣義的票據

廣義的票據，係指商業上的憑證。如鈔票、發票、倉單、提單、保單、水單、印花、餐券、車票、借據等是之。

2. 狹義的票據

狹義的票據，係指以支付一定金額為目的之有價證券。如債券、公司債券、匯票、支票、本票、民法上以支付一定金額為目的之指示證券或無記名證券等是之。

3. 最狹義票據

最狹義的票據，簡言之，係指票據法上所稱之特種有價證券。唯因各國票據法體系不一，可分為二種主義：一為合併主義（又稱包括主義），及票據法中所規定票據有匯票、本票、支票。二為分離主義，及票據法中所稱之票據僅為匯票、本票，支票則另行規定於支票法中。我國係採第一種之立法例。因此，就我國票據法之規定而言，最狹義的票據，乃指當事人記載一定之日期與金額，並簽名於票上，為無條件約定由自己或委託他人，以支付一定金額為目的，依票據法規定所製作之一

種要式的有價證券。基此定義，可分析如下：

(1) 票據係有價證券，且具有財產上價值之證券。

(2) 票據係要式證券，其須依票據法規定而製作。票據上須有當事人簽名、並記載發票日期與一定之金額。

(3) 票據係完全有價證券。其係以支付一定金額為目的，且此項支付須為無條件支付。

（二）票據之種類

1. 係票據法之分類

係指票據法所稱之票據，為匯票、本票、及支票（票§1）。

(1) 匯票

稱匯票者，謂發票人簽發一定之金額，委託付款人於指定知到期日，無條件支付與受款人或執票人之票據（票§2）。

(2) 本票

稱本票者，謂發票人簽發一定之金額，於指定之到期日，由自己無條件支付與受款人或執票人之票據（票§3）。

(3) 支票

稱支票者，謂發票人簽發一定之金額，委託金融業者於見票時，無條件支付與受款人或執票人之票據。前項所稱金融業者，係指經財政部核准辦理支票存款業務之銀行，信用合作社、農會及漁會。

2. 依票據性質分類

依其性質分類，可分為信用證券及支付證券。

(1) 信用證券：如匯票、本票是之

所謂信用證券，乃指執票人必須善意信賴發票人或付款人於到期日會依票載內容支付票據金額，原則上，執票人不得於到期日之

173

前請求付款之提示。因而信用證券實係執票人對發票人所為一短期的授信，執票人日後得依此「付款憑證」向發票人或付款人請款。發票人得藉此票據以自己或自己與付款人之信用與執票人交易而暫時無庸支付價款。由於信用證券之性質與支付證券不同，故採用分離主義的國家，於票據法中僅規定匯票及本票，其故在此。

(2) 支付證券：如支票是之

　　所謂支付證券，乃指該票據僅係代替現金之給付，並不具有授信功能，因而其僅有發票日而無到期日。是以其所需要控制之風險、票據信用之維護均不同於信用證券，質言之，其保護規定不如對信用證券嚴謹，因而採用分離主義的國家，即另立支票法以為規範。

　　因為我國票據法採合併主義，將匯票、本票、支票合併規定於一部票據法中，使一般人們無法理解有關信用證券與支付證券，此二者，對於當事人權益保障其差異之所在。乃將支票當成信用證券使用（即所謂之期票），但因支票之本質並非信用證券自會產生困擾。此容待後述。

3. 依受款人之分類

　　此項分類，可分為記名票據及無記名票據。

(1) 記名票據

　　記名票據，乃指有受款人記載之票據，係指於票據上載有受款人姓名或名稱者。

(2) 無記名票據

　　無記名票據，乃指沒有受款人記載之票據，係指票據上未載受款人姓名或名稱者。

　　在採分離主義的國家，於信用證券之絕對必要記載事項，多規定必須記載受款人之姓名或名稱，而支付證券則否。因我國採合併主義，因此票據法規定有關受款人之記載，不問何種票據，均非屬絕對必要記載事項(§24Ⅳ、§120Ⅲ、§125Ⅱ)

此項分類區別實益於我國僅有轉讓方式不同(§30)，及禁止轉讓、票據遺失時權益維護等事項有所不同。

4. 依付款人之分類

本項分類，可分為已付票據及委付票據。

(1) 已付票據

稱已付證券者，乃指該票款係由發票人自行付款者，如本票，即便是以銀行為擔當付款人之本票，其付款人仍為發票人而非銀行。

(2) 委付票據

稱委付證券者，乃指該票款係由發票人委託他人支付之票據，如匯票、支票。

本項區別實益，乃在付款請權行使之對象不同，對其請求權時效之起算有所影響。另者，已付證券必有主債務人，而委付證據之付款人未必當然為債務人。

5. 依票載狀態分類

本項分類，可分為常態票據及變態票據。

(1) 常態票據

常態票據，乃指其所載當事人或形式均屬一般情形，為一般常見的格式。匯票、本票、支票，在一般情況均屬之。

(2) 變態票據

變態票據，乃指其所載當事人或形式非一般常見之格式。原則上，本票無變態票據。匯票之變態票據如指已、付受、已付票據(§25)。支票之變態票據如保付支票(§138)。

二、票據之性質

（一）設權證券

票據權利之產生必須做成證券，因票據之作成而創設票據上權利義務之關係。故票據與股票不同，股票乃係證權證券，僅係證明股東權之證券。

（二）有價證券

票據係具有財產上價值之證券，依其權利之行使與處分須否佔有該證券可分為完全有價證券與不完全有價證券，票據即屬前者，亦即票據權利之行使、保全或處分與票據之佔有，在票據法上有不可分離之關係。如其票據喪失，權利人須為止付通知，聲請公示催告。而後可請求依法提存該票據金額，或經提供擔保後，始得對該票據請求票據金額之支付（§18、19）。

（三）金錢證券

票據係具有何種財產價值之證券？其係具有「金錢價值」之證券，其係以一定金額之給付為目的之證券。如其上記載是以其他代替誤為標的則屬民法上之指示證券或無記名證券，而非本法所稱支票據。故而票據金額即為票據上絕對必要記載事項之一。

（四）債權證券

票據雖係金錢證券，但並非謂執票人已取得票載金額，因其僅係一債權證券，而非物權證券。簡言之，票據者債權人占有該票據，僅得就票據上所載之一定金額向特定票據債務人或當事人行使其票據請求權，至於其請求權之效果得否滿足，則須視票據債務人是否履行其債務而定，是以，票據債權人債有該票據並未直接取得票據金額，其僅取得一債的請求權而已。因此現今實務上常有人開立「保證票」以調頭寸，此舉實以無保證之效力，因票據僅為債權證券而非物權證券。

（五）文義證券

票據乃文義證券，票據上之權利義務係依票據上所載之文義而定其效力，當事人不得依票載以外之原因事實對所載文義加以變更、補充擴張或限縮。因而在票據上簽名者，依票據所載文義負責。

（六）要式證券

票據既係一文義證券，且在票據上簽名者，即應依票據所載文義負責，因此票據上之記載及非常重要了，是以票據之作成，必須依照法定方式為之，始能成立生效，此即要式證券。換言之，票據法規定某些事項必須記載則須記載，如欠缺本法所規定票據上應記載事項之一者，其票據無效(§11 I)。更者，票據法未規定之事項亦不能隨意記載，票據上記載本法所不規定之事項者，不生票據上之效力(§12)。

（七）無因證券

當票據具有文義證券及要式證券之性質後，其即可與原因關係分離，因而票據為無因證券。所謂無因證券，乃指票據僅為其自身而存在，原則上票據關係與原因關係是分離的，各自獨立的，執票人佔有該票據即得依票據之文義而行使權利，除執票人取得票據有惡意或重大過失等情形外，其得不明示原因之所在而主張享有票據上之權力。因此票據法第13條規定：「票據債務人不得以自己與發票人或直票人之前手間所存之抗辯之事由對抗執票人。但執票人取得票據出於惡意者，不在此限。」

（八）流通證券

票據貴在流通，如票據關係僅依票載文義而定，不受原因關係之影響，票據即易於轉讓。前文述及票據之性質時論述票據具有文義性、無因性、要式性，因而執票人原則上即得以背書或交付方法自由轉讓其票據，

是為票據之流通性。為無記名票據得僅依交付之方式轉讓，記名票據如要轉讓必須依背書方式轉讓（票§30 I）。但若記名票據發票人有禁止轉讓之記載者，該票據即不得轉讓（票§30 II）。

（九）提示證券

前文述及，票據為一完全的有價證券，其權利之行使、處分或保全，必須占有該票據，為證明其占有該票據，自須現實的出示該票據。換言之，執票人欲行使其票據上之權利，必須對其行為之相對人出示該票據，使相對人知悉票據文義，而得決定應否履行其義務。執票人之付款提示義務不得以特約免除，且其付款提示須於法定期間(§69 I、124、130)內為之，若有違反，則會影響執票人之追索權(§104、132)。

（十）繳回證券

票據債權人在受領票據金額之給付後，即應將票據繳回於向其為給付之人，俾使票據關係得以消滅，或令給付之人更為票據追索權之行使（§74、100、124、144）。如債權人受領票據金額給付後，未將票據返還於對之為給付之人，在理論上，該債權人仍得再為票據之行使，此際，原給付之人僅得主張票據抗辯以對抗執票人，而不得逕行否認執票人的權利。

三、支票之概說

（一）意義

稱支票者，謂發票人簽發一定之金額，委託經財政部核准辦理支票存款業務之銀行、信用合作社、農會及漁會等金融業者，於見票時，無條件支付與受款人或執票人之票據。(§4)

（二）支票之記載

1. 絕對必要記載事項

　　支票之絕對必要記載事項為：(1)發票人之簽名。(2)表明其為之票之文字。(3)一定之金額。(4)付款人之商號。(5)無條件支付之委託。(6)發票年月日。(7)付款地（§一、二、三、五、七、八）。

2. 相對必要記載事項

　　相對必要記載事項，又稱法定記載事項或補充記載事項。乃指該事項亦為應記載事項，但若當事人未為記載，該票據並不因而無效，因為票據法另有補充記載之規定。支票之相對必要記載事項有二：

(1) 受款人之姓名或商號（§125 I 四）

　　未載受款人者，以執票人為受款人(§125 II)。發票人得以自己或付款人為受款人，並得以自己為付款人(§125 IV)。

(2) 發票地（§125 I 五）

　　未載發票地者，以發票人之營業所、住所或居所為發票地(§125 III)。

3. 得記載事項

　　本法第144條規定準用匯票得記載事項者如下:(1)禁止背書轉讓(§30 II)。(2)給付金種之約定(§75 I)。(3)免除通知義務(§90)。(4)免除拒絕證書(§94)。(5)禁發回頭支票之記載(§102)。此外；本法規定支票得記載之事項有:(1)保付之票(§138)。(2)平行線支票(§139)。

（三）支票之種類

1. 即期支票及遠期支票

　　即期支票，乃指發票人所簽發支票之票載發票日與實際發票日一致之票據。遠期支票，係指發票人所簽發支票的票載發票日與實際發票日不一致且尚未到來之票據，實務上稱之為「期票」。

我票據法是否承認期票？依本法規定：支票限於見票即付，有相反之記載者，其記載無效。(§128 I)支票在票載發票日前，執票人不得為付款之提示。(§128 II)如期票遺失，欲為止付通知時，付款人僅能先予登記，俟票載發票日屆至時，再為止付通知之辦理（票施§5 III）。由上述條文以觀，雖未明文承認遠期支票，但亦未明文否定，且實有默許之意味存在，唯支票並非信用證券，當事人無須以支付證券作為信用證券使用。如開立其票之目的是為了延後付款，發票人實得以銀行為擔當付款人之本票為給付之工具，既可避免遠期支票之不利，又可利於執票人票據債權之維護與實踐。

2. 現金支票及轉帳支票

支票之發票人以代替現金給付為目的所開立之支票，執票人依之向付款人提領現金者，謂之現金支票。

轉帳支票乃指發票人以轉帳為目的所開立之支票，是之。以支票轉帳或為抵銷者，是為支票之支付(§129)。

3. 保付之票

保付支票，乃指付款人於支票上記載照付或保付或其他同一字樣並簽名者，是謂之保付支票。

(1) 保付支票兌付款人之效力

付款人於支票上記載照付或保付或其他同義字樣並簽名後，其付款責任與匯票成兌人同(§138 I)。

付款人不得為存款額外或信用契約所約定數目以外之保付，違反者應科以罰鍰。但罰鍰不得超過支票金額(§138 III)。

(2) 對發票人、背書人之效力

付款人於支票上已為票據法第138條第1項之記載時，發票人及背書人免除其責任(§138 II)。

支票經保付後，發票人不得為撤銷付款之委託(§138 IV)。

(3) 保付支票對執票人之效力

　　執票人不得為止付通知，但仍得為公示催告之聲請（§138Ⅳ，不適用§18），亦不得受提示期間之限制，縱令已超過本法第130條所定之提示期間，執票人仍得請求付款。縱之票發行已滿1年，執票人仍得請求付款，付款人亦得付款（§138Ⅳ，不適用§130，§136）。

4. 平行線之票

(1) 意義及種類

　　平行線支票又稱劃線支票。即在支票正面（通常在左上角）劃平行線二道者，付款人僅得對金融業者支付票據金額之支票。僅於支票上劃平行線二道者為普通平等線支票，如在平行線內記載特定金融業者，為特別平等線支票。

(2) 效力

A. 對普通平行線支票之效力

　　支票經在正面劃平行線兩道者，付款人僅得對金融業者支付票據金額(§139)。劃平行線支票之執票人，如非金融業者，應將該項支票存入其在金融業者之帳戶，委託其代為取款(§139Ⅳ)。

B. 對特別平行線支票之效力

　　支票上平行線內記載特定金融業者，付款人僅得對特定金融業者支付票據金額(§139Ⅱ)。支票上平行線內，記載特定金融業者，應存入其在該特定金融業者之帳戶，委託其代為取款(§139Ⅳ)。但該特定金融業者為執票人時，得以其他金融業者為被背書人，背書後委託其取款。（§139Ⅱ但書）

(3) 平行線之記載與撤銷

平行線之記載任何人均得為之，但平行線之撤銷僅限發票人得為之。且應於平行線內記載照付現款或同義字樣，由發票人簽名或蓋章於其旁，支票上有此記載者，史為平行線之撤銷。但支票經背書轉讓者，不在此限（§139 V）。學者通說認為撤銷僅得對普通平行線支票為之。為實務上有認為本法第139條第5項之規定，並未將特別平行線撤銷予以除外，故而特別平行線支票仍得依該項之規定而為撤銷。

(4) 對付款人之賠償責任

違反第139條之規定而付款者，應負賠償損害之責。但賠償金額不得超過支票金額（§140）。

（四）支票之提示

1. 提示期間

票據法第130條規定：「支票之執票人，應於下列期限內，為付款之提示（§130）。一、發票第與付款地在同一省（市）區內者，發票日後7日內。二、發票第與付款地在不同一省（市）區內者，發票日後15日內。三、發票地在國外，付款地在國內，發票日後個月內。」

2. 提示之效力

(1) 遵守提示期間提是之效力

A. 對執票人之效力

執票人如已依第130條所規定期限行使並保全其票據權利之行為，付款人得依約付款，如未付款，執票人得行使追索權。

a. 追索權之行使

執票人於第130條所定提是期限內，為付款之提示而被拒絕時，對於前手得行使追索權。但應於拒絕付款日或其後5日內，請求做成拒絕證書（§131 III）。

付款人於支票或黏單上記載拒絕文義及其年、月、日，並簽名者，與作成拒絕證書，有同一效力(§131Ⅲ)。

b. 利息之請求

執票人向支票債務人行使追索權時，得請求自為付款提示日起之利息，如無約定利率者，依年利六釐計算(§133)。

B. 對發票人之效力

a. 不得撤銷付款之委託

發票人於第130條所定期限內，不得撤銷付款之委託(§135)。發票人所開立支票如未兌現，謂之「空頭支票」，原會受刑事制裁，但於民國75年、76年修正時已將本法第141、142條之規定刪除。而符票據行為之私法性質。如執票人主張發票人應負「詐欺」，係屬另一法律關係，此並非票據法所應規範。

b. 對付款人之效力

付款人於發票人之存款或信用契約所約定之數足敷支付支票金額時，應負支付之責。但收到發票人受破產宣告之通知者，不在此限(§143)。

付款人於發票人之存款或信用契約所約定之數不敷支付支票金額時，得就一部分支付之(§137Ⅰ)。一部分之付款，執票人不得拒絕(§73)，故知；一部付款為付款人之權利，而非執票人之權利。第137條第1項情形，執票人應於支票上記名實收之數目(§137Ⅱ)。

(2) 未遵守提是期間之效力

A. 對執票人之效力

執票人不於第130條所定期限內為付款之提示，或不於拒絕付款日或其後5日內，請求作成拒絕保證書，對於發票人之外之前手，喪失追索權(§132)。

B. 對發票人之效力

發票人應照支票文義擔保支票之支付(§126)。發票人雖於提示期限經過後，對於執票人仍負責任。但執票人怠於提示，致使發票人受損失時，應負賠償之責，其賠償金額，不得超過票面金額(§134)。

C. 對付款人之效力

票據法第136條規定：「付款人於提示期限經過後，仍得付款。但有下列情事之一者，不在此限：一、發票人撤銷付款之委託時。二、發行滿1年時。」

案例解說

一、 借用人之使用權，係就借用物得享受利益之權利，但此權受有下列二限制：一、借用人應依約定方法使用借用物；無約定方法者，應以依借用物之性質而定之方法使用之。。二、借用人非經貸與人之同意，不得允許第三人使用借用物(§467)。若借用人違反約定或依物之性質而定之方法使用借用物，或未經貸與人同意允許第三人使用者，貸與人得終止契約（§472二）。

二、 民法第478條後段規定，消費借貸未定返還期限者，貸與人得定一個月以上之相當期限，催告返還。所謂返還，係指「終止契約之意思表示」而言，亦即貸與人一經向借用人催告（或起訴），其消費借貸關係即行終止，惟法律為使用人便於準備起見，特設「一個月以上相當期限」之恩惠期間，借用人須俟該期限屆滿，始負遲延責任，貸與人亦始有請求之權利。若貸與人未定一個月以上之期限向借用人催告，其請求權尚不能行使（97年台上字第2654號判決）。

借用人應於約定期限內，返還與借用物種類、品質、數量相同之物，未定返還期限者，借用人得隨時返還，貸與人亦得定1個月以上之相當期限，催告返還（§478）。所謂貸與人得定1個月以上之相當期限催告返還，非謂貸與人之催告必須定有期限，祇須貸與人有催告之事實，而催告後已逾1個月以上相當期限者，即認借用人有返還借用物之義務（73年台抗字第413號判例）。

三、甲向乙借款，乙要求甲提供擔保，甲乃開立支票一紙請丙於票據背面背書，丙乃記載保證背書。甲另開立本票一紙請丁公司於票背記載保證擔任保證人。甲屆期未為清償，乙提示票據亦未獲得票款，乙乃向丙丁主張票據上之權利。問乙丙之責任如何？

支票為債權證券，不具「物權」性質，自不具有物權之擔保效力。合先敘明。

丙於支票背面背書時記載「保證背書」，其效力為何？

支票並無「保證」，因此於背書時記載「保證背書」，該記載為票據法所不規定之事項，自不生票據上之效力(§12)，因此該記載不生票據法上之效力，但其背書仍為有效。

丁公司於本票背面為保證人之記載，依公司法第16條第1項規定，公司除依其他法律或公司章程之規定得為保證者外，不得為任何保證人。此項限制應包括不得為本票之保證人在內（43台上83號判例）。因此丁公司所為之票據保證應屬無效。但公司負責人違反公司法第16條第1項規定，應自負保證責任，如公司受有損害時，亦應負賠償責任（公司§16II）。

第二編

═══ 自 我 練 習 ═══

一、何謂使用借貸？其借用人之權利與義務各如何？

二、何謂消費借貸？其借用人之權利與義務各如何？

三、何謂平行線支票？其種類及效力各如何？

四、何謂保付支票？支票經保付後發票人及背書人之效力各如何？

五、甲公司在台北市，某日公司舉辦旅遊至澎湖2天1夜遊，花費N.T.50萬元，甲公司乃開例甲公司之支票給乙公司，票載發票日為中華民國108年3月3日，乙公司將該支票背書轉讓給丙，丙於民國108年3月18日至銀行請求付款。問：銀行得否付款？若銀行未為付款，丙公司得否向甲乙二公司行使追索權？

保證契約與擔保物權

摘要

　　稱保證者，謂當事人約定，一方於他方之債務人不履行債務時，由其代負履行責任之契約(§739)。代負履行之責者，謂之為保證人，原則上公司不得為保證人（公司§16）。

　　保證，可分為一般保證及特殊保證。特殊保證，又可分為連帶保證、共同保證、信用委任、人事保證、求償保證、以及票據保證等。人事保證於下一章再為論述。

　　物權可分為自物權及他物權；前者為所有權，後者為用益物權及擔保物權。擔保物權包括抵押權、質權、留置權。

　　抵押權是之設定為一物權行為，物權行為之要件分為一般要件及特別要件。不動產物權，依法律行為而取得、設定、喪失及變更者，非經登記，不生效力；非依法律行為而取得不動產物權者，非經登記，不得處分其物權。

第一節 ｜ 保證契約

 例

一、甲向乙借新臺幣100萬元，約定一年償還，丙為連帶保證人。債權屆清償期，甲無力償還，乙乃同意甲延期並分期償還，但未得丙之同意。嗣後，丙是否仍需負擔連帶保證人之責任？

二、甲為擔保其貸款，將其所有之房屋設定抵押權予銀行。其又將該房屋出租予善意第三人乙，並到法院公證處辦妥租賃公證。在該房屋尚未交付予乙前，銀行以借款清償期屆至未還為由，聲請查封拍賣，試問：（一）銀行得否主張除去租賃權而為拍賣？（二）乙得否主張租賃權對拍定人繼續存在？

----------------------------------   ----------------------------------

壹 保證之概說

一、意義

　　稱保證者，謂當事人約定，一方於他方之債務人不履行債務時，由其代負履行責任之契約（§739）。代負履行之責者，謂之為保證人，原則上公司不得為保證人（公司§16）。負擔債務之人，謂之為主債務人，亦稱被保證人。保證契約之他方當事人，為債權人。保證契約具有附從性，保證債務因主債務消滅而消滅。

二、種類

　　保證，可分為一般保證及特殊保證。特殊保證，又可分為連帶保證、共同保證、信用委任、人事保證、求償保證、以及票據保證等。

（貳） 保證之效力

一、保證人與債權人間之關係

（一）保證債務範圍

保證債務，除契約另有訂定外，包含主債務之利息、違約金、損害賠償及其他從屬於主債務之負擔（§740）。保證人之負擔，較主債務人為重者，應縮減至主債務之限度（§741）。

（二）保證人之權利

本節所規定保證人之權利，除法律另有規定外，不得預先拋棄（§739-1）。修正理由載：「目前社會上，甚多契約均要求保證人預先拋棄一切權利，對保證人構成過重之責任，有失公平。為避免此種不公平之現象，增訂除法律另有規定外，本節所規定之保證人之權利，不得預先拋棄。」本條之規定，於債篇修正施行前成立之保證，亦適用之（施§33）。

1. 一般抗辯權

亦即保證人對於主債務人所存之抗辯權或其類似權利，均得主張之。如：主債務人所有之抗辯，保證人得主張之。主債務人拋棄其抗辯者，保證人仍得主張之（§742）。

2. 抵銷權

保證人得以主債務人對於債權人之債權，主張抵銷（§742-1）。主債務人對債權人有債權者，保證人得否以之主張抵銷，學者及實務見解不一。為避免保證人於清償後向主債務人求償困難，爰增列本條。

3. 拒絕清償權

主債務人就其債之發生原因之法律行為有撤銷權者，保證人對於債權人，得拒絕清償（§744）。

4. 先訴抗辯權

先訴抗辯權又稱檢索抗辯權，此為保證人所特有之抗辯權。即保證人於債權人未就主債務人之財產強制執行而無效果前，對於債權人，得拒絕清償(§745)。先訴抗辯權之性質為延期（暫時）性之抗辯，其得於訴訟外或訴訟上行使，於訴訟上行使者，須於第二審辯論終結前為之。但法律規定有不得行使之例外規定，民法第746條規定：「有下列各款情形之一者，保證人不得主張前條之權利：一、保證人拋棄前條之權利。二、主債務人受破產宣告。三、主債務人之財產不足清償其債務。」

5. 其他之權利

如：選擇權(§208)、如清償抵充權等權利，保證人亦得行使。

6. 無效保證之例外

保證人對於因行為能力之欠缺而無效之債務，如知其情事而為保證者，其保證仍為有效(§743)。

二、保證人與主債務人間之關係

（一）求償權

保證人以自己之財產給付於債權人，致主債務人免責時，保證人對此所支出之必要費用，主債務人應償還之，並付自支出時起之利息(§546 I)。如保證人未受主債務人之委任而為主債務人清償債務，則得依不當得利之規定，請求主債務人償還必要及有益費用(§176、177)。

（二）代位權

保證人向債權人為清償後，於其清償之限度內，承受債權人對於主債務人之債權。但不得有害於債權人之利益(§749)。

　　保證人對主債務人代位行使債權人之債權，主債務人於受通知時，所得對抗債權人之事由，皆得以之對抗保證人(§299 I)。

（三）保證責任除去請求權

　　民法第750條規定：「保證人受主債務人之委任而為保證者，有左列各款情形之一時，得向主債務人請求除去其保證責任：一、主債務人之財產顯形減少者。二、保證契約成立後，主債務人之住所、營業所或居所有變更，致向其請求清償發生困難者。三、主債務人履行債務遲延者。四、債權人依確定判決得令保證人清償者。主債務未屆清償期者，主債務人得提出相當擔保於保證人，以代保證責任之除去。」

（四）抵銷權

　　保證人得以主債務人對於債權人之債權，主張抵銷(§742-1)。

（五）時效中斷之效力

　　債權人向主債務人請求履行債務，以及為其他中斷時效之行為，對保證人亦生效力，此亦為保證具有從屬性之使然也。

參　保證之消滅

　　保證除隨同主債務之消滅而消滅外(§307)，尚因下列事由而消滅：

一、拋棄擔保物權

　　債權人拋棄為其債權擔保之物權者，保證人就債權人所拋棄權利之限度內，免其責任(§751)。

二、定期保證免責

　　約定保證人僅於一定期間內為保證者，如債權人於其期間內，對於保證人不為審判上之請求，保證人免其責任(§752)。

三、連續債務保證

就連續發生之債務為保證，而未定有期間者，保證人得隨時通知債權人終止保證契約。前項情形，保證人對於通知到達債權人後所發生主債務人之債務，不負保證責任(§754)。

四、未定期之保證

民法第753條規定：「保證未定期間者，保證人於主債務清償期屆滿後，得定一個月以上之相當期限，催告債權人於其期限內，向主債務人為審判上之請求。債權人不於前項期限內向主債務人為審判上之請求者，保證人免其責任」

因擔任法人董事、監察人或其他有代表權之人而為該法人擔任保證人者，僅就任職期間法人所生之債務負保證責任(§753-1)。

五、主債務許延期

就定有期限之債務為保證者，如債權人允許主債務人延期清償時，保證人除對於其延期已為同意外，不負保證責任(§755)。

《肆》　特殊保證

一、連帶保證

連帶保證，乃謂保證人與債權人約定，其與主債務人連帶負擔債務履行而為之保證。我民法雖未規定，但實務上承認此種特殊保證（45台上1426號判例），連帶保證縱使無民法第746條所揭之情形，亦不得主張同法第745條關於檢索抗辯之權利。

二、共同保證

數人保證同一債務者，除契約另有訂定外，應連帶負保證責任（§748）。共同保證為「保證連帶」，除有民法第746條之情形外，仍得主張檢索抗辯。

三、信用委任

委任他人以該他人之名義及其計算，供給信用於第三人者，就該第三人因受領信用所負之債務，對於受任人，負保證責任(§756)。

四、人事保證

民國88年修法時已增列第24節之1，規定有關人事保證之事項。

五、求償保證

此乃指，對保證人就其將來之求償權所為之保證。此非對主債務所為之保證，而係對求償請求權所為之保證。

第二節 ｜ 擔保物權

第一款　抵押權

壹　擔保物權之概說

一、意義及功能

　　擔保物權者，謂以確保債務履行為目的，而於債務人或第三人特定之物或權利上所設定之一種物權，於債務人不履行其義務時，得對之加以變價以確保債權滿足之物權。故知其功能在確保特定債權的經濟價值，其對特定物或權利，不為任何物質之支配，僅就交換價值以優先受償，則對於物或權利之流通、使用、收益均無影響，亦得保全債權人之債權矣，故擔保物權又稱之為變價權。

二、性質及種類

（一）性質

　　擔保物權為物權之一種，不論其發生之先後，原則上均優先於債權而受清償，是為優先性。除此外，尚有：

1. 不可分性

　　即債權人就其債權未受全部清償前，得就擔保標的物之全部行使其權利。

2. 從（附）屬性

　　擔保物權係以確保債務履行為目的，原則上應從屬債權而存在，其通常因其所擔保債權之移轉而移轉。

3. 物權性

其既為物權之一種，則自應有支配性、排他性。

4. 物上代位性

擔保物權（抵押權、質權）於其標的物因毀損滅失，而得受賠償金者，擔保權人得對於此賠償金取償，是謂之物上代位性，亦有學者稱為代物擔保性。

（二）種類

得分為：約定擔保及法定擔保。

貳 抵押權之概說

一、普通抵押權之意義及功能

稱普通抵押權(Mortgage)者，乃指債權人對於債務人或第三人不移轉占有而供其債權擔保之不動產，得就該不動產賣得價金優先受償之權(§860)。設定此擔保物權之債務人或第三人，謂之抵押人。債權人則為抵押權人，抵押之標的物必為不動產，唯例外的地上權、永佃權及典權亦得為抵押權之標的物(§882)。

二、性質及種類

（一）性質

抵押權既為擔保物權，則擔保物權之特性，抵押權自應有之，舉其要者有三，茲分述如下：

1. 從屬性

原則上：無債權之發生，即無抵押權之存在，是為成立上之從屬。

債權移轉，抵押權必隨同移轉，是以抵押權不得由債權分離而為讓

與，或為其他債權之擔保，是為處分上之從屬。

債權消滅，抵押權亦隨之消滅，是以，原則上債之關係消滅者，其債權之擔保及其他從屬權之權利，亦同時消滅(§307)，是為消滅上之從屬。但於權利混同時，則有例外(§762)。

2. 不可分性

抵押權所擔保之債權，未受全部清償前，得就抵押物之全部行使其權利。

抵押之不動產如經分割，或讓與其一部，或擔保一債權之數不動產而以其一讓與他人者，其抵押權不因此而受影響(§868)，是謂之「抵押物分，而抵押權不分。」

以抵押權擔保之債權，如經分割或讓與其一部者，其抵押權不因此而受影響(§869 I)，是為「債權分，而抵押權不分」，此項規定，於債務分割或承擔其一部時適用之(§869 II)。

3. 物上代位性

抵押權除法律另有規定外，因抵押物滅失而消滅。但抵押人因滅失得受賠償或其他利益者，不在此限。抵押權人對於前項抵押人所得行使之賠償或其他請求權有權利質權，其次序與原抵押相同。給付義務人因故意或重大過失向抵押人為給付者，對於抵押權人不生效力。抵押物因毀損而得受之賠償或其他利益，準用前三項之規定(§881)。

（二）種類

抵押權可分為一般抵押（即第860條所謂之不動產抵押）及特殊抵押。特殊抵押，又可分為：1.法定抵押。2.權利抵押。3.動產抵押。4.最高額抵押。5.共同抵押。

參　抵押權之取得

一、依法律行為而取得

（一）抵押權設定

依當事人之約定而設定抵押權，為通常情形，故須以書面為之，並且非經登記不生效力(§860、§758)。抵押權之設定，亦得依遺囑（單獨行為）為之。

（二）連同債權讓與

抵押權得連同債權而一併讓與(§870)，受讓人即因而取得抵押權，唯非經登記不生效力(§758)。

二、依法律行為以外之原因而取得

（一）依法律規定而取得

此乃指法定抵押權而言。如承攬之工作為建築物或其他土地上之工作物，或為此等工作物之重大修繕者，承攬人就承攬關係報酬額，對於其他工作所附之定作人之不動產，請求定作人為抵押權之登記；或對於將來完成之定作人之不動產，請求預為抵押權之登記。前項請求，承攬人於開始工作前亦得為之。第二項之抵押權登記，如承攬契約已經公證者，承攬人得單獨申請之。第一項及第二項就修繕報酬所登記之抵押權，於工作物因修繕所增加之價值限度內，優先於成立在先之抵押權(§513)。此外尚有國民住宅條例第11條，興建國民住宅貸款條例第7條亦有規定。此等抵押權不須登記，即生效力，但不得處分(§759)。

（二）依繼承而取得

抵押權為財產權，自得為繼承之標的，故得依繼承而取得，唯應經登記，始得處分其抵押權(§759)。

肆　抵押權所擔保債權之範圍

　　民法第861條規定：「抵押權所擔保者為原債權、利息、遲延利息、違約金及實行抵押權之費用；但契約另有訂定者，不在此限。得優先受償之利息、遲延利息、1年或不及1年定期給付之違約金債權，以於抵押權人實行抵押權聲請強制執行前5年內發生及於強制執行程序中發生者為限。」

伍　抵押權效力所及於標的物之範圍

一、從物及從權利

　　抵押權之效力，及於抵押物之從物與從權利(§862Ⅰ)。第三人於抵押權設定前，就從物取得之權利，不受前項規定之影響(§862Ⅱ)。

　　以建築物為抵押者，其附加於該建築物而不具獨立性之部分，亦為抵押權效力所及。但其附加部分為獨立之物，如係於抵押權設定後附加者，準用第877條之規定(§862Ⅲ)。

　　民法第862-1條規定：「抵押物滅失之殘餘物，仍為抵押權效力所及。抵押物之成分非依物之通常用法而分離成為獨立之動產者，亦同。前項情形，抵押權人得請求占有該殘餘物或動產，並依質權之規定，行使其權利。」

二、天然孳息

　　抵押權之效力，及於抵押物扣押後自抵押物分離，而得由抵押人收取之天然孳息(§863)，以鞏固抵押權之信用。

三、法定孳息

　　抵押權之效力，及於抵押物扣押後，抵押人就抵押物得收取之法定孳息。但抵押權人，非以扣押抵押物之事情，通知應清償法定孳息之義

務人，不得與之對抗(§864)。法定孳息，非抵押權效力當然所及，為鞏固抵押權之信用，特規定扣押後至抵押物變價期間內之法定孳息，為抵押權效力所及，惟對法定孳息債權無須扣押，僅須對抵押物扣押（強執§1152），但為保護清償法定孳息義務人之利益，特規定抵押權人應將扣押抵押物之事情通知該義務人，否則不得與之對抗。

四、賠償金

抵押權具有物上代位性，故抵押權效力及所及於標的物之範圍，應包括因抵押物滅失而得受之賠償或其他利益（§881本文）。且此項賠償或其他利益，不以須經扣押為行使權利之要件。

五、附合物

動產因附合而為抵押不動產之重要成分，其不動產所有人取得動產所有權者，既於抵押時已附合者，則抵押後迄於抵押權實行時該附合之物，自為抵押權效力之所及，且不以登記為必要。

陸　對抵押權人之效力

一、抵押權之讓與及擔保

抵押權不得由債權分離而為讓與，或為其他債權之擔保(§870)。由本條反面解釋則知：抵押權人得將抵押權隨同債權一併讓與。唯非經登記不生效力(§758)。抵押權人亦得將抵押權連同債權一併提供為他債權之擔保，而為權利質權(§902)。

二、抵押權之保全

（一）抵押權之侵害

抵押人之行為，足使抵押物之價值減少者，抵押權人得請求停止其行為，如有急迫之情事，抵押權得自為必要之保全處分(§871 I)。

（二）侵害之救濟

對侵害之救濟可分如下三種：

1. 請求停止及保全處分

請求停止其行為（§871 I），乃指抵押權人得請求抵押人停止原來足使抵押物價值減少之行為。如有急迫之情事，抵押權人得自為必要之保全處分（§871 I）。因此前項請求或處分所生之費用，由抵押人負擔。其受償次序優先於各抵押權所擔保之債權（§871 II）。

2. 因可歸責於抵押人之事由者

抵押物之價值因可歸責於抵押人之事由致減少時，抵押權人得定相當期限，請抵押求人回復抵押物之原狀，或提出與減少價額相當之擔保（§872 I）。

抵押人不於前項所定期限內，履行抵押權人之請求時，抵押權人得定相當期限請求債務人提出與減少價額相當之擔保。屆期不提出者，抵押權人得請求清償其債權（§872 II）。抵押人為債務人時，抵押權人得不再為前項請求，逕行請求清償其債權（§872 III）。

本條與前條之不同者，在於本條係指抵押物之價值已然減少，前條係尚未實際減少。

3. 因非可歸責於抵押人之事由者

抵押物之價值因不可歸責於抵押人之事由致減少者，抵押權人僅於抵押人因此所受利益之限度內，請求提出擔保（§872 III）。

三、請求損害賠償

抵押權人因抵押物受侵害，致不能完全的優先受償，則得以抵押權受侵害為由，請求損害賠償。

四、抵押權之實行

（一）意義

抵押權之實行者，乃指抵押權人，於債權已屆清償期，而未受清償者，得聲請法院拍賣抵押物，就其賣得價金而受清償(§873)，或依其他方式確保債權者，是謂之。其實行之方法有三：「1.聲請法院拍賣(§873)。2.訂立契約取得抵押物之所有權（§878前段）。3.用拍賣以外之方法處分抵押物（§878後段）。」

（二）拍賣

為實行抵押權之最普遍的方法。其性質應屬非訟事件，唯抵押權人依民法第873條之規定，為拍賣物之聲請，仍應經法院為許可強制執行之裁定（強執§45）。且應由拍賣物所在地法院管轄（強執§71）。抵押物為不動產，其拍賣程序，自應適用強制執行法第三章對於不動產執行之規定為之。

1. 拍賣之效果

經拍賣之程序而拍定後，產生一定之效果，茲分述如下：

(1) 買受人取得權利

拍賣標的物為不動產所有權時，買受人取得所有權，而其範圍，與抵押權效力所及之範圍同一，又此項取得應屬原始取得。

(2) 賣得價金之分配

抵押物賣得之價金，除法律另有規定外按各抵押權成立之次序分配之。其次序同者，依債權額比例分配之(§874)。

(3) 共同抵押之分配

為同一債權之擔保，於數不動產上設定抵押權，而未限定各個不動產所負擔之金額者，抵押權人得就各個不動產賣得之價金，受

債權全部或一部之清償(§875)。此乃因抵押權之不可分性所使然也。

為同一債權之擔保，於數不動產上設抵押權，抵押物全部或部分同時拍賣時，拍賣之抵押物中有為債務人所有者，抵押權人應先就該抵押物賣得之價金受償(§875-1)。

民法第875-2條規定：「為同一債權之擔保，於數不動產上設定抵押權者，各抵押物對債權分擔之金額，依下列規定計算之：一、未限定各個不動產所負擔之金額時，依各抵押物價值之比例。二、已限定各個不動產所負擔之金額時，依各抵押物所限定負擔金額之比例。三、僅限定部分不動產所負擔之金額時，依各抵押物所限定負擔金額與未限定負擔金額之各抵押物價值之比例。計算前項第二款、第三款分擔金額時，各抵押物所限定負擔金額較抵押物價值高者，以抵押物之價值為準。」

為同一債權之擔保，於數不動產上設定抵押權者，在抵押物全部或部分同時拍賣，而其賣得價金超過所擔保之債權額時，經拍賣之各抵押物對債權分擔金額之計算，準用前條之規定(§875-3)。

民法第875-4條規定：「為同一債權之擔保，於數不動產上設定抵押權者，在各抵押物分別拍賣時，適用下列規定：一、經拍賣之抵押物為債務人以外之第三人所有，而抵押權人就該抵押物賣得價金受償之債權額超過其分擔額時，該抵押物所有人就超過分擔額之圍內，得請求其餘未拍賣之其他第三人償還其供擔保抵押物應分擔之部分，並對該第三人之抵押物，以其分擔額為限，承受抵押權人之權利。但不得有害於該抵押權人之利益。二、經拍賣之抵押物為同一人所有，而抵押權人就該抵押物賣得價金受償之債權額超過其分擔額時，該抵押物之後次序抵押權人就超過分擔額之範圍內，對其餘未拍賣之同一人供擔保之抵押物，承受實行抵押權人之權利。但不得有害於該抵押權人之利益。」

(4) 法定地上權

　　　　設定抵押權時，土地及其土地上之建築物，同屬於一人所有，而僅以土地或僅以建築物為抵押者，於抵押物拍賣時，視為已有地上權之設定，其地租、期間及範圍由當事人協議定之。不能協議者，得聲請法院以判決定之。

　　　　設定抵押權時，土地及其土地上之建築物，同屬於一人所有，而以土地及建築物為抵押者，如經拍賣，其土地與建築物之拍定人各異時，適用前項之規定(§876)。

(5) 建築物併付拍賣

　　　　土地所有人於設定抵押權後，在抵押之土地上營造建築物者，抵押權人於必要時，得於強制執行程序中聲請法院將其建築物與土地併付拍賣。但對於建築物之價金，無優先受清償之權。前項規定，於第866條第2項及第3項之情形，如抵押之不動產上，有該權利人或經其且意使用之人之建築物者，準用之(§877)。

　　　　以建物設定抵押權者，於法院拍賣抵押物時，其抵押物存在所必要之權利得讓與者，應併付拍賣。但抵押權人對於該權利賣得之價金，無優先受清償之權(§877-1)。

（三）訂立契約取得抵押物之所有權

　　乃指抵押權人於債權清償屆滿後，為受清償，得訂立契約，取得抵押物之所有權（§878前段）。但此項約定不得有害於其他抵押權人之利益（878但書）。此契約須於清償期屆滿後為之，其當事人為抵押權人與抵押人。

　　民法第873-1條規定：「約定於債權已屆清償期而未為清償時，抵押物之所有權移屬於抵押權人者，非經登記，不得對抗第三人。抵押權人請求抵押人為抵押物所有權之移轉時，抵押物價值超過擔保債權部分，應返還抵押人；不足清償擔保債權者，仍得請求債務人清償。抵押人在抵押物所有權移轉於抵押權人前，得清償抵押權擔保之債權，以消滅該抵押權。」

抵押權人實行抵押權者，該不動產上之抵押權，因抵押物之拍賣而消滅。前項情形，抵押權所擔保之債權有未屆清償期者，於抵押物拍賣得受清償之範圍內，視為到期。抵押權所擔保之債權未定清償期或清償期尚未屆至，而拍定人或承受抵押物之債權人聲明願在拍定或承受之抵押物價額範圍內清償債務，經抵押權人同意者，不適用前二項之規定(§873-2)。

（四）用拍賣以外之方法處理抵押物

抵押權人於其債權清償期屆滿後，為受清償，得訂立契約，用拍賣以外之方法，處分抵押物（§878後段），但不得有害於其他抵押權人之利益（§878但書）。所謂其他方法如自覓買主、自行標售等是之。

五、抵押權次序之處分

不動產所有人，因擔保數債權，就同一不動產，設定數抵押權者，其次序依登記之先後定之(§865)。

柒 對抵押人之效力

一、其他權利之設定

民法第866條規定：「不動產所有人設定抵押權後，於同一不動產上，得設定地上權或其他以使用收益為目的之物權，或成立租賃關係。但其抵押權不因此而受影響。前項情形，抵押權人實行抵押權受有影響者，法院得除去該權利或終止該租賃關係後拍賣之。不動產所有人設定抵押權後，於同一不動產上，成立第一項以外之權利者，準用前項之規定。」

二、得讓與不動產

不動產所有人設定抵押權後，得將不動產讓與他人。但其抵押權不因此而受影響(§867)。

三、使用、收益抵押權

抵押人於抵押權設定後，除得為前述二種處分權外，其對於該不動產之使用、收益之權能，並未喪失或受限制，仍得自由為之。

四、物上保證人之權利

民法第879條規定：「為債務人設定抵押權之第三人，代為清償債務，或因抵押權人實行抵押權致失抵押物之所有權時，該第三人於其清償之限度內，承受債權人對於債務人之債權。但不得有害於抵押權人之利益。債務人如有保證人時，保證人應分擔之部分，依保證人應負履行責任與抵押物之價值或限定之金額比例定之。抵押物之擔保債權額少於抵押物之價值者，應以該債權額為準。前項情形，抵押人就超過其分擔額之範圍，得請求保證人償還其應分擔部分。」

第三人為債務人設定抵押權時，如債務人免除保證人之保證責任者，於前條第二項保證人應分擔部分之限度內，該部分抵押權消滅(§879-1)。

捌　最高限額抵押

一、意義

最高額抵押，又稱為限額抵押或根抵押，我民法原無明文，但依民法第265、368及土地登記規則第85條規定等觀之，應承認此種抵押權，故於民國96年3月修正時增訂881-1條至881-17條。

民法第881-1條規定：「稱最高限額抵押權者，謂債務人或第三人提供其不動產為擔保，就債權人對債務人一定範圍內之不特定債權，在最高限額內設定之抵押權。最高限額抵押權所擔保之債權，以由一定法律關係所生之債權或基於票據所生之權利為限。基於票據所生之權利，除本於與債務人間依前項一定法律關係取得者外，如抵押權人係於債務人已停止支

付、開始清算程序，或依破產法有和解、破產之聲請或有公司重整之聲請，而仍受讓票據者，不屬最高限額抵押權所擔保之債權。但抵押權人不知其情事而受讓者，不在此限。」

二、所擔保債權之範圍

民法第881-2條規定：「最高限額抵押權人就已確定之原債權，僅得於其約定之最高限額範圍內，行使其權利。前項債權之利息、遲延利息、違約金，與前項債權合計不逾最高限額範圍者，亦同。」

三、抵押權人與抵押人變更債權範圍或其債務人

民法第881-3條規定：「原債權確定前，抵押權人與抵押人得約定變更第881-1條第2項所定債權之範圍或其債務人。前項變更無須得後次序抵押權人或其他利害關係人同意。」

四、最高限額抵押權所擔保之原債權應確定期日

（一）確定日期

民法第881-4條規定：「最高限額抵押權得約定其所擔保原債權應確定之期日，並得於確定之期日前，約定變更之。前項確定之期日，自抵押權設定時起，不得逾30年。逾30年者，縮短為30年。前項期限，當事人得更新之。」

（二）未約定確定日期

民法第881-5條規定：「最高限額抵押權所擔保之原債權，未約定確定之期日者，抵押人或抵押權人得隨時請求確定其所擔保之原債權。前項情形，除抵押人與抵押權人另有約定外，自請求之日起，經15日為其確定期日。」

五、最高限額抵押權所擔保債權移轉之效力

民法第881-6條規定：「最高限額抵押權所擔保之債權，於原債權確定前讓與他人者，其最高限額抵押權不隨同移轉。第三人為債務人清償債務者，亦同。最高限額抵押權所擔保之債權，於原債權確定前經第三人承擔其債務，而債務人免其責任者，抵押權人就該承擔之部分，不得行使最高限額抵押權。」

六、最高限額抵押權之抵押權人或債務人為法人之合併

民法第881-7條規定：「原債權確定前，最高限額抵押權之抵押權人或債務人為法人而有合併之情形者，抵押人得自知悉合併之日起15日內，請求確定原債權。但自合登記之日起已逾30日，或抵押人為合併之當事人者，不在此限。有前項之請求者，原債權於合併時確定。合併後之法人，應於合併之日起15日內通知抵押人，其未為通知致抵押人受損害者，應負賠償責任。前三項之規定，於第306條或法人分額之情形，準用之。」

七、單獨讓與最高限額抵押權之方式

民法第881-8條規定：「原債權確定前，抵押權人經抵押人之同意，得將最高限額抵押權之全部或分額其一部讓與他人。原債權確定前，抵押權人經抵押人之同意，得使他人成為最高限額抵押權之共有人。」

八、最高限額抵押權之共有

最高限額抵押權為數人共有者，各有人按其債權額比例分配其得優先受償之價金。但共有人於原債權確定前，另有約定者，從其約定。共有人得依前項按債權額比例分配之權利，非經共有人全體之同意，不得處分。但已有應有部分之約定者，不在此限(§881-9)。

九、共同最高限額抵押權原債權均歸於確定

為同債權之擔保，於數不動產上設定最高限額抵押權者，其擔保之原債權，僅其中一不動產發生確定事由時，各最高限額抵押權所擔保之原債權均歸於確定(§881-10)。

十、最高限額抵押權所擔保之原債權確定事由

最高限額抵押權不因抵押權人、抵押人或債務人死亡而受影響。但經約定為原債權確定之事由者，不在此限(§881-11)。

民法第881-12條規定：「最高額抵押權所擔保之原債權，除本節另有規定外，因下列事由之一而確定：一、約定之原債權確定期日屆至者。二、擔保債權之範圍變更或因其他事由，致原債權不繼續發生者。三、擔保債權所由發生之法律關係經終止或因其他事由而消滅者。四、債權人拒絕繼續發生債權，債務人請求確定者。五、最高限額抵押權人聲請裁定拍賣抵押物，或依第873條之規定為抵押物所有權移轉之請求時，或依第878條規定訂立契約者。六、抵押物因他債權人聲請強制執行經法院查封，而為最高限額抵押權人所知悉，或經執行法院通知最高限額抵押權人者。但抵押物之查封經撤銷時，不在此限。七、債務人或抵押人經裁定告破產者。但其裁定經廢棄確定時，不在此限。」

第881-5條第2項之規定，於前項第四款之情形，準用之。第1項第6款但書及第7款但書之規定，於原債權確定後，已有第三人受讓擔保債權，或以該債權為標的物設定權利者，不適用之。」

民法第881-13條規定：「最高限額抵押權所擔保之原債權確定事由發生後，債務人或抵押人得請求抵押權人結算實際發生之債權額，並得就該金額請求變更為普通抵押權之登記。但不得逾原約定最高限額之範圍。」

最高限額抵押權所擔保之原債權確定後，除本節另有規定外，其擔保效力不及於繼續發生之債權或取得之票據上之權利(§881-14)。

十一、最高限額抵押權擔保債權之請求權消滅後之效力

最高限額抵押權所擔保之債權，其請求權已因時效而消滅，如抵押權人於消滅時效完成後，五年間不實行其抵押權者，該債權不再於最高限額抵押權擔保之範圍(§881-15)。

民法第881-16條規定：「最高限額抵押權所擔保之原債權確定後，於實際債權額超過最高限額時，為債務人設定抵押權之第三人，或其他對該抵押權之存在有法律上利害關係之人，於清償最高限額為度之金額後，得請求塗銷其抵押權。」

十二、最高限額抵押權準用普通抵押權之規定

最高限額抵押權，除第861條第2項、第869條第1項、第870條、第870-1條，第870-2條、第880條之規定外，準用關於普通抵押權之規定(§881-17)。

玖 抵押權之消滅

一、抵押物滅失

抵押權除法律另有規定外，因抵押物滅失而消滅。但抵押人因滅失得受賠償或其他利益者，不在此限。抵押權人對於前項抵押人所得行使之賠償或其他請求權有權利質權，其次序與抵押權原同。給付義務人因故意或重大過失向抵押人為給付者，對於抵押權人不生效力。抵押物因毀損而得受之賠償或其他利益，準用前三項之規定(§881)。此謂之為物上代位性。

二、主債權消滅

債權因清償而消滅者，抵押權亦隨同消滅，但因第三人之清償，其清償人為求債權之擔保，得代位債權人行使抵押權時，其抵押權不消滅。又主債權因混同而消滅時，抵押權不消滅亦有之（§762但書）。

三、除斥期間屆滿

抵押權為物權，不罹於時效而消滅，但若以抵押權擔保之債權，其請求權已因時效而消滅，如抵押權人，於抵押時效完成後，5年間不實行其抵押權者，其抵押權消滅(§880)。此為物權因除斥期間而消滅之例外規定。

四、抵押權之實行

抵押權人，於債權已至清償期，而債務人不清償其債務者，抵押權人得聲請法院拍賣抵押物。則抵押權消滅(§837 I)。

第二款　質權與留置權

壹　質權

一、動產質權之概說

稱動產質權者，謂債權人對於債務人或第三人移轉占有而供其債權擔保之動產，得就該動產賣得價金優先受償之權(§884)。

質權與抵押權不同，僅略述三點不同之處：一、須否占有：質權須占有由債務人或第三人移交之動產，抵押權則否。二、標的不同：動產質權之標的為動產，抵押權之標的原則上為不動產。三、保管收益：質權須占有質物，故質權人有保管質物及收取質物所生孳息之責，抵押權則否。

二、動產質權之取得

（一）基於法律行為者

1. 動產質權之設定

通常依當事人之契約為之，因雙方當事人合意而成立（§884），質權之設定，因供擔保之動產移轉於債權人占有而生效力。且質權人不得使出

質人或債務人代自己占有質物(§885)。同時本法為保障善意的質權人，特別規定動產之受質人占有動產，而受關於占有規定之保護者，縱出質人無處分其質物之權利，受質人仍取得其質權(§886)。

2. 連同債權一併移轉

質權既然為擔保物權，則其應具有從屬性，因而債權如有移轉者，其質權自應併同移轉(§295)。

（二）基於法律行為以外之原因者

1. 因時效而取得

依民法第772條規定準用第768條之規定，則質權得因以擔保債權之意思，5年間和平公然占有他人之動產者，取得質權。民法第768條規定：「以所有之意思，10年間和平、公然、繼續占有他人之動產者，取得其所有權。」民法第768-1條規定：「以所有之意思，5年間和平、公然、繼續占有他人之動產，而其占有之始為善意並無過失者，取得其所有權。」

2. 因繼承而取得

動產質權為財產權之一，自得因繼承而取得。

3. 由法律規定者

如民事訴訟法第103條第1項規定：被告就前條之提存物（即供擔保提存物），與質權人有同一之權利。

三、對質權人之效力

（一）質權人之權利

1. 物上請求權

質權須占有由債務人或第三人移交之動產，質權人即為占有人，其占有被侵奪者，得請求返還其占有物；占有被妨害者，得請求除去其妨害；占有有被妨害之虞者，得請求防止其妨害。（§962）

2. 收取質物孳息

質權人得收取質物所生之孳息。但契約另有約定者，不在此限。（§889）

3. 質物之轉質權

質權人於質權存續中，得以自己之責任，將質物轉質於第三人。其因轉質所受不可抗力之損失，亦應負責。（§891）

4. 預行拍賣之權

民法第892條規定：「因質物有腐壞之虞，或其價值顯有減少，足以害及質權人之權利者，質權人得拍賣質物，以其賣得價金，代充質物。前項情形，如經出質人之請求，質權人應將價金提存於法院。質權人屆債權清償期而未受清償者，得就提存物實行其質權。」

5. 質權之施行

質權人於債權已屆清償期，而未受清償者，得拍賣質物，就其賣得價金而受清償。約定於債權已屆清償期而未為清償時，質物之所有權移屬於質權人者，準用第873-1條之規定。（§893）

6. 損害賠償請求權

出質人或第三人因故意或過失致質物毀損、滅失或減少價值者，質權人得以質權受侵害為理由，請求侵權行為損害賠償。

7. 費用償還請求權

質權人因保管質物所支出之必要費用，得向其物之所有人，請求償還。（類推適用§934）

（二）質權人之義務

1. 管理義務

質權人應以善良管理人之注意，保管質物。質權人非經出質人同意，不得使用或出租其質物，但為保存其物之必要而使用者不在此限(§888Ⅱ)。

2. 賠償義務

質權人於質權存續中，得以自己之責任，將質物轉質於第三人。其因轉質所受不可抗力之損失，亦應負責。(§891)

3. 返還義務

動產質權，所擔保之債權消滅時，質權人應將質物返還於有受領權之人。(§896)

四、最高限額質權之設定

民法第899-1條規定：「債務人或第三人得提供其動產為擔保，就債權人對債務人一定範圍內之不特定債權，在最高限額內，設定最高限額質權。前項質權之設定，除移轉動產之占有外，並應以書面為之。關於最高限額抵押權及第884條至前條之規定，於最高限額質權準用之。」

五、營業質

民法第899-2條規定：「質權人係經許可以受質為營業者，僅得就質物行使其權利。出質人未於取贖期間屆滿後5日內取贖其質物時，質權人取得質物之所有權，其所擔保之債權同時消滅。前項質權，不適用第889條至第895條、第899條、第899-1條之規定」

六、權利質權

（一）意義

稱權利質權者，謂以可讓與之債權或其他權利為標的物之質權（§900）。

（二）準用

權利質權，除本節有規定外，準用關於動產質權之規定(§901)。

貳 留置權

一、意義

稱留置權者，謂債權人占有他人之動產，而其債權之發生與該動產有牽連關係，於債權已屆清償期未受清償時，得留置該動產之權(§928Ⅰ)。

二、發生

民法第928條規定：「稱留置權者，謂債權人占有他人之動產，而其債權之發生與該動產有牽連關係，於債權已屆清償期未受清償時，得留置該動產之權。債權人因侵權行為或其他不法之原因而占有動產者，不適用前項之規定。其占有之始明知或因重大過失而不知該動產非為債務人所有者，亦同。」

三、牽連關係之擬制

民法第929條規定：「商人間因營業關係而占有之動產，與其因營業關係所生之債權，視為有前條所定之牽連關係。」

四、發生之限制

動產之留置，違反公共秩序或善良風俗者，不得為之。其與債權人應負擔之義務或與債權人債務人間之約定相牴觸者，亦同(§930)。

五、留置權之擴張

民法第931條規定：「債務人無支付能力時，債權人縱於其債權未屆清償期前，亦有留置權。債務人於動產交付後，成為無支付能力，或其無支付能力於交付後始為債權人所知者，其動產之留置，縱有前條所定之牴觸情形，債權人仍得行使留置權。」

六、留置權之不可分性

債權人於其債權未受全部清償前，得就留置物之全部，行使其留置權。但留置物為可分者，僅得依其債權與留置物價值之比例行使之(§932)。

七、留置物存有所有權以外之物權之效力

留置物存有所有權以外之物權者，該物權人不得以之對抗善意之留置權人(§932-1)。

八、必要費用償還請求權

債權人因保管留置物所支出之必要費用，得向其物之所有人，請求償還(§934)。

九、留置權之實行

民法第936條規定：「債權人於其債權已屆清償期而未受清償者，得定1個月以上之相當期限，通知債務人，聲明如不於其期限內為清償時，即就其留置物取償；留置物為第三人所有或存有其他物權而為債權人所知者，應併通知之。債務人或留置物所有人不於前項期限內為清償者，債權人得準用關於實行質權之規定，就留置物賣得之價金優先受償，或取得其所有權。不能為第1項之通知者，於債權清償期屆至後，經過6個月仍未受清償時，債權人亦得行使前項所定之權利。」

十、留置權之消滅－提出相當擔保

民法第937條規定：「債務人或留置物所有人為債務之清償，已提出相當之擔保者，債權人之留置權消滅。第897~899條之規定，於留置權準用之。」

十一、準用

（一）準用規定

民法第933條規定：「第888~890條及第892條之規定，於留置權準用之。」

（二）留置權之準用

民法第939條規定：「本章留置權之規定，於其他留置權準用之。但其他留置權另有規定者，從其規定。」

案例解說

一、 就定有期限之債務為保證者，如債權人允許主債務人延期清償時，保證人除對於其延期已為同意外，不負保證責任(§755)。本案乙同意甲延期並分期清償，未得保證人丙之同意，丙自不再負保證之責任。

二、 不動產所有人設定抵押權後，於同一不動產上，得設定地上權或其他以使用收益為目的之物權，或成立租賃關係，但其抵押權不因此而受影響(§866)。如於抵押權設定後，與第三人訂立租賃契約，而有上述之影響者，對抵押權不生效力（院解字1446號）。唯執行法院倘不依聲請或依職權不認為有除去該影響抵押權之租賃關係之必要，而為有租賃關係存在之不動產拍賣，並於拍賣公告載明有租賃關係之事實，則該租賃關係非但未被除去，且已成為拍賣契約內容之一部，則租賃關係對應買人或承受人當然繼續存在（60台上4615號判例）。

但若執行法院依聲請或依職權，認為對抵押權有影響，而除去該租賃權拍賣者，則承租人無承租權，即不得阻止法院之點交。

自 我 練 習

一、試述保證人之權利與義務。

二、何謂先訴抗辯權？何種情形下保證人不得享有此權？

三、何謂連帶保證？何謂保證連帶？二者由何不同？

四、甲開計程車為業，原係替他人開車，今甲自己買一輛計程車自行營業，但資金不足，問甲應以何方式擔保其債款，以獲得價金車款？

五、甲屋設定抵押權給乙，某日，甲屋因鄰居失火而受波及亦遭焚毀，問乙應如何主張權利？

法律與勞動生活

雇傭關係

摘要

　　雇傭者，當事人約在一方於一定或不定期限內為他方服勞務，而由他方給付報酬之契約也。雇傭與人之價值及社會正義有相當之關連性。因為個人的存在與社會的實存發生了關聯，則人類的相互援助得以產生，共通善也因而得以形成，於是人類社會得以進化、繁盛，因此在各協同體或構成員間的勞務契約，即應本於公平、正義的準則為之。

　　本章首先介紹雇傭之意義及性質，接著介紹雇傭契約之效力及其消滅之事由，期盼大家對於勞務契約能有一初步的認識與了解。

案例

一、甲向乙公司洽借轎車一輛使用，並由乙公司之司機丙駕駛，途中丙駕車不慎撞傷行人丁。問應由甲丙或由乙丙共負連帶賠償之責？

二、計程司機甲開車不慎撞傷丙，丙要求乙計程車公司負連帶賠償責任。乙公司說甲為靠行司機，非乙公司之受雇人，乙公司無責任。乙公司主張有理由否？

第三編

　　本書前已提到：人不僅是「個人的存在」而且是「社會的實存」，因為人有「社會的存在」而被他人肯定，於是人的價值超脫物的價值，人的意思因受到尊重，致人格的不可侵性得以彰顯。

　　人得藉著其自由自在自為的自主意志去支配其所有物以及其本人之行為，因而人得藉著契約方式去支配其意志，支配其需求意志與他人交換供給，亦得以支配供給意志交換需求，而這種供給與需求之客體已不限於物，它包括了人的勞動力。也因為有了這種意志的結合，方得使「個人的存在」與「社會的實存」發生了關聯；因為有了這種關聯，則人類的「相互援助」因而產生，則「共通善」也因而形成。

　　由於人有「社會的實存」性，因而人必營社會生活，在此社會生活中，除了依賴道德、法律以為規範，尚須建立正義的價值體系（此等均已於前文述及）。

　　正義，除了前述的平均與分配正義外，尚應符合社會正義，依梅斯納(Messner)的見解，社會正義係關於社會經濟勞動共同體，其應對於各協同體或其構成員，依彼等所提供之協同部分，分配因其勞務協同所得生產之法價值理念。故而社會正義的適用對象，係關於勞動協同體而為。

　　於是本書認為，在個人與個人的勞動契約中應本於平均正義及分配正義，以確定個人之利益與不利益之應得分，但在各協同體彼此間或協同體與其構成員間之勞動契約，則應本社會正義以確定其利益與不利益之應得分。

壹　僱傭之意義及性質

一、意義

　　僱傭者，當事人約在一方於一定或不定期限內為他方服勞務，而由他方給付報酬之契約也(§482)。約定於一定或不定期限內為他方服勞務之當事人，為受僱人。約定給付報酬之當事人，為僱傭人。本章僅就民法上之一般規定做簡介。

二、性質

　　僱傭之性質為：（一）雙務契約及有償契約。有償契約僱傭人約定給付報酬於受僱人之契約，給付報酬，為僱傭契約要件之一。若僅供給勞務而不取報酬，不得謂之僱傭。惟當事人約定一方為他方服勞務而於報酬未約定，如依情形，非受報酬即不服勞務者，應視為允與報酬(§483)。（二）諾成契約及不要式契約。（三）勞務契約：受僱人約定為僱傭人服務之契約，至於勞務之種類，則無限制。

貳　僱傭契約之效力

一、受僱人服勞務之義務

　　僱傭契約，以受僱人為僱傭人服勞務為其目的，受僱人基於契約，自有供給勞務之義務，契約定有期限者，受僱人應於約定期限內服其勞務；未定期限者，則受僱人應依勞務之性質或目的以定其服務之期限，或不定期限服其勞務（參看§488 II）。

　　僱傭契約，其成立與存續，著重當事人之主觀關係，故僱傭人非經受僱人同意，不得將其勞務請求權讓與第三人，受僱人亦非經僱傭人同意，不得使第三人代服勞務(§484 I)是為勞務義務之專屬性。

二、受僱人報酬請求權

受僱人享有報酬請求權，僱傭人受領勞務遲延者，受僱人無補服勞務之義務，而仍得請求報酬，但受僱人因不服勞務所減省之費用，或轉向他處服勞務所取得之利益，或故意怠於取得之利益，僱傭人得由報酬額內扣除之，以免受僱人得不當之雙重利益，以昭公允(§487)。

受僱人服勞務，因非可歸責自己之事由，致受有損害者，得向僱傭人請求賠償。前項損害之發生，如別有應負責任之人時，僱傭人對於該應負責者，有求償權(§487-1)。

三、僱傭人報酬給付之義務

僱傭對於受僱人，負給付報酬之義務。關於報酬之種類、數額及給付時期，均依契約之特定。契約對於報酬之種類未有約定者，通常以金錢給付之，惟依習慣應給付其他代替物者，則從其習慣。前已言及，以金錢或其他代替物為報酬者，如當事人間就此並無約定，可按照通行之價目表所定給付之，無價目表者，則按照習慣給付之(§483Ⅱ)。至於給付報酬之時期，有約定者，應依約定之期限給付之，無約定者，則依習慣。無約定亦無習慣者，則依下列之規定：（一）報酬分期計算者，應於每期屆滿時給付之。（二）報酬非分期計算者，應於勞動完畢時給付之(§486)。

此外，受僱人服勞務，其生命、身體、健康有危害之虞者，僱傭人應按其情形為必要之預防(§483-1)。

四、僱傭人勞務請求權

僱傭人對於受僱人有請求其服勞務之權，但僱傭人非經受僱人同意，不得將其勞務請求權讓與第三人。受僱人非經僱傭人同意，不得使第三人代服勞務。當事人之一方違反前項規定時，他方得終止契約(§484)。

參 僱傭契約之消滅

一、期限屆滿

僱傭定有期限者,其僱傭關係,於期限屆滿時消滅(§488Ⅰ)。

二、勞務了結

僱傭未定期限,而依其勞務之性質或目的,可了結其勞務者,則於勞務了結之時,僱傭關係亦為消滅(§488Ⅱ,前段反面解釋)。

三、受僱人死亡

受僱人所負服勞務之義務,有其專屬性,不得由繼承人繼承。故受僱人死亡時,僱傭關係應歸消滅。

四、終止契約

僱傭契約終止之情形如下:

(一)僱傭人未經受僱人同意而將其勞務請求權讓與第三人者,受僱人得終止契約。受僱人未經僱傭人同意而使第三人代服勞務者,僱傭人得終止契約(§484Ⅱ)。

(二)受僱人明示或默示保證其有特種技能者,如實際無此技能,致不能勝任時,僱傭人得終止契約(§485)。

(三)僱傭未定期限,亦不能依勞務之性質或目的定其期限,各當事人得隨時終止契約,但有利於受僱人之習慣者,從其習慣(§488Ⅱ)。

(四)當事人之一方遇有重大事由,其僱傭契約,縱定有期限,仍得於期限屆滿前終止之(§489Ⅰ)。此項規定,為強制規定,當事人不得以特約排除其適用,至於此種重大事由,是否為非可歸責於聲明終止之一方所生,則非所問。惟此種事由如因當事人一方之過失而生者,則他方得向其請求損害賠償,以兼顧雙方之利益(§489Ⅱ)。

（五）一般契約消滅原因：一般契約消滅原因，如當事人解除權之行使，意思表示之撤銷，所附解除條件之成就及因不可歸責於雙方當事人之事由致勞務履行不能等，亦促成為僱傭關係消滅之原因。

肆　僱用人之侵權責任

　　民法第188條規定：「受僱人因執行職務，不法侵害他人之權利者，由僱用人與行為人連帶負損害賠償責任。但選任受僱人及監督其職務之執行，已盡相當之注意或縱加以相當之注意而仍不免發生損害者，僱用人不負賠償責任。如被害人依前項但書之規定，不能受損害賠償時，法院因其聲請，得斟酌僱用人與被害人之經濟狀況，令僱用人為全部或一部之損害賠償。僱用人賠償損害時，對於為侵權行為之受僱人，有求償權。」

　　受僱人因執行職務，不法侵害他人之權利者，由僱用人與行為人連帶負損害賠償責任。但選任受僱人及監督其職務之執行，已盡相當之注意或縱加以相當之注意而仍不免發生損害者，僱用人不負賠償責任。

　　法定代理人、僱用人其均非侵權行為人，但彼等均負有連帶賠償責任，僱用人責任之基礎通說係採「報償說」。受僱人因執行職務，不法侵害他人之權利者，為僱用人共同侵權行為責任之前提要件。所謂執行職務，包括職務本身之行為及自客觀上而論，在外觀上與職務相牽連之行為均屬之。如僱用人在選任受僱人及監督其職務之執行有過失，則僱用人之責任要件即成立而應負責，但若其能證明縱加以相當之注意仍不免發生損害者，僱用人之過失要件即不存在而可免責(§188Ⅰ)。但為維社會公益，例外時，僱用人仍有衡平責任(§188Ⅱ)。

案例解說

一、 稱僱傭者，謂當事人約在一方於一定或不定期限內為他方服勞務，而由他方給付報酬之契約也(§482)。受僱人因執行職務，不法侵害他人之權利者，由僱用人與行為人連帶負損害賠償責任（§188 I 本文）。本案甲既無允與報酬給丙，甲丙亦無服勞務之約定，甲丙間並無故僱契約存在之可言。丙替甲駕車係基於其與乙間之僱傭關係所致，故乙丙間之僱傭關係不因丙替甲駕車而消滅，丙駕車不慎撞傷行人丁，應由乙丙共負連帶賠償之責。但若甲對丙之駕車有所指示，至丙撞到行人丁，則甲有可能負擔侵權行為之責。

二、 僱傭契約於當事人間，固以約定一方於一定或不定之期限內為他方服務勞務，他方給付報酬為其成立之要件，然其與第三人間之關係，受僱人既係以聽從僱用人之指示而作為，倘受僱人確係因服勞務而生侵害第三人權利之情事時，僱用人即不能藉口曾與受僱人有何約定，而諉卸其對第三人之責任（最高法院56年台上字第1612號民事判例）。因此乙公司之主張無理由，乙公司仍應負連帶賠償責任。

自我練習

一、試述受雇人之報酬請求權為何？

二、試述雇傭人勞務請求權為何？

memo

02
Chapter
承 攬

LAW
AND
LIFE

 案 例

一、甲與乙簽訂承攬契約、約定由甲替乙興建電梯公寓一棟，甲將該部分
工程委請丙興建，乙認為甲違約乃拒付全額款項，於是發生爭執。
問：乙有理由否？

二、甲主張：甲乙雙方簽訂工程承攬契約，由甲承攬乙所規劃之「A別墅新
建工程」，甲已完成該追加、變更工程，然乙迄未依約給付追加變更
工程款，乃主張依買賣關係於15年內都可請求乙給付餘款。乙則以：
該工程係採統包制，除鋼筋材料由乙提供外，其餘均由甲連工帶料施
作，工程雖曾辦理追加減，甲本於承攬人之地位即得請求支付工程
款，但甲之請求已逾請求權2年之時效，爰依民法第127條之規定，主
張罹於時效而拒絕給付等語，資為抗辯。試問本件契約之性質是否為
「承攬」？

  理 論

壹 承攬之意義及性質

一、承攬之意義

　　稱承攬者，謂當事人約定，一方為他方完成一定之工作，他方俟工作
完成，給付報酬之契約(§490Ⅰ)。至於工作之完成是否須承攬人親自為

之？我判例認為：承攬除當事人間有特約外，非必須承攬人自服其勞務，其使用他人，完成工作，亦無不可（65台上1974號判例）。約定由承攬人供給材料者，其材料之價額，推定為報酬之一部(§490II)，如因承攬契約而完成之動產，如該動產係由定作人供給材料，而承攬人僅負有工作之義務時，則除有特約外，承攬人為履行承攬之工作，無論其為既成品之加工或為新品之製作，其所有權均歸屬於供給材料之定作人（54台上321號判例）。約定為人完成工作之一方，為承攬人。約定俟工作完成而給付報酬之一方，為定作人。所謂工作，即勞務所發生之結果。勞務不問為物質或精神的，其所發生之結果，亦不問為有形的或無形的，均得為工作之標的。

二、承攬之性質

承攬之法律上性質，可略述如下：1.承攬為雙務契約及有償契約。2.承攬為諾成契約及不要式契約。3.承攬為約定承攬人完成一定工作之契約。4.承攬為約定定作人俟工作完成後給付報酬之契約。給付報酬，為承攬契約不可缺少之要件。給付報酬，固多由當事人間明示或默示之合意，但當事人間縱令無報酬之合意，而依完成其工作者，應視為允與報酬(§491 I)。

𝄞 貳 承攬之效力

一、承攬人之義務

（一）完成工作之義務

完成一定之工作，為承攬人基於承攬契約所負之主要義務。原則上，依約定期限著手工作，如未有約定，承攬人應依誠實信用之原則，於契約成立後，從速著手。依債務本旨，進行其工作。

當事人間約定完成工作之期限者，承攬人應於約定期限內完成工作，如未約定期限，承攬人亦應於依一般交易觀念認為相當之時期內完成之。如因可歸責於承攬人之事由，致工作不能於約定期限完成，或未定期限經過相當時期而未完成者，定作人得請求減少報酬(§502 I)。

一般之承攬契約，承攬人遲延完成工作時，定作人僅得請求減少報酬而不得解除約，但以工作於特定期限完成或交付為承攬契約之要素者，如因可歸責於承攬人之事由，致工作不能於特定期限完成或交付時，則定作人得解除契約(§502 II)。如因可歸責於承攬人之事由，延遲工作，顯可預見其不能於限期內完成者，雖未屆完成期限、定作人亦得解除契約，但以其延遲，可為工作完成後已契約之原因者為限(§503)。惟工作延遲後，定作人受領工作時，不為上述各種權利行使之保留者，承攬人對於延遲之結果，即不負責任(§504)。

（二）交付工作之義務

承攬人完成之工作，依工作之性質，有須交付者，有不需交付者。如依工作之性質無須交付者，以工作完成時視為定作人受領工作(§510)。

（三）瑕疵擔保責任

承攬為有償契約，承攬人就其完成之工作，自應對定作人負瑕疵擔保責任，以特約免除或限制承攬人關於工作之瑕疵擔保義務者，如承攬人故意不告知其瑕疵，其特約為無效(§501-1)。承攬人完成工作，應使其具備約定之品質，及無減少或滅失價值，或不適於通常或約定使用之瑕疵(§492)。工作有瑕疵者，除因定作人所供給材料之性質或依定作人之指示而生者外，定作人得依下列三種方法行使其權利：

1. 瑕疵之修補

瑕疵之修補：工作有瑕疵者，不問其瑕疵是否因可歸責於承攬人之事由所致，定作人得定相當期限，請求承攬人修補之。承攬人不於前項

期限內修補者，定作人得自行修補，並得向承攬人請求償還修補必要之費用。如修補所需費用過鉅者，承攬人得拒絕修補，定作人不得自行修補而向承攬人請求償還修補必要之費用(§493)。

2. 解約或減少報酬

　　解約或減少報酬：承攬人不於第493條第1項所定期限內修補瑕疵，或依第493條第3項之規定，拒絕修補或其瑕疵不能補者，定作人得解除契約或請求減少報酬。但瑕疵非重要，或所承攬之工作為建築物或其他土地上之工作物者，定作人不得解除契約(§494)。

3. 損害賠償之責任

　　損害賠償之責任：工作之瑕疵，如因可歸責於承攬人之事由，致工作發生瑕疵者，定作人除得依第493、第494條之規定請求修補或解除契約，或請求減少報酬外，並得請求損害賠償。前項情形，所承攬之工作為建築物或其他土地上之工作物，而其瑕疵重大致不能達使用之目的者，定作人得解除契約。本項之規定於修正施行前成立之承攬契約，亦適用之（施§27）。(§495)。

（四）瑕疵擔保之免除

　　瑕疵擔保之免除：工作之瑕疵，如因定作人所供給材料之性質，或依定作人之指示而生者，定作人即無上述三種請求修補或自行修補並求償費用，解除契約或請求減少報酬，及請求損害賠償之權利。但承攬人明知其材料之性質或指示不適當而不告知定作人者，定作人仍得行使上述三種之權利(§496)。

（五）瑕疵擔保期限

　　定作人主張其瑕疵擔保權及行使其瑕疵擔保權，均有一定之期限，前者謂之為「非難期限」，後者謂之為「消滅期限」。

1. 非難期限

非難期限：即定作人得向承攬人主張其瑕疵擔保權之期限，須在此期限內發現瑕疵，始得主張瑕疵擔保。其又可分為：

(1) 一般非難期限

一般非難期限：適用於一般工作之承攬，其期限為一年，自工作交付時起算，如工作無須交付者，自工作完成時起算(§498)。但若承攬人明知工作有瑕疵而故意不告知定作人者，此項非難期間延長為5年(§500)。

(2) 特別非難期限

特別非難期限：適用於建築物或其他土地上工作物，或此等工作物之重大修繕者，其期限為5年，起算時期同於一般非難期限(§499)。如承攬人明知工作有瑕疵而故意不告知定作人者，此項非難期限延長為10年(§500)。上述一般或特別非難期限，當事人均得以契約加以延長，但不得減短(§501)。

2. 消滅期限

消滅期限：又稱權利行使期限。定作人之瑕疵修補請求權，修補費用償還請求權、減少報酬請求權，或契約解除權，均因瑕疵發現後一年間不行使而消滅(§514 I)。

（六）瑕疵預防之義務

定作人行使瑕疵擔保權，乃事後之救濟，為當事人之利益計，法律特予定作人以瑕疵預防請求權以為事前之預防。此即於工作進行中，因承攬人之過失，顯可預見工作有瑕疵，或有其他違反契約之情事者，定作人得定相當期限，請求承攬人改善其工作，或依約履行。承攬人不於前項期限內，改善或履行者，定作人得使第三人改善或繼續其工作，其危險及費用，均由承攬人負擔(§497)。

二、定作人之義務

（一）給付報酬之義務

　　定作人基於承攬契約，對承攬人自應負給付報酬之義務。縱令契約中未約定給付報酬，但如依情形非受報酬即不為完成其工作者，視為允與報酬。未定報酬額者，按照價目表所定給付之，無價目表者，按照習慣給付（§491）。

　　承攬人之報酬，應於工作交付時給付之，工作無須交付者，應於工作完成時給付之。工作係分部交付，而報酬係就各部份定之者，應於每部份交付時，給付該部份之報酬（§505）。訂立契約時，僅估計報酬之概數者，如其報酬，因非可歸責於定作人之事由，超過概數甚鉅者，定作人得於工作進行中或完成後解除契約，前項情形，工作如為建築物，或其他土地上之工作物或為此等工作物之重大修繕者，定作人僅得請求相當減少報酬，如工作物尚未完成者，定作人得通知承攬人停止工作，並得解除契約。定作人依前二項之規定解除契約時，對於承攬人，應賠償相當之損害（§506）。承攬人此項損害賠償請求權，於定作人解除契約後一年間不行使而消滅（§514Ⅱ）。

　　於定作人受領工作前，如依工作性質無須交付者，以工作完成時，因訂作人供給材料之瑕疵，或其指示不適當之情形，通知定作人時，承攬人無須完成工作，而得請求其已服勞務之報酬，及墊款之償還。定作人有過失者，承攬人並得請求損害賠償（§509）。此項損害賠償請求權，自承攬人受損害之時起，經過一年部行使而消滅（§514Ⅱ）。

　　承攬之工作，以承攬人個人之技能為契約之要素者，如承攬人死亡，或非因其過失致不能完成其約定之工作時，其契約為終止。工作已完成之部份，於定作人為有用者，定作人有受領及給付相當報酬之義務（§512）。

如因可歸責於承攬人之事由，致工作逾約定期限始完成，或未定期限而逾期相當時期始完成者，定作人得請求減少報酬或請求賠償因遲延而生之損害。前項情形，如以工作於特定期限完成或交付為契約之要素者，定作人得解除契約，並得請求賠償因不履行而生之損害(§502)。

（二）協助工作之義務

定作人對於承攬工作，原則上並無協助之義務。唯若承攬之工作，需訂作之行為始能完成者，而定作人不為其行為時，承攬人得定相當期限，催告定作人為之。定作人不於前項期限內為其行為者，承攬人得解除契約並得請求賠償因契約解除而生之損害(§507Ⅱ)。此項解除權，自催告所定期限屆滿後，一年間不行使而消滅(§514Ⅱ)。

（三）受領工作之義務

對於承攬工作之完成，原則上定作人有受領之權利而無義務。唯承攬之工作，以承攬人個人之技能為要素，如承攬人死亡或非因其過失致不能完成其約定之工作時，其契約當然終止。其工作已完成之部份，於定作人為有用者，定作人有受領之義務(§512Ⅱ)。

（四）享有法定抵押權

承攬之工作為建築物或其他土地上之工作物，或為此等工作物之重大修繕者，承攬人得就承攬關係報酬額，對於其工作所附之定作人之不動產，請求定作人為抵押權之登記；或對於將來完成之定作人之不動產，請求預為抵押權之登記。前項請求，承攬人於開始工作前亦得為之。前二項之抵押權登記，如承攬契約已經公證者，承攬人得單獨申請之。第一項及第二項就修繕報酬所登記之抵押權，於工作物因修繕所增加之價值限度內，優先於成立在先之抵押權(§513)。

三、危險負擔

　　承攬工作之危險負擔，係指承攬之工作，因不可歸責於雙方當事人之事由，致毀損滅失者，其損失由何方負擔之問題也。工作物毀損、滅失之危險，於定作人受領前，由承攬人負擔。如定作人受領遲延者，其危險由定作人負擔(§508 I)。定作人所供給之材料，因不可抗力而毀損滅失者，承攬人不負責任，其損失仍由定作人負擔(§508 II)。

參　承攬關係之消滅

一、解除權行使

　　承攬契約之解除權，依法律規定，有由定作人為之者，如第494條、第502條第2項、第503條、第506條第1、2項是之。有由承攬人為者，如第507條第2項之規定者是之。此外依第256條之規定，因給付不能，他方得解除契約。

二、契約之終止

　　工作未完成前，定作人得隨時終止契約，但應賠償承攬人因終止契約所生之損害(§511)。此項終止權，僅屬於定作人，且限於工作未完成前為之。

三、履行之不能

　　承攬之工作，以承攬人個人之技能為契約之要素者，如承攬人死亡，或非因其過失致不能完成其約定之工作時，其契約當然終止(§512)。

四、其他之原因

　　承攬工作之完成，承攬關係自應消滅，此外，基於一般契約消滅之原因，且非承攬契約所不相容者，如解除條件之成就，均為承攬關係消滅之原因。

一、 稱承攬者，謂當事人約定，一方為他方完成一定之工作，他方俟工作完成，給付報酬之契約(§490Ⅰ)。至於工作之完成是否須承攬人親自為之？我判例認為：承攬除當事人間有特約外，非必須承攬人自服其勞務，其使用他人，完成工作，亦無不可（65台上1974號判例）

二、 按所謂製造物供給契約，乃當事人之一方專以或主要以自己之材料，製成物品供給他方，而由他方給付報酬之契約。此種契約之性質，究係買賣抑或承攬，仍應探求當事人之真意釋之。如當事人之意思，重在工作之完成，應定性為承攬契約；如當事人之意思，重在財產權之移轉，即應解釋為買賣契約；兩者無所偏重或輕重不分時，則為承攬與買賣之混合契約，並非凡工作物供給契約即屬承攬與買賣之混合契約。是承攬關係重在勞務之給付及工作之完成，與著重在財產權之移轉之買賣關係不同，至承攬關係中，材料究應由何方當事人供給，通常係依契約之約定或參酌交易慣例定之，其材料可能由定作人提供，亦可能由承攬人自備。是工程合約究為「承攬契約」抑或「製造物供給契約」，關鍵應在於「是否移轉工作物所有權」而定，至材料由何人提供，並非承攬定性之必然要件。

三、 次按所謂製造物供給契約，乃當事人之一方專以或主要以自己之材料，製成物品供給他方，而由他方給付報酬之契約。此種契約之性質，究係買賣抑或承攬，仍應探求當事人之真意釋之。如當事人之意思，重在工作之完成，應定性為承攬契約；如當事人之意思，重在財產權之移轉，即應解釋為買賣契約；兩者無所偏重或輕重不分時，則為承攬與買賣之混合契約，並非凡工作物供給契約即屬承攬與買賣之混合契約。

是承攬關係重在勞務之給付及工作之完成，與著重在財產權之移轉之買賣關係不同，至承攬關係中，材料究應由何方當事人供給，通常係依契約之約定或參酌交易慣例定之，其材料可能由定作人提供，亦可能由承攬人自備。是工程合約究為「承攬契約」抑或「製造物供給契約」，關鍵應在於「是否移轉工作物所有權」而定，至材料由何人提供，並非承攬定性之必然要件。

═══ 自 我 練 習 ═══

一、試依本法規定說明承攬人之義務。

二、試依本法規定說明定作人之義務。

三、承攬人於何種情況下享有法定抵押權？

勞動契約與勞基法

第三編

摘 要

　　因為個人的存在與社會的實存發生了關聯，人類的相互援助得以產生，共通善也因而得以形成，於是人類社會得以進化、繁盛，因此在各協同體或構成員間的勞務契約，即應本於公平、正義的準則為之。

　　本章首先介紹勞動基準法之概要，期盼大家對於勞基法能有一初步的認識與了解。接著介紹勞動契約之概念，並對勞動契約與僱傭契約作一比較。隨後敘述勞務契約之期間、勞務契約之內容，而後再論勞工的工時，將之分為正常工時、彈性工時，並對採用彈性工時之理由稍加敘述，而後談及工時的認定、工時的延長，其又可分為一般之延長工時與特殊之延長化，接著再敘述調整工時與輪班工時。而後再說明勞工之工資、勞工之休息、休假以及休假與工資的關係；如休假時之工資、產假與工資的關係，而後介紹職業災害補償。

案 例

一、大華下班時順道去接安親班的小孩小明。大勇下班後要趕回家換衣服然後與女友約會，大勇為趕時間在小巷內逆向行駛，撞到大華。兩人均想申請「職災補償」，試問兩人是否都應核准？

二、甲公司以業務上之需要，將原在台北市木柵台北分公司任職行政助理工作的Ａ小姐，調往新北市淡水鎮營業部擔任業務專員一職，Ａ小姐以家住木柵，不願接受甲公司的調動，且拒絕前往營業部報到，甲公司得否以Ａ小姐曠職為由，將Ａ小姐解僱，並拒絕給付資遣費？

-------------------------------- 理 論 --------------------------------

壹 勞基法之概說

全文共84條，分為12章。勞動基準法係依據我國憲法第153條，「國家為改良勞工及農民之生活，增進其生產技能，應制定保護勞工及農民之法律，實施保護勞工及農民之政策。」的規定而制訂。最近一次修正是在109年5月22日修正通過，自公布日施行。

勞動基準法係規定勞動條件最低標準，為保障勞工權益，加強勞雇關係，促進經濟發展，適用勞動基準法之勞工權益將獲得最基本之保障，凡適用該法之行業或工作者，雇主與勞工所訂勞動條件，不得低於該法所定之最低標準。

貳 勞基法之勞動契約

一、勞動契約之概念

民國25年所公布而未施行之勞動契約法第1條規定：「稱勞動契約者，謂當事人之一方對於他方在從屬關係提供其職業上之勞動力，而他方給付報酬之契約。」民法第482條規定「稱僱傭者，謂當事人約定，一方於一定或不定之期限內為地方服勞務，他方給付報酬之契約。」二者之規定頗為類似。二者之差異點，本書認為可概分為4點：

1. 性質上不同

僱傭契約本質為經濟利益之交換，勞動契約尚包含有安全利益的交換。

2. 關係之不同

僱傭契約當事人為對等關係，勞動契約則重視身分上之從屬關係。

3. 定位之不同

　　僱傭契約為私法性質，勞動契約則具社會法性質。

4. 限制不同

　　僱傭契約原則上依契約自由原則，較不受限制，勞動契約則受較多限制。

　　由於勞動契約法並未施行，乃於民國75年將之廢止，另於民國73年制定勞動基準法並施行，由此可知，勞動基準法著重於團體性，而非如僱傭契約偏重於當事人之個別性。

　　勞基法第2條第6款載「勞動契約：指約定勞雇關係而具有從屬性之契約。」

　　勞基法第17-1條載「要派單位不得於派遣事業單位與派遣勞工簽訂勞動契約前，有面試該派遣勞工或其他指定特定派遣勞工之行為。要派單位違反前項規定，且已受領派遣勞工勞務者，派遣勞工得於要派單位提供勞務之日起90日內，以書面向要派單位提出訂定勞動契約之意思表示。要派單位應自前項派遣勞工意思表示到達之日起10日內，與其協商訂定勞動契約。逾期未協商或協商不成立者，視為雙方自期滿翌日成立勞動契約，並以派遣勞工於要派單位工作期間之勞動條件為勞動契約內容。派遣事業單位及要派單位不得因派遣勞工提出第2項意思表示，而予以解僱、降調、減薪、損害其依法令、契約或習慣上所應享有之權益，或其他不利之處分。派遣事業單位及要派單位為前項行為之一者，無效。派遣勞工因第2項及第3項規定與要派單位成立勞動契約者，其與派遣事業單位之勞動契約視為終止，且不負違反最低服務年限約定或返還訓練費用之責任。前項派遣事業單位應依本法或勞工退休金條例規定之給付標準及期限，發給派遣勞工退休金或資遣費。」

二、勞動契約之期間

　　勞基法第9條規定：「勞動契約，分為定期契約及不定期契約。臨時性、短期性、季節性及特定性工作得為定期契約；有繼續性工作應為不定期契約。派遣事業單位與派遣勞工訂定之勞動契約，應為不定期契約。定期契約屆滿後，有下列情形之一，視為不定期契約：一、勞工繼續工作而雇主不即表示反對意思者。二、雖經另訂新約，惟其前後勞動契約之工作期間超過90日，前後契約間斷期間未超過30日者。前項規定於特定性或季節性之定期工作不適用之。」

　　對於派遣勞工所從事工作係屬繼續性或非繼續性，於該業適用勞動基準法後，為使派遣業者確實遵守勞動基準法之相關規範，勞動部已於89年及98年做出兩號函釋，重申人力派遣為派遣公司之經常性業務，不得配合客戶需求，與所雇勞工簽訂定期契約。此函釋亦受最高行政法院101年度判字第230號判決認同。為使我國派遣勞工與派遣事業單位以長僱目的維持僱傭關係之定性更臻明確，避免派遣事業單位以要派契約期間作為與派遣勞工訂定定期契約之理由，以規避勞工法令相關終止契約及給付資遣費之責任，亦兼顧派遣勞工之僱用安定，爰增訂本條第1項後段文字（民國108年修正本條理由載）。

　　依民國108年2月修正公布施行之勞動基準法施行細則第6條規定：「本法第9條第1項所稱臨時性、短期性、季節性及特定性工作，依左列規定認定之：一、臨時性工作：係指無法預期之非繼續性工作，其工作期間在6個月以內者。二、短期性工作：係指可預期於6個月內完成之非繼續性工作。三、季節性工作：係指受季節性原料、材料來源或市場銷售影響之非繼續性工作，其工作期間在9個月以內者。四、特定性工作：係指可在特定期間完成之非繼續性工作。其工作期間超過1年者，應報請主管機關核備。」

三、勞動契約之內容

（一）勞動契約之條款

依勞基法施行細則第7條規定「勞動契約應依勞基法有關規定，約定下列事項：勞動契約應依本法有關規定約定下列事項：一、工作場所及應從事之工作。二、工作開始與終止之時間、休息時間、休假、例假、休息日、請假及輪班制之換班。三、工資之議定、調整、計算、結算與給付之日期及方法。四、勞動契約之訂定、終止及退休。五、資遣費、退休金、其他津貼及獎金。六、勞工應負擔之膳宿費及工作用具費。七、安全衛生。八、勞工教育及訓練。九、福利。十、災害補償及一般傷病補助。十一、應遵守之紀律。十二、獎懲。十三、其他勞資權利義務有關事項。」

（二）離職後禁止競業

勞基法第9-1條規定：「未符合下列規定者，雇主不得與勞工為離職後競業禁止之約定：一、雇主有應受保護之正當營業利益。二、勞工擔任之職位或職務，能接觸或使用雇主之營業秘密。三、競業禁止之期間、區域、職業活動之範圍及就業對象，未逾合理範疇。四、雇主對勞工因不從事競業行為所受損失有合理補償。前項第四款所定合理補償，不包括勞工於工作期間所受領之給付。違反第1項各款規定之一者，其約定無效。離職後競業禁止之期間，最長不得逾2年。逾2年者，縮短為2年。」

（三）最低服務之年限

勞基法第15-1條規定：「未符合下列規定之一，雇主不得與勞工為最低服務年限之約定：一、雇主為勞工進行專業技術培訓，並提供該項培訓費用者。二、雇主為使勞工遵守最低服務年限之約定，提供其合理補償

者。前項最低服務年限之約定，應就下列事項綜合考量，不得逾合理範圍：一、雇主為勞工進行專業技術培訓之期間及成本。二、從事相同或類似職務之勞工，其人力替補可能性。三、雇主提供勞工補償之額度及範圍。四、其他影響最低服務年限合理性之事項。違反前二項規定者，其約定無效。勞動契約因不可歸責於勞工之事由而於最低服務年限屆滿前終止者，勞工不負違反最低服務年限約定或返還訓練費用之責任。」

四、勞工工作時間

（一）正常工時

民國104年修正勞基法第30條規定「勞工正常工作時間，每日不得超過8小時，每週不得超過40小時。前項正常工作時間，雇主經工會同意，如事業單位無工會者，經勞資會議同意後，得將其2週內2日之正常工作時數，分配於其他工作日。其分配於其他工作日之時數，每日不得超過2小時。但每週工作總時數不得超過48小時。第一項正常工作時間，雇主經工會同意，如事業單位無工會者，經勞資會議同意後，得將8週內之正常工作時數加以分配。但每日正常工作時間不得超過8小時，每週工作總時數不得超過48小時。前二項規定，僅適用於經中央主管機關指定之行業。雇主應置備勞工出勤紀錄，並保存5年。前項出勤紀錄，應逐日記載勞工出勤情形至分鐘為止。勞工向雇主申請其出勤紀錄副本或影本時，雇主不得拒絕。雇主不得以第1項正常工作時間之修正，作為減少勞工工資之事由。第1項至第3項及第30-1條之正常工作時間，雇主得視勞工照顧家庭成員需要，允許勞工於不變更每日正常工作時數下，在1小時範圍內，彈性調整工作開始及終止之時間。」

（二）彈性工時

我國勞基法於民國105年12月6日修正彈性工時之規定。

1. 法條規定

第30-1條「中央主管機關指定之行業，雇主經工會同意，如事業單位無工會者，經勞資會議同意後，其工作時間得依下列原則變更：一、四週內正常工作時數分配於其他工作日之時數，每日不得超過二小時，不受前條第2項至第4項規定之限制。二、當日正常工作時間達10小時者，其延長之工作時間不得超過2小時。三、女性勞工，除妊娠或哺乳期間者外，於夜間工作，不受第49條第1項之限制。但雇主應提供必要之安全衛生設施。依中華民國85年12月27日修正施行前第3條規定適用本法之行業，除第1項第1款之農、林、漁、牧業外，均不適用前項規定。」

2. 適用範圍

為因應各行各業不同之營運型態，勞動基準法訂有2週、8週及4週彈性工時規定。經勞動部指定為勞動基準法第30條第2項（2週）、第30條第3項（8週）、第30-1條（4週）規定之行業，雇主經工會同意，如事業單位無工會者，經勞資會議同意後，得依各該規定實施彈性工時。至於哪些行業得以適用？勞動部均有函令規定，如：加油站、環境衛生及汙染防治服務業、銀行業、一般旅館業、信用卡處理業、學術研究及服務業、大專院校、其他教育訓練服務業、理髮及美容業、影片及錄影節目帶租賃業、保險業、娛樂業、綜合商品零售業…等屬之。

因應勞動基準法部分修正條文業於107年經立法院三讀通過施行，勞動部公布勞動基準法工時休假彈性調整措施檢查參考指引，所謂彈性調整措施，係指該次修正條文所增訂本法第32條第2項、第3項、第34條第2項、第3項及第36條第4項、第5項新修正規定內容。其共通性原則如下：（一）實施彈性調整措施均需經工會同意，無工會者應經勞資會議 同意始可適用，（二）實施彈性調整措施，若涉及個別勞工勞動契約之變更，仍應徵得個別勞工同意後，始得為之。（三）僱用勞工逾30人

以上事業單位，經工會或勞資會議同意實施彈性調整措施，至少應於實施前一日，報經地方主管機關備查，倘未備查即屬程序違法，另（四）雇主欲實施彈性調整措施前，應就有關工作時間調整範圍公告周知，（五）有關本法第34條與第36條新修正之彈性調整措施，具有目的事業主管機關與中央主管機關把關機制。

3. 彈性工時和變形工時的差異

彈性工時是彈性利用正常工作時間的概念，為一種可變動性工作時間表，有別於需要員工朝九晚五的制式化傳統工作時間。彈性工時和變形工時的差異(1)形式的差異。(2)實質的差異（法規範差異）。

（三）工時之認定

在坑道或隧道內工作之勞工，以入坑口時起至出坑口時止為工作時間（§31）。且在坑內工作之勞工，其工作時間不得延長。但以監視為主之工作，或有第32條第4項所定之情形者，不在此限（§32Ⅴ）。勞工繼續工作4小時，至少應有30分鐘之休息。但實行輪班制或其工作有連續性或緊急性者，雇主得在工作時間內，另行調配其休息時間(§35)。工作時間應於工作規則中載明（§70一）。由上述規定可知，勞工在坑內或隧道內工作者，休息時間算入工時，其他行業者，原則上休息時間不算入工作時間內。

（四）工時之延長

除該法第30條或第30-1條之規定者外，再補充二種延長工時之情形：

1. 一般之延長工時

雇主有使勞工在正常工作時間以外工作之必要者，雇主經工會同意，如事業單位無工會者，經勞資會議同意後，得將工作時間延長之（§32Ⅰ），前項雇主延長勞工之工作時間連同正常工作時間，1日不得超過12小時；延長之工作時間，1個月不得超過46小時，但雇主經工會同

意，如事業單位無工會者，經勞資會議同意後，延長之工作時間，1個月不得超過54小時，每3個月不得超過138小時。(§32Ⅱ)。雇主僱用勞工人數在30人以上，依前項但書規定延長勞工工作時間者，應報當地主管機關備查(§32Ⅲ)。

2. 特殊之延長工時

因天災、事變或突發事件，雇主有使勞工在正常工作時間以外工作之必要者，得將工作時間延長之。但應於延長開始後24小時內通知工會；無工會組織者，應報當地主管機關備查。延長之工作時間，雇主應於事後補給勞工以適當之休息(§32Ⅳ)。

（五）調整工時與輪班工時

1. 調整工時

勞基法第33條規定：「第3條所列事業，除製造業及礦業外，因公眾之生活便利或其他特殊原因，有調整第30條、第32條所定之正常工作時間及延長工作時間之必要者，得由當地主管機關會商目的事業主管機關及工會，就必要之限制內以命令調整之。」

2. 輪班工時

107年修正第34條規定：「勞工工作採輪班制者，其工作班次，每週更換一次。但經勞工同意者不在此限。依前項更換班次時，至少應有連續11小時之休息時間。但因工作特性或特殊原因，經中央目的事業主管機關商請中央主管機關公告者，得變更休息時間不少於連續8小時。雇主依前項但書規定變更休息時間者，應經工會同意，如事業單位無工會者，經勞資會議同意後，始得為之。雇主僱用勞工人數在30人以上者，應報當地主管機關備查。」

五、勞工之工資

（一）基本工資

「工資由勞雇雙方議定之。但不得低於基本工資。前項基本工資，由中央主管機關設基本工資審議委員會擬定後，報請行政院核定之。」此為勞基法第21條第1、2項明文之規定。

工資之給付，應以法定通用貨幣為之。但基於習慣或業務性質，得於勞動契約內訂明一部以實物給付之。工資之一部以實物給付時，其實物之作價應公平合理，並適合勞工及其家屬之需要。且工資應全額直接給付勞工。但法令另有規定或勞雇雙方另有約定者，不在此限(§22)。

（二）派遣工資

108年增訂第22-1條規定：「派遣事業單位積欠派遣勞工工資，經主管機關處罰或依第27條規定限期令其給付而屆期未給付者，派遣勞工得請求要派單位給付。要派單位應自派遣勞工請求之日起30日內給付之。要派單位依前項規定給付者，得向派遣事業單位求償或扣抵要派契約之應付費用。」

（三）給付工資

工資之給付，除當事人有特別約定或按月預付者外，每月至少定期發給二次，並應提供工資各項目計算方式明細；按件計酬者亦同(§23Ⅰ)。雇主不按期給付工資者，主管機關得限期令其給付(§27)，雇主應置備勞工工資清冊，將發放工資、工資各項目計算方式明細、工資總額等事項記入。工資清冊應保存5年(§23Ⅱ)。此為105年12月6日修正。

至於延長工時之工資計算，107年修正第24條規定「雇主延長勞工工作時間者，其延長工作時間之工資，依下列標準加給：一、延長工作時間在二小時以內者，按平日每小時工資額加給三分之一以上。二、再延長工作

時間在二小時以內者，按平日每小時工資額加給三分之二以上。三、依第32條第4項規定，延長工作時間者，按平日每小時工資額加倍發給。雇主使勞工於第36條所定休息日工作，工作時間在2小時以內者，其工資按平日每小時工資額另再加給一又三分之一以上；工作2小時後再繼續工作者，按平日每小時工資額另再加給一又三分之二以上。」

（四）公平正義

雇主對勞工不得因性別而有差別之待遇。工作相同、效率相同者，給付同等之工資（§25）。另者，工資為勞工所應得之對價，其性質與損害賠償不同，加以工資為勞工維繫其生活之所需，為確保其生活之安定性及公平正義性，故世界各國均有雇主不得預扣工資之規定，我勞基法第26條亦規定：「雇主不得預扣勞工工資作為違約金或賠償費用。」以符衡平正義之原則。

如雇主有積欠工資之情形，應如何處理？

民國104年修正勞基法第28條規定：「雇主有歇業、清算或宣告破產之情事時，勞工之下列債權受償順序與第一順位抵押權、質權或留置權所擔保之債權相同，按其債權比例受清償；未獲清償部分，有最優先受清償之權：一、本於勞動契約所積欠之工資未滿6個月部分。二、雇主未依本法給付之退休金。三、雇主未依本法或勞工退休金條例給付之資遣費。雇主應按其當月僱用勞工投保薪資總額及規定之費率，繳納一定數額之積欠工資墊償基金，作為墊償下列各款之用：一、前項第一款積欠之工資數額。二、前項第2款與第3款積欠之退休金及資遣費，其合計數額以6個月平均工資為限。積欠工資墊償基金，累積至一定金額後，應降低費率或暫停收繳。第二項費率，由中央主管機關於萬分之十五範圍內擬訂，報請行政院核定之。雇主積欠之工資、退休金及資遣費，經勞工請求未獲清償者，由積欠工資墊償基金依第2項規定墊償之；雇主應於規定期限內，將墊款償還

積欠工資墊償基金。積欠工資墊償基金，由中央主管機關設管理委員會管理之。基金之收繳有關業務，得由中央主管機關，委託勞工保險機構辦理之。基金墊償程序、收繳與管理辦法、第3項之一定金額及管理委員會組織規程，由中央主管機關定之」

六、勞工之休息、休假及休假與工資

（一）勞工之休息

　　原則上，勞工繼續工作4小時，至少應有30分鐘之休息。但實行輪班制或其工作有連續性或緊急性者，雇主得在工作時間內，另行調配其休息時間(§35)。

（二）勞工之補休

　　本法第32-1條規定：「雇主依第32條第1項及第2項規定使勞工延長工作時間，或使勞工於第36條所定休息日工作後，依勞工意願選擇補休並經雇主同意者，應依勞工工作之時數計算補休時數。前項之補休，其補休期限由勞雇雙方協商；補休期限屆期或契約終止未補休之時數，應依延長工作時間或休息日工作當日之工資計算標準發給工資；未發給工資者，依違反第24條規定論處。」

（三）勞工之休假

1. **例假**：107年1月修正第36條規定：「勞工每7日中應有2日之休息，其中一日為例假，一日為休息日。雇主有下列情形之一，不受前項規定之限制：一、依第30條第2項規定變更正常工作時間者，勞工每7日中至少應有1日之例假，每2週內之例假及休息日至少應有4日。二、依第30條第3項規定變更正常工作時間者，勞工每7日中至少應有1日之例假，每8週內之例假及休息日至少應有16日。三、依第30-1條規定變更正常工作時間者，勞工每2週內至少應有2日之例假，每4週內之例假及休息日至

少應有8日。雇主使勞工於休息日工作之時間，計入第32條第2項所定延長工作時間總數。但因天災、事變或突發事件，雇主有使勞工於休息日工作之必要者，其工作時數不受第32條第2項規定之限制。經中央目的事業主管機關同意，且經中央主管機關指定之行業，雇主得將第一項、第二項第一款及第二款所定之例假，於每七日之週期內調整之。前項所定例假之調整，應經工會同意，如事業單位無工會者，經勞資會議同意後，始得為之。雇主僱用勞工人數在三十人以上者，應報當地主管機關備查。」

2. **應放假**：107年修正第37條規定：「內政部所定應放假之紀念日、節日、勞動節及其他中央主管機關指定應放假之日，均應休假。中華民國105年12月6日修正之前項規定，自106年1月1日施行。」

3. **補假**：本法第37條所定休假遇本法第36條所定例假及休息日者，應予補假。但不包括本法第37條指定應放假之日。前項補假期日，由勞雇雙方協商排定之（施§23-1）。

4. **特別休假**：107年修正第38條規定：「勞工在同一雇主或事業單位，繼續工作滿一定期間者，應依下列規定給予特別休假：一、6個月以上1年未滿者，3日。二、1年以上2年未滿者，7日。三、2年以上3年未滿者，10日。四、3年以上5年未滿者，每年14日。五、5年以上10年未滿者，每年15日。六、10年以上者，每1年加給1日，加至30日為止。前項之特別休假期日，由勞工排定之。但雇主基於企業經營上之急迫需求或勞工因個人因素，得與他方協商調整。雇主應於勞工符合第一項所定之特別休假條件時，告知勞工依前二項規定排定特別休假。勞工之特別休假，因年度終結或契約終止而未休之日數，雇主應發給工資。但年度終結未休之日數，經勞雇雙方協商遞延至次一年度實施者，於次一年度終結或契約終止仍未休之日數，雇主應發給工資。雇主應將勞工每年特別休假之期日及未休之日數所發給之工資數額，記載於第23條所定之勞工工資

清冊，並每年定期將其內容以書面通知勞工。勞工依本條主張權利時，雇主如認為其權利不存在，應負舉證責任。」

　　勞工於符合本法第38條第1項所定之特別休假條件時，取得特別休假之權利；其計算特別休假之工作年資，應依第五條之規定。依本法第38條第1項規定給予之特別休假日數，勞工得於勞雇雙方協商之下列期間內，行使特別休假權利：一、以勞工受僱當日起算，每1週年之期間。但其工作6個月以上1年未滿者，為取得特別休假權利後6個月之期間。二、每年1月1日至12月31日之期間。三、教育單位之學年度、事業單位之會計年度或勞雇雙方約定年度之期間。雇主依本法第38條第3項規定告知勞工排定特別休假，應於勞工符合特別休假條件之日起30日內為之（施§24）。

5. **公用事業之規定**：勞基法第41條規定：「公用事業之勞工，當地主管機關認有必要時，得停止第38條所定之特別休假。假期內之工資應由雇主加倍發給。」

（三）休假與工資

1. 休假時之工資

　　105年12月6日修正第39條規定：「第36條所定之例假、休息日、第37條所定之休假及第38條所定之特別休假，工資應由雇主照給。雇主經徵得勞工同意於休假日工作者，工資應加倍發給。因季節性關係有趕工必要，經勞工或工會同意照常工作者，亦同。」

2. 停止假期之工資

　　勞基法第40條規定：「因天災、事變或突發事件，雇主認有繼續工作之必要時，得停止第36~38條所定勞工之假期。但停止假期之工資，應加倍發給，並應於事後補假休息。

前項停止勞工假期，應於事後24小時內，詳述理由，報請當地主管機關核備。」

3. 產假與工資

產假雖非休假，但因其假別特殊，於此稍作補述如下：女工分娩前後，應停止工作，給予產假8星期；妊娠3個月以上流產者，應停止工作，給予產假四星期。前項女工受僱工作在6個月以上者，停止工作期間工資照給；未滿6個月者減半發給(§50)。

為保障準媽媽，該法第51條規定：「女工在妊娠期間，如有較為輕易之工作，得申請改調，雇主不得拒絕，並不得減少其工資。」

七、職業災害補償

（一）職災補償之定義

勞基法未為明文，但該法第1條後段載「本法未規定者，適用其他法律定之。」查職業安全衛生法第2條第5款規定：「職業災害：指因勞動場所之建築物、機械、設備、原料、材料、化學品、氣體、蒸氣、粉塵等或作業活動及其他職業上原因引起之工作者疾病、傷害、失能或死亡。」則勞基法關於職業災害之定義及範疇應可依職業安全衛生之規定而為認定。勞工職業災害之認定，準用勞工保險被保險人因執行職務而致傷病審查準則、勞工保險職業病種類表及中央主管機關核准增列之勞工保險職業病種類之規定。

（二）雇主之補償責任

勞基法第59條規定：「勞工因遭遇職業災害而致死亡、失能、傷害或疾病時，雇主應依下列規定予以補償。但如同一事故，依勞工保險條例或其他法令規定，已由雇主支付費用補償者，雇主得予以抵充之（§59本文）。

　　事業單位以其事業招人承攬，如有再承攬時，承攬人或中間承攬人，就各該承攬部分所使用之勞工，均應與最後承攬人，連帶負本章所定雇主應負職業災害補償之責任。事業單位或承攬人或中間承攬人，為前項之災害補償時，就其所補償之部分，得向最後承攬人求償(§62)。承攬人或再承攬人工作場所，在原事業單位工作場所範圍內，或為原事業單位提供者，原事業單位應督促承攬人或再承攬人，對其所僱用勞工之勞動條件應符合有關法令之規定。事業單位違背勞工安全衛生法有關對於承攬人、再承攬人應負責任之規定，致承攬人或再承攬人所僱用之勞工發生職業災害時，應與該承攬人、再承攬人負連帶補償責任(§63)。

　　勞基法第63-1條載「要派單位使用派遣勞工發生職業災害時，要派單位應與派遣事業單位連帶負本章所定雇主應負職業災害補償之責任。前項之職業災害依勞工保險條例或其他法令規定，已由要派單位或派遣事業單位支付費用補償者，得主張抵充。要派單位及派遣事業單位因違反本法或有關安全衛生規定，致派遣勞工發生職業災害時，應連帶負損害賠償之責任。要派單位或派遣事業單位依本法規定給付之補償金額，得抵充就同一事故所生損害之賠償金額。」

補償與民事侵權行為中之賠償不同：

　　補償責任非基於過失責任，賠償責任原則上係基於過失責任而來，此其一也；補償責任之發生縱係因勞工自己之過失行為所致，雇主仍應負補償之責，但民事侵權責任，如因受害人過失所致，原則上不得主張賠償，此其二也；補償之受害人無庸證明自己所受損害之情形，而賠償請求，受害人須證明自己所受損害之情形。

　　此外，雇主如因勞工之過失致受損害，雇主不得以其對勞工之損害賠償請求與己之職災補償義務所應負之金額相抵銷，因為此為不得扣押之債（勞§61、民§338）。

（三）補償之種類

1. 傷病補償

　　勞工受傷或罹患職業病時，雇主應補償其必須之醫療費用。職業病之種類及其醫療範圍，依勞工保險條例有關之規定（§59 一）。

2. 工資補償

　　勞工在醫療中不能工作時，雇主應按其原領工資數額予以補償。但醫療期間屆滿2年仍未能痊癒，經指定之醫院診斷，審定為喪失原有工作能力，且不合第3款之失能給付標準者，雇主得一次給付40個月之平均工資後，免除此項工資補償責任（§59 二）。

　　本款補償勞工之工資，應於發給工資之日給予（施§30）。依本法第59條第2款但書規定給付之補償，雇主應於決定後15日內給予。在未給予前雇主仍應繼續為同款前段規定之補償（施§32）。

3. 殘廢補償

　　勞工經治療終止後，經指定之醫院診斷，審定其遺存障害者，雇主應按其平均工資及其失能程度，一次給予失能補償。失能補償標準，依勞工保險條例有關之規定（§59 三）。

4. 死亡補償

　　勞工遭遇職業傷害或罹患職業病而死亡時，雇主除給予5個月平均工資之喪葬費外，並應一次給予其遺屬40個月平均工資之死亡補償。其遺屬受領死亡補償之順位如下1.配偶及子女。2.父母。3.祖父母。4.孫子女。5.兄弟姊妹。

　　雇主依本法第59條第4款給予勞工之喪葬費應於死亡後3日內，死亡補償應於死亡後15日內給付（施§33）。

（四）受領權之規定

1. 時效期間

　　勞基法第61條第1項規定：「第59條之受領補償權，自得受領之日起，因2年間不行使而消滅。」此「2年」為消滅時效期間，而非除拆期間。

2. 保障規定

　　受領補償之權利，不因勞工之離職而受影響，且不得讓與、抵銷、扣押或擔保（§61Ⅱ）。

八、勞動契約之終止

（一）雇主之終止

1. 勞工年資之計算

　　勞基法第10條規定：「定期契約屆滿後或不定期契約因故停止履行後，未滿3個月而訂定新約或繼續履行原約時，勞工前後工作年資，應合併計算。」

　　勞基法第15-1條規定：「未符合下列規定之一，雇主不得與勞工為最低服務年限之約定：一、雇主為勞工進行專業技術培訓，並提供該項培訓費用者。二、雇主為使勞工遵守最低服務年限之約定，提供其合理補償者。前項最低服務年限之約定，應就下列事項綜合考量，不得逾合理範圍：一、雇主為勞工進行專業技術培訓之期間及成本。二、從事相同或類似職務之勞工，其人力替補可能性。三、雇主提供勞工補償之額度及範圍。四、其他影響最低服務年限合理性之事項。違反前二項規定者，其約定無效。勞動契約因不可歸責於勞工之事由而於最低服務年限屆滿前終止者，勞工不負違反最低服務年限約定或返還訓練費用之責任。」

勞基法第57條規定：「勞工工作年資以服務同一事業者為限。但受同一雇主調動之工作年資，及依第20條規定應由新雇主繼續予以承認之年資，應予併計。」

2. 雇主須經預告終止

勞基法第11條規定：「非有左列情形之一者，雇主不得預告勞工終止勞動契約：(1)歇業或轉讓時。(2)虧損或業務緊縮時。(3)不可抗力暫停工作在一個月以上時。(4)業務性質變更，有減少勞工之必要，又無適當工作可供安置時。(5)勞工對於所擔任之工作確不能勝任時。

3. 雇主得不經預告而終止

同法第12條規定：「勞工有下列情形之一者，雇主得不經預告終止契約：(1)於訂立勞動契約時為虛偽意思表示，使雇主誤信而有受損害之虞者。(2)對於雇主、雇主家屬、雇主代理人或其他共同工作之勞工，實施暴行或有重大侮辱之行為者。(3)受有期徒刑以上刑之宣告確定，而未諭知緩刑或未准易科罰金者。(4)違反勞動契約或工作規則，情節重大者。(5)故意損耗機器、工具、原料、產品，或其他雇主所有物品，或故意洩漏雇主技術上、營業上之秘密，致雇主受有損害者。(6)無正當理由繼續曠工3日，或1個月內曠工達6日者。雇主依前項第1款、第2款及第4款至第6款規定終止契約者，應自知悉其情形之日起，30日內為之。」依本法規定終止勞動契約時，雇主應即結清工資給付勞工（施§9）。並得請求發給服務證明書，雇主或其代理人不得拒絕(§19)。

4. 雇主不得終止勞動契約

勞基法第13條規定：「勞工在第50條規定之停止工作期間或第59條規定之醫療期間，雇主不得終止契約。但雇主因天災、事變或其他不可抗力致事業不能繼續，經報主管機關核定者，不在此限。」勞基法第16條載「雇主依第11條或第13條但書規定終止勞動契約者，其預告期間

依左列各款之規定：一、繼續工作3個月以上1年未滿者，於10日前預告之。二、繼續工作1年以上3年未滿者，於20日前預告之。三、繼續工作3年以上者，於30日前預告之。勞工於接到前項預告後，為另謀工作得於工作時間請假外出。其請假時數，每星期不得超過2日之工作時間，請假期間之工資照給。雇主未依第1項規定期間預告而終止契約者，應給付預告期間之工資。」

（二）勞工之終止

1. 勞工得不經預告而終止

民國105年修正本法第14條規定：「有下列情形之一者，勞工得不經預告終止契約：一、雇主於訂立勞動契約時為虛偽之意思表示，使勞工誤信而有受損害之虞者。二、雇主、雇主家屬、雇主代理人對於勞工，實施暴行或有重大侮辱之行為者。三、契約所訂之工作，對於勞工健康有危害之虞，經通知雇主改善而無效果者。四、雇主、雇主代理人或其他勞工患有法定傳染病，對共同工作之勞工有傳染之虞，且重大危害其健康者。五、雇主不依勞動契約給付工作報酬，或對於按件計酬之勞工不供給充分之工作者。六、雇主違反勞動契約或勞工法令，致有損害勞工權益之虞者。勞工依前項第1款、第6款規定終止契約者，應自知悉其情形之日起，30日內為之。但雇主有前項第6款所定情形者，勞工得於知悉損害結果之日起，30日內為之。 有第1項第2款或第4款情形，雇主已將該代理人間之契約終止，或患有法定傳染病者依衛生法規已接受治療時，勞工不得終止契約。第17條規定於本條終止契約準用之。」

2. 勞工須經預告終止

同法第15條規定：「特定性定期契約期限逾3年者，於屆滿3年後，勞工得終止契約。但應於30日前預告雇主。不定期契約，勞工終止契約時，應準用第16條第1項規定期間預告雇主。」

九、資遣費之規定

（一）資遣費之發給

　　勞基法第17條規定：「雇主依前條終止勞動契約者，應依下列規定發給勞工資遣費：一、在同一雇主之事業單位繼續工作，每滿1年發給相當於1個月平均工資之資遣費。二、依前款計算之剩餘月數，或工作未滿1年者，以比例計給之。未滿1個月者以1個月計。　前項所定資遣費，雇主應於終止勞動契約30日內發給。」

（二）勞工不得請求資遣費

　　同法第18條規定：「有下列情形之一者，勞工不得向雇主請求加發預告期間工資及資遣費：依第12條或第15條規定終止勞動契約者。定期勞動契約期滿離職者。」

（三）改組或轉讓之終止契約

　　勞基法第20條規定：「事業單位改組或轉讓時，除新舊雇主商定留用之勞工外，其餘勞工應依第16條規定期間預告終止契約，並應依第17條規定發給勞工資遣費。其留用勞工之工作年資，應由新雇主繼續予以承認。」

參　勞基法之退休

一、自請退休

　　勞工有下列情形之一，得自請退休：一、工作15年以上年滿55歲者。二、工作25年以上者。三、工作10年以上年滿60歲者(§53)。

二、強制退休

　　勞工非有下列情形之一，雇主不得強制其退休：一、年滿65歲者。二、心神喪失或身體殘廢不堪勝任工作者。前項第一款所規定之年齡，對

於擔任具有危險、堅強體力等特殊性質之工作者，得由事業單位報請中央主管機關予以調整。但不得少於55歲(§54)。

三、退休金之給與標準

勞基法第55條規定：「勞工退休金之給與標準如下：一、按其工作年資，每滿1年給與兩個基數。但超過15年之工作年資，每滿1年給與1個基數，最高總數以45個基數為限。未滿半年者以半年計；滿半年者以1年計。二、依第54條第1項第2款規定，強制退休之勞工，其身心障礙係因執行職務所致者，依前款規定加給20%。前項第1款退休金基數之標準，係指核准退休時一個月平均工資。第1項所定退休金，雇主應於勞工退休之日起30日內給付，如無法一次發給時，得報經主管機關核定後，分期給付。本法施行前，事業單位原定退休標準優於本法者，從其規定。」

四、勞工退休準備金

勞基法第56條規定：「雇主應依勞工每月薪資總額2~15%範圍內，按月提撥勞工退休準備金，專戶存儲，並不得作為讓與、扣押、抵銷或擔保之標的；其提撥之比率、程序及管理等事項之辦法，由中央主管機關擬訂，報請行政院核定之。雇主應於每年年度終了前，估算前項勞工退休準備金專戶餘額，該餘額不足給付次一年度內預估成就第53條或第54條第1項第1款退休條件之勞工，依前條計算之退休金數額者，雇主應於次年度3月底前一次提撥其差額，並送事業單位勞工退休準備金監督委員會審議。第1項雇主按月提撥之勞工退休準備金匯集為勞工退休基金，由中央主管機關設勞工退休基金監理委員會管理之；其組織、會議及其他相關事項，由中央主管機關定之。前項基金之收支、保管及運用，由中央主管機關會同財政部委託金融機構辦理。最低收益不得低於當地銀行2年定期存款利率之收益；如有虧損，由國庫補足之。基金之收支、保管及運用辦法，由中央主管機關擬訂，報請行政院核定之。雇主所提撥勞工退休準備金，應由勞工

與雇主共同組織勞工退休準備金監督委員會監督之。委員會中勞工代表人數不得少於三分之二；其組織準則，由中央主管機關定之。雇主按月提撥之勞工退休準備金比率之擬訂或調整，應經事業單位勞工退休準備金監督委員會審議通過，並報請當地主管機關核定。金融機構辦理核貸業務，需查核該事業單位勞工退休準備金提撥狀況之必要資料時，得請當地主管機關提供。金融機構依前項取得之資料，應負保密義務，並確實辦理資料安全稽核作業。前二項有關勞工退休準備金必要資料之內容、範圍、申請程序及其他應遵行事項之辦法，由中央主管機關會商金融監督管理委員會定之。」

五、退休金之請領時效及其權利不得讓與、抵銷、扣押或供擔

　　勞基法第58條規定：「勞工請領退休金之權利，自退休之次月起，因5年間不行使而消滅。勞工請領退休金之權利，不得讓與、抵銷、扣押或供擔保。勞工依本法規定請領勞工退休金者，得檢具證明文件，於金融機構開立專戶，專供存入勞工退休金之用。前項專戶內之存款，不得作為抵銷、扣押、供擔保或強制執行之標的。」

肆　勞基法之罰則

一、強制勞工勞動罪

　　勞基法第75條規定：「違反第五條規定者，處5年以下有期徒刑、拘役或科或併科新臺幣75萬元以下罰金。」

二、介入契約抽取利益罪

　　勞基法第76條規定：「違反第6條規定者，處3年以下有期徒刑、拘役或科或併科新臺幣45萬元以下罰金。」

三、違反特別保護生命健康罪

勞基法第77條規定：「違反第42條、第44條第2項、第45條第1項、第47條、第48條、第49條第3項或第64條第1項規定者，處6個月以下有期徒刑、拘役或科或併科新臺幣30萬元以下罰金。」

四、行政罰

違反勞基法第78~81條之規定者，有行政罰之適用。民國109年6月10日修正公布勞基法第80-1規定：「違反本法經主管機關處以罰鍰者，主管機關應公布其事業單位或事業主之名稱、負責人姓名、處分期日、違反條文及罰鍰金額，並限期令其改善；屆期未改善者，應按次處罰。主管機關裁處罰鍰，得審酌與違反行為有關之勞工人數、累計違法次數或未依法給付之金額，為量罰輕重之標準。

案例解說

一、 勞工安全衛生法第2條第4項規定規定：「本法所稱職業災害，謂勞工就業場所之建築物、設備、原料、材料、化學物品、氣體、蒸氣、粉塵等或作業活動及其他職業上原因引起之勞工疾病、傷害、殘廢或死亡。」所以，從發生的原因來看，職災可以歸類：

（一）為勞工就業場所之建築物粉塵等所引起的疾病或傷害

（二）為作業活動所引起者，是指因為執行職務所引起的

（三）為其他職業上原因所引起者

勞工上下班必經途中之意外事故，是否屬於職災？

臺灣高等法院暨所屬法院90年法律座談會，於民事類提案19號審查意見，就通勤災害是否視為勞基法上之職業災害作成決議，認為「職業

災害不以勞工於執行業務時所生之災害為限，亦應包括勞工準備提出勞務之際所受災害。是故上班途中遭遇車禍而傷亡，應可視為職業災害」。惟其決議僅供法官審判參考，並非判例。

依《勞工保險被保險人因執行職務而致傷病審查準則》第4條規定：「被保險人上、下班，於適當時間，從日常居、住處所往返就業場所之應經途中發生事故而致之傷害，視為職業傷害。」

通勤指的是勞工在上下班往返公司之間的路徑。此路徑必須具有經常性，為日常上下班所經常選擇的交通路線。

因此；大勇不得主張職災補償。

二、2015年11月27日立法院三讀通過勞基法第10-1條，明訂雇主調動勞工工作，除不得違反勞動契約之約定外，並應符合其於五項規定，自此關於「調動」乙事已有明確法律規範，而非過往僅有函釋之規定。

勞基法第10-1條規定「雇主調動勞工工作，不得違反勞動契約之約定，並應符合下列原則：一、基於企業經營上所必須，且不得有不當動機及目的。但法律另有規定者，從其規定。二、對勞工之工資及其他勞動條件，未作不利之變更。三、調動後工作為勞工體能及技術可勝任。四、調動工作地點過遠，雇主應予以必要之協助。五、考量勞工及其家庭之生活利益。」

=== 自 我 練 習 ===

一、您現在是否正在就業中，您和您的雇主（公司）有無簽訂僱傭契約？勞動契約？此二者有何不同？

二、您認為勞資應否對立？或應該互助合作？在人類社會中，勞資的衝突是常態或變態？您對於勞資和諧有何良方可提供建議？

三、您的同事或朋友是否被雇主解僱？其原因為何？有無合乎僱傭契約終止的規定或勞基法上終止勞動契約之規定？如有違反者，應如何救濟？

 勞動事件法

壹 勞動事件法之立法

一、勞動事件法之宗旨

　　本法第1條規定：「為迅速、妥適、專業、有效、平等處理勞動事件，保障勞資雙方權益及促進勞資關係和諧，進而謀求健全社會共同生活，特制定本法。」本條即表明立法宗旨。

　　由於勞工在訴訟程序中通常居於弱勢，且資事件具專業性及特殊性，有賴當事人自主合意解決及勞資雙方代表參與程序，基於上述特性，司法院為期迅速、妥適、專業、有效、平等地處理勞動事件，遂研制本法，以貫徹憲法保障國民基本人權、維護人格尊嚴及保障勞資雙方地位實質平等之精神，並促進勞資關係和諧，進而謀求健全社會共同生活。

二、勞動事件法之性質

　　本法具有民事訴訟之性質；為民事訴訟法之特別法，為因應勞資爭議之特性，適度調整勞動事件爭訟程序規定，一方面使勞雇雙方當事人於程序上達到實質平等，另一方面使法院在處理勞動事件時能達到實質公平審理之目標。其目的就是為了讓經濟實力較弱的勞方能減少訴訟障礙，進而提高爭取自身權利的意願。因此各級法院均應設立勞動專業法庭，遴選具勞動法相關學識、經驗之法官處理勞動事件，以提高解決爭訟之效能。

　　勞動事件法事民事訴訟法及強制執行法之特別法。勞動事件法第15條規定：「有關勞動事件之處理，依本法之規定；本法未規定者，適用民事訴訟法及強制執行法之規定。」

三、名詞定義

（一）勞動事件之定義

　　本法第2條規定：「本法所稱勞動事件，係指下列事件：一、基於勞工法令、團體協約、工作規則、勞資會議決議、勞動契約、勞動習慣及其他勞動關係所生民事上權利義務之爭議。二、建教生與建教合作機構基於高級中等學校建教合作實施及建教生權益保障法、建教訓練契約及其他建教合作關係所生民事上權利義務之爭議。三、因性別工作平等之違反、就業歧視、職業災害、工會活動與爭議行為、競業禁止及其他因勞動關係所生之侵權行為爭議。與前項事件相牽連之民事事件，得與其合併起訴，或於其訴訟繫屬中為追加或提起反訴。」

（二）勞工及雇主之定義

　　本法第3條規定：「本法所稱勞工，係指下列之人：一、受僱人及其他基於從屬關係提供其勞動力而獲致報酬之人。二、技術生、養成工、見習生、建教生、學徒及其他與技術生性質相類之人。三、求職者。本法所稱雇主，係指下列之人：一、僱用人、代表雇主行使管理權之人，或依據要派契約，實際指揮監督管理派遣勞工從事工作之人。二、招收技術生、養成工、見習生、建教生、學徒及其他與技術生性質相類之人者或建教合作機構。三、招募求職者之人。」

只要應徵者投履歷就會算是那家公司的員工嗎？

　　依據本條之規定，本法所稱勞工，包括「求職者」；本法所稱雇主，包括「招募求職者之人」。如此看來好像一旦應徵某工作，就是該企業之

員工。但實際上並不是如此，因為勞動事件法是程序法而非實體法，「求職者」當成「勞工」只是為了確定訴訟上當事人的身分而已；也就是說當「求職者」與「招募求職者」發生糾紛時，「求職者」具有原告的身分，但是原告與被告之間是否具有勞雇關係，仍要依照民法及勞動基準法的規定認定。

四、調整費用負擔

（一）訴訟標的價額核定之標準

勞動事件法第11條規定：「因定期給付涉訟，其訴訟標的之價額，以權利存續期間之收入總數為準；期間未確定時，應推定其存續期間。但超過5年者，以5年計算。」

（二）勞動訴訟之裁判費與執行費之徵收

勞動事件法第12條規定：「因確認僱傭關係或給付工資、退休金或資遣費涉訟，勞工或工會起訴或上訴，暫免徵收裁判費三分之二。因前項給付聲請強制執行時，其執行標的金額超過新臺幣20萬元者，該超過部分暫免徵收執行費，由執行所得扣還之。」

（三）工會訴訟之裁判費與執行費之徵收

勞動事件法第13條規定：「工會依民事訴訟法第44-1條及本法第42條提起之訴訟，其訴訟標的金額或價額超過新臺幣100萬元者，超過部分暫免徵收裁判費。工會依第40條規定提起之訴訟，免徵裁判費。」

（四）訴訟救助

勞動事件法第14條規定：「勞工符合社會救助法規定之低收入戶、中低收入戶，或符合特殊境遇家庭扶助條例第4條第1項之特殊境遇家庭，其聲請訴訟救助者，視為無資力支出訴訟費用。勞工或其遺屬因職業災害

提起勞動訴訟，法院應依其聲請，以裁定准予訴訟救助。但顯無勝訴之望者，不在此限。」

貳　勞動事件法之適用

一、專業的審理－設立勞動專業法庭

本法第4條規定：「為處理勞動事件，各級法院應設立勞動專業法庭（以下簡稱勞動法庭）。但法官員額較少之法院，得僅設專股以勞動法庭名義辦理之。前項勞動法庭法官，應遴選具有勞動法相關學識、經驗者任之。勞動法庭或專股之方設置式，與各該法院民事庭之事務分配，其法官之遴選資格、方式、任期，以及其他有關事項，由司法院定之。」

二、打破以原就被原則－採競合管轄

過往勞動調解與訴訟，是依照民事訴訟法的「以原就被」管轄原則，這勢必增加訴訟的成本以及勞工的心理壓力。本法第6條規定：「勞動事件以勞工為原告者，由被告住所、居所、主營業所、主事務所所在地或原告之勞務提供地法院管轄；以雇主為原告者，由被告住所、居所、現在或最後之勞務提供地法院管轄。前項雇主為原告者，勞工得於為本案言詞辯論前，聲請將該訴訟事件移送於其所選定有管轄權之法院。但經勞動調解不成立而續行訴訟者，不得為之。關於前項聲請之裁定，得為抗告。」

三、聲請移送選定有管轄權之法院

本法第7條規定：「勞動事件之第一審管轄合意，如當事人之一造為勞工，按其情形顯失公平者，勞工得逕向其他有管轄權之法院起訴；勞工為被告者，得於本案言詞辯論前，聲請移送於其所選定有管轄權之法院，但經勞動調解不成立而續行訴訟者，不得為之。關於前項聲請之裁定，得為抗告。」

立法理由載「一、依民事訴訟法第24條規定，當事人得以合意定第一審法院，惟於勞工與雇主間之勞動事件，勞工與雇主訂定合意管轄約款時，因處於從屬地位多無實質磋商變更之餘地，為防止雇主濫用合意管轄條款，俾資保障經濟弱勢當事人權益，故參酌民事訴訟法第28條第2項規定意旨，區別勞工為原告、被告之情形，訂定第1項。許其得逕向其他有管轄權之法院起訴，或聲請移送於其所選定有管轄權之法院，法院應依其聲請移送之。若因勞動調解不成立而依法續行訴訟者，即不得再聲請移送，俾維持程序安定，促使勞動事件迅速終結及受訴法院利用勞動調解程序之相關資料，兼顧司法資源合理使用，爰訂定第1項但書。二、為保障當事人權益，於第2項明定當事人對法院就第1項聲請所為裁定，得為抗告。」

四、迅速處理原則

勞動事件之爭議除影響勞工個人之財產權、工作權等權益外，亦多有連帶影響勞工家計之虞，有為迅速解決之必要。因此本法第8條乃規定：「法院處理勞動事件，應迅速進行，依事件性質，擬定調解或審理計畫，並於適當時期行調解或言詞辯論。當事人應以誠信方式協力於前項程序之進行，並適時提出事實及證據。」

五、輔佐人及訴訟代理

（一）勞工之輔佐人

本法第9條規定：「勞工得於期日偕同由工會或財團法人於章程所定目的範圍內選派之人到場為輔佐人，不適用民事訴訟法第76條第1項經審判長許可之規定。前項之工會、財團法人及輔佐人，不得向勞工請求報酬。第1項之輔佐人不適為訴訟行為，或其行為違反勞工利益者，審判長得於程序進行中以裁定禁止其為輔佐人。前項規定，於受命法官行準備程序時準用之。」

（二）訴訟代理

本法第10條規定：「受聘僱從事就業服務法第46條第1項第8款至第10款所定工作之外國人，經審判長許可，委任私立就業服務機構之負責人、職員、受僱人或從業人員為其勞動事件之訴訟代理人者，有害於委任人之權益時，審判長得以裁定撤銷其許可。」

參　勞動事件法之調解程序

一、調解先行

（一）勞動調解之前置

勞動事件法第1條規定：「勞動事件，除有下列情形之一者外，於起訴前，應經法院行勞動調解程序：一、有民事訴訟法第406條第1項第2款、第4款、第5款所定情形之一。二、因性別工作平等法第12條所生爭議。前項事件當事人逕向法院起訴者，視為調解之聲請。不合於第1項規定之勞動事件，當事人亦得於起訴前，聲請勞動調解。」

（二）勞動調解聲請之形式要件

勞動事件法第18條規定：「聲請勞動調解及其他期日外之聲明或陳述，應以書狀為之。但調解標的之金額或價額在新臺幣50萬元以下者，得以言詞為之。以言詞為前項之聲請、聲明或陳述，應於法院書記官前以言詞為之；書記官應作成筆錄，並於筆錄內簽名。聲請書狀或筆錄，應載明下列各款事項：一、聲請人之姓名、住所或居所；聲請人為法人、機關或其他團體者，其名稱及公務所、事務所或營業所。二、相對人之姓名、住所或居所；相對人為法人、機關或其他團體者，其名稱及公務所、事務所或營業所。三、有法定代理人者，其姓名、住所或居所，及法定代理人與關係人之關係。四、聲請之意旨及其原因事實。五、供證明或釋明用之證

據。六、附屬文件及其件數。七、法院。八、年、月、日。聲請書狀或筆錄內宜記載下列各款事項：一、聲請人、相對人、其他利害關係人、法定代理人之性別、出生年月日、職業、身分證件號碼、營利事業統一編號、電話號碼及其他足資辨別之特徵。二、有利害關係人者，其姓名、住所或居所。三、定法院管轄及其適用程序所必要之事項。四、有其他相關事件繫屬於法院者，其事件。五、預期可能之爭點及其相關之重要事實、證據。六、當事人間曾為之交涉或其他至調解聲請時之經過概要。」

（三）聲請勞動調解之程式

　　勞動事件法第22條規定：「調解之聲請不合法者，勞動法庭之法官應以裁定駁回之。但其情形可以補正者，應定期間先命補正。下列事項，亦由勞動法庭之法官為之：一、關於審判權之裁定。二、關於管轄權之裁定。勞動法庭之法官不得逕以不能調解或顯無調解必要或調解顯無成立之望，或已經其他法定調解機關調解未成立為理由，裁定駁回調解之聲請。」

（四）勞動調解之管轄

　　勞動事件法第17條規定：「勞動調解事件，除別有規定外，由管轄勞動事件之法院管轄。第6條第2項、第3項及第7條規定，於勞動調解程序準用之。但勞工聲請移送，應於第一次調解期日前為之。」

（五）勞動調解委員之遴聘

　　勞動事件法第20條規定：「法院應遴聘就勞動關係或勞資事務具有專門學識、經驗者為勞動調解委員。法院遴聘前項勞動調解委員時，委員之任一性別比例不得少於遴聘總人數三分之一。關於勞動調解委員之資格、遴聘、考核、訓練、解任及報酬等事項，由司法院定之。民事訴訟法有關法院職員迴避之規定，於勞動調解委員準用之。」

（六）勞動調解委員會之組成

　　勞動事件法第21條規定：「勞動調解，由勞動法庭之法官一人及勞動調解委員二人組成勞動調解委員會行之。前項勞動調解委員，由法院斟酌調解委員之學識經驗、勞動調解委員會之妥適組成及其他情事指定之。勞動調解委員應基於中立、公正之立場，處理勞動調解事件。關於調解委員之指定事項，由司法院定之。」

二、勞動調解之程序

（一）勞動調解之進行程序

　　勞動事件法第23條規定：「勞動調解委員會行調解時，由該委員會之法官指揮其程序。調解期日，由勞動調解委員會之法官，依職權儘速定之；除有前條第1項、第2項情形或其他特別事由外，並應於勞動調解聲請之日起30日內，指定第1次調解期日。」

　　勞動事件法第24條規定：「勞動調解程序，除有特別情事外，應於3個月內以3次期日內終結之。當事人應儘早提出事實及證據，除有不可歸責於己之事由外，應於第2次期日終結前為之。勞動調解委員會應儘速聽取當事人之陳述、整理相關之爭點與證據，適時曉諭當事人訴訟之可能結果，並得依聲請或依職權調查事實及必要之證據。前項調查證據之結果，應使當事人及知悉之利害關係人有到場陳述意見之機會。」

（二）勞動調解程序原則不公開

　　勞動事件法第25條規定：「勞動調解程序不公開。但勞動調解委員會認為適當時，得許就事件無妨礙之人旁聽。因性別工作平等法第12條所生勞動事件，勞動調解委員會審酌事件情節、勞工身心狀況與意願，認為適當者，得以利用遮蔽或視訊設備為適當隔離之方式行勞動調解。」

（三）勞動調解之合併

　　勞動事件法第19條規定：「相牽連之數宗勞動事件，法院得依聲請或依職權合併調解。兩造得合意聲請將相牽連之民事事件合併於勞動事件調解，並視為就該民事事件已有民事調解之聲請。合併調解之民事事件，如已繫屬於法院者，原民事程序停止進行。調解成立時，程序終結；調解不成立時，程序繼續進行。合併調解之民事事件，如原未繫屬於法院者，調解不成立時，依當事人之意願，移付民事裁判程序或其他程序；其不願移付者，程序終結。」

三、雙方未能合意達成調解

（一）雙方合意時調解條款之酌定

　　勞動事件法第27條規定：「勞動調解經兩造合意，得由勞動調解委員會酌定解決事件之調解條款。前項調解條款之酌定，除兩造另有約定外，以調解委員會過半數之意見定之；關於數額之評議，意見各不達過半數時，以次多額之意見定之。調解條款，應作成書面，記明年月日，或由書記官記明於調解程序筆錄。其經勞動調解委員會之法官及勞動調解委員全體簽名者，視為調解成立。前項經法官及勞動調解委員簽名之書面，視為調解筆錄。前二項之簽名，勞動調解委員中有因故不能簽名者，由法官附記其事由；法官因故不能簽名者，由勞動調解委員附記之。」

（二）雙方未合意時調解條款之酌定

　　勞動事件法第28條規定：「當事人不能合意成立調解時，勞動調解委員會應依職權斟酌一切情形，並求兩造利益之平衡，於不違反兩造之主要意思範圍內，提出解決事件之適當方案。前項方案，得確認當事人間權利義務關係、命給付金錢、交付特定標的物或為其他財產上給付，或定解決個別勞動紛爭之適當事項，並應記載方案之理由要旨，由法官及勞動調

第三編

273

解委員全體簽名。勞動調解委員會認為適當時，得於全體當事人均到場之調解期日，以言詞告知適當方案之內容及理由，並由書記官記載於調解筆錄。第一項之適當方案，準用前條第2項、第5項之規定。」

適當方之異議

勞動事件法第29條規定：「除依前條第3項規定告知者外，適當方案應送達於當事人及參加調解之利害關係人。當事人或參加調解之利害關係人，對於前項方案，得於送達或受告知日後10日之不變期間內，提出異議。於前項期間內合法提出異議者，視為調解不成立，法院並應告知或通知當事人及參加調解之利害關係人；未於前項期間內合法提出異議者，視為已依該方案成立調解。依前項規定調解不成立者，除調解聲請人於受告知或通知後10日之不變期間內，向法院為反對續行訴訟程序之意思外，應續行訴訟程序，並視為自調解聲請時，已經起訴；其於第1項適當方案送達前起訴者，亦同。以起訴視為調解者，仍自起訴時發生訴訟繫屬之效力。依前項情形續行訴訟程序者，由參與勞動調解委員會之法官為之。」

四、調解之效力

（一）勞動調解成立之效力

勞動事件法第26條規定：「勞動調解，經當事人合意，並記載於調解筆錄時成立。前項調解成立，與確定判決有同一之效力。」

（二）勞動調解不成立之效力

勞動事件法第31條規定：「勞動調解委員會參酌事件之性質，認為進行勞動調解不利於紛爭之迅速與妥適解決，或不能依職權提出適當方案者，視為調解不成立，並告知或通知當事人。有前項及其他調解不成立之情形者，準用第29條第4項、第5項之規定。」

（三）不得採為裁判之基礎

　　勞動事件法第30條規定：「調解程序中，勞動調解委員或法官所為之勸導，及當事人所為不利於己之陳述或讓步，於調解不成立後之本案訴訟，不得採為裁判之基礎。前項陳述或讓步，係就訴訟標的、事實、證據或其他得處分之事項成立書面協議者，當事人應受其拘束。但經兩造同意變更，或因不可歸責於當事人之事由或依其他情形，協議顯失公平者，不在此限。」

五、勞動事件法與勞資爭議處理法調解之不同

	勞動調解	勞資爭議調解
法源依據	勞動事件法	勞資爭議處理法
處理單位	法院	勞動局、勞工局等勞政主管機關
委員組成	勞動法庭之法官一人及勞動調解委員二人	獨任調解人
		調解委員會置委員三人或五人，並以直轄市或縣（市）主管機關代表一人為主席
所需時間	除非有特殊情況，否則應在勞動調解聲請之日起30日內，指定第一次調解期日，並以3個月內以三次期日內終結為原則	約20天（獨任調解人）
		約42~49天（調解委員會）
調解成立	與確定判決有同一之效力	視為爭議雙方當事人間之契約
調解不成立	除非調解聲請人有表達反對意思，否則將續行訴訟程序，且由參與該委員會之同一法官承審訴訟	雙方當事人得共同申請交付仲裁，或另外提起訴訟

〔肆〕 勞動事件法之訴訟程序

一、以一次期日辯 終結為原則

勞動事件，法院應以一次期日辯論終結為原則，第一審並應於6個月內審結。但因案情繁雜或審理上之必要者，不在此限(§32 I)。立法理由載「為期迅速解決勞動事件紛爭，爰於第1項明定，法院應以一次期日辯論終結為原則。第一審並應於6個月內審結。惟法院如因案情繁雜或其他審理上之必要，則不在此限。」

二、得不公開審理

勞動事件法第32條第3項規定：「因性別工作平等法第12條所生勞動事件，法院審酌事件情節、勞工身心狀況與意願，認為適當者，得不公開審判，或利用遮蔽、視訊等設備為適當隔離。」

三、法院之闡明、職權調查證據及證據契約

勞動事件法第30條規定：「法院審理勞動事件，為維護當事人間實質公平，應闡明當事人提出必要之事實，並得依職權調查必要之證據。勞工與雇主間以定型化契約訂立證據契約，依其情形顯失公平者，勞工不受拘束。」

四、舉證責任之調整

勞工請求之事件，雇主就其依法令應備置之文書，有提出之義務(§35)。

五、勞工工資、工時之推定

勞動事件法第37條規定：「勞工與雇主間關於工資之爭執，經證明勞工本於勞動關係自雇主所受領之給付，推定為勞工因工作而獲得之報

酬。」出勤紀錄內記載之勞工出勤時間，推定勞工於該時間內經雇主同意而執行職務(§38)。

六、改命補償以取代一定行為履行

勞動事件法第39條規定：「法院就勞工請求之勞動事件，判命雇主為一定行為或不行為者，得依勞工之請求，同時命雇主如在判決確定後一定期限內未履行時，給付法院所酌定之補償金。民事訴訟法第222條第2項規定，於前項法院酌定補償金時準用之。第1項情形，逾法院所定期限後，勞工不得就行為或不行為請求，聲請強制執行。」

七、工會之不作為訴訟

勞動事件法第40條規定：「工會於章程所定目的範圍內，得對侵害其多數會員利益之雇主，提起不作為之訴。前項訴訟，應委任律師代理訴訟。工會違反會員之利益而起訴者，法院應以裁定駁回其訴。第1項訴訟之撤回、捨棄或和解，應經法院之許可。第2項律師之酬金，為訴訟費用之一部，並應限定其最高額，其支給標準，由司法院參酌法務部及中華民國律師公會全國聯合會意見定之。前四項規定，於第1項事件之調解程序準用之。」

伍 勞動事件法之保全程序

一、不當勞動行為裁決之保全程序

勞動事件法第46條規定：「勞工依勞資爭議處理法就民事爭議事件申請裁決者，於裁決決定前，得向法院聲請假扣押、假處分或定暫時狀態處分。勞工於裁決決定書送達後，就裁決決定之請求，欲保全強制執行或避免損害之擴大，向法院聲請假扣押、假處分或定暫時狀態處分時，有下列情形之一者，得以裁決決定代替請求及假扣押、假處分或定暫時狀態處分

原因之釋明，法院不得再命勞工供擔保後始為保全處分：一、裁決決定經法院核定前。二、雇主就裁決決定之同一事件向法院提起民事訴訟。前二項情形，於裁決事件終結前，不適用民事訴訟法第529條第1項之規定。裁決決定未經法院核定，如勞工於受通知後30日內就裁決決定之請求起訴者，不適用勞資爭議處理法第50條第4項之規定。」

二、保全事件命供擔保之限制

勞動事件法第47條規定：「勞工就請求給付工資、職業災害補償或賠償、退休金或資遣費、勞工保險條例第72條第1項及第3項之賠償與確認僱傭關係存在事件，聲請假扣押、假處分或定暫時狀態之處分者，法院依民事訴訟法第526條第2項、第3項所命供擔保之金額，不得高於請求標的金額或價額之十分之一。前項情形，勞工釋明提供擔保於其生計有重大困難者，法院不得命提供擔保。依民事訴訟法第44-1條或本法第42條規定選定之工會，聲請假扣押、假處分或定暫時狀態之處分者，準用前二項之規定。」

三、勞工得聲請為暫時狀態處分

（一）勞工得聲請為一定給付之定暫時狀態處分

勞動事件法第48條規定：「勞工所提請求給付工資、職業災害補償或賠償、退休金或資遣費事件，法院發現進行訴訟造成其生計上之重大困難者，應闡明其得聲請命先為一定給付之定暫時狀態處分。」

（二）勞工得聲請繼續僱用及給付工資之定暫時狀態處分

勞動事件法第49條規定：「勞工提起確認僱傭關係存在之訴，法院認勞工有勝訴之望，且雇主繼續僱用非顯有重大困難者，得依勞工之聲請，為繼續僱用及給付工資之定暫時狀態處分。第一審法院就前項訴訟判決僱傭關係存在者，第二審法院應依勞工之聲請為前項之處分。前二項聲請，

法院得為免供擔保之處分。法院因勞工受本案敗訴判決確定而撤銷第1項、第2項處分之裁定時，得依雇主之聲請，在撤銷範圍內，同時命勞工返還其所受領之工資，並依聲請附加自受領時起之利息。但勞工已依第1項、第2項處分提供勞務者，不在此限。前項命返還工資之裁定，得抗告，抗告中應停止執行。」

（三）勞工得聲請繼續僱用之定暫時狀態處分

勞動事件法第50條規定：「勞工提起確認調動無效或回復原職之訴，法院認雇主調動勞工之工作，有違反勞工法令、團體協約、工作規則、勞資會議決議、勞動契約或勞動習慣之虞，且雇主依調動前原工作繼續僱用非顯有重大困難者，得經勞工之聲請，為依原工作或兩造所同意工作內容繼續僱用之定暫時狀態處分。」

memo

法律與民事生活糾紛

侵權行為

摘 要

倫理，它是自由自在且自為地存在的一種善的理念，它具有法效性，它不自覺地拘束了人們內在自我意識，因而人們以遵守倫理為其義務。人亦受道德法則之規範，道德法則具有普遍妥當性，亦因而具有自然法則的法效性。故倫理與道德可相契合而為人類行為準則之一，若有違反，即應加以非難，為維護公平正義，即應令違反者負擔一定之責任，此在民事上即為賠償責任。此賠償責任又可分為侵權行為之賠償責任與債務不履行之賠償責任。

本章首先介紹侵權行為之意義、種類、要件，於要件中分為一般侵權行為及特殊侵權行為之要件論述之，接著介紹侵權行為之效力，以及侵權行為賠償請求權之消滅時效及時效完成後之效果，接著介紹請求權競合及專屬性。

侵權行為損害賠償請求權會與不當得利返還請求權相競合，故又介紹不當得利之要件，期盼大家能對不當得利有所了解。接著再論及侵權行為與債務不履行的競合情形。最後，提出侵權行為損害賠償請求權的專屬性，亦即不法侵害他人之身體、健康、名譽或自由者，被害人之非財產上的損害賠償請求權，原則上不得讓與或繼承。

案 例

一、甲男18歲，考上機車駕照，某月，向父親借得機車與同學一起騎機車郊遊，甲後座載同學乙女，於路途中，甲不慎撞到行人丙，丙受傷，醫療費花費3萬元，丙因須在家療養，無法上班，因丙是以日薪計酬，每日1,000元，損失10日薪資。甲因家中經濟困窘，甲父亦無能力支付賠償，乙女家中富裕，問應如何處理？

二、甲男在辦公室對乙女說黃色笑話，令乙女不悅，丙男在電梯間摸丁女之臀部，丁女不悅，乙、丁要求甲、丙賠償有理由否？

----   **理 論** ----

壹 侵權行為之概說

一、侵權行為之意義

　　侵權行為者，乃指侵害他人權益，且係為有責之不法之行為也。凡係因故意或過失，不法侵害他人權益，或故意以背於善良風俗之方法，加損害於他人者或因故意或過失違反保護他人之法律，致生損害於他人者，均屬之（民§184 I、II）。

二、侵權行為之種類

　　依我國民法規定，可分為一般侵權行為及特殊侵權行為。前者係行為人自行負擔其侵權行為之責任。後者則係由行為人連帶負擔責任，或行為人與非行為人連帶負擔責任，或由非行為人負擔行為人之侵權行為責任，諸如共同侵權行為（民§185）、公務員之侵權行為(§186)、法定代理人之責任(§187)、僱用人之責任(§188)、定作人之責任(§189)、動物占有人之責任(§190)、工作物所有人之責任(§190)從事工業工作人責任等。

三、一般侵權行為之要件

（一）主觀要件

1. **有責任能力**：亦稱侵權行為能力

　　責任能力之有無，以識別能力之有無為判斷基礎。所謂識別能力乃指抽象上認識其行為在法律評價上應負責任之能力。此能力之有無則應依具體個案之狀況決定之。

2. **故意或過失**

　　故意或過失為刑事責任之基礎，是否亦得為民事責任之基礎？依「過失主義」則屬之，依「結果主義」則否。我民法原則上係採過失主義，第184條第1項規定：「因故意或過失，不法侵害他人之權利者，負損害賠償責任。故意以背於善良風俗之方法，加損害於他人者亦同。」違反保護他人之法律，致生損害於他人者，負賠償責任。但能證明其行為無過失者，不在此限。可知，我民法原則係採「過失主義」。故意、過失之定義我民法無明文，理論與實務上均依刑法之規定解釋之。

　　故意，依刑法第13條之規定，可分為直接故意與間接故意，前者指：行為人對於構成犯罪之事實（於侵權行為則可改為對侵權行為之事實），明知並有意使其發生者，為故意（刑§13Ⅰ）。後者指：行為人對於構成犯罪（侵權行為）之事實，預見其發生而其發生並不違背其本意者，以故意論（刑§13Ⅱ）。

　　過失，依刑法第14條之規定，可分為無認識過失與有認識過失，前者指：行為人雖非故意，但按其情節應注意，並能注意，而不注意者，為過失（刑§14Ⅰ）。後者指：行為人對於構成犯罪（侵權行為）之事實，預見其能發生而確信其不發生者，以過失論（刑§14Ⅱ）。「過失」為「注意」之欠缺，因其欠缺注意之程度不同，其過失責任可分為抽象輕過失、具體輕過失、以及重大過失三種。

（二）客觀要件

1. 須有加害行為

　　須為加害人自己之行為，包括間接正犯之行為。行為之態樣無論作為或不作為均屬之。

2. 行為係屬不法

　　凡行為係違反強行法規或違背公序良俗者，均屬不法行為，若行為違反保護他人之法律者，亦屬不法之行為(184 II)。然若行為之本質雖屬不法，但若有阻卻違法事由，則不法之構成要件即被阻斷：

(1) 正當防衛(§149)。

(2) 緊急避難(§150)。

(3) 自助行為(§151)。

(4) 權利之行使(§148)。

(5) 無因管理(§172)。

(6) 正當業務行為。

(7) 被害人允諾（須被害人之允諾出於自主意志且正當，須所允諾之權利為刑法上所允諾自損之權利或得拋棄之權利）。

(8) 義務衝突行為。

3. 侵害權利或利益

　　原則上，不法之行為須侵害他人之權利始足當之。所謂侵害，包括剝奪、毀損、妨害他人權利之行使或享有。此處之權利指人身權及財產權而言。

　　例外則尚包括不法侵害他人「利益」，此為民法第184條第1項後段及第2項之規定所涵蓋。如刑法第315條書信祕密之保護，如民法第10章對占有之保護是之。但「反射利益」則不在此限。至於侵害他人之「債權」，應屬同條第1項後段。

4. 須致他人損害

損害，包括財產上之損害及非財產上之損害，且此處之損害係指現實已生之損害而言，本法並不採名義上之損害(Nominal Damages)。現實已生之損害，無論積極的損害或消極的損害均屬之。

5. 須有因果關係

因果關係之學說甚多，諸如條件說、原因說及相當因果關係說等。所謂相當因果關係說，乃係介於條件說與原因說之冒，又分為主觀的相當因果關係說，其乃以加害人在行為當時所知或可知之事實作為因果關係有無之判斷基礎。客觀的相當因果關係說，係以該事實在一般情形下，依社會觀念觀察，均有發生同樣結果之可能者，始得認為具有因果關係，此說已為學者通說，並為實務上所採用（33上769、48台上481號判例）。

四、特殊侵權行為之要件

除一般侵權行為所須具備之要件外，尚須具有一些特別要件，茲分述如下：

（一）共同侵權行為

又可分：

1. 共同加害行為

數人共同不法侵害他人之權利(§185 I)只須有行為之分擔即可，有無意思之聯絡則非所問（司法院判例變字第一號）。如甲、乙各開一車不慎均撞傷A。

2. 共同危險行為

數人共同不法侵害他人之權利而不能知其中孰為加害人者(§185 I)。此數人欠缺侵害他人權利之意思聯絡，亦無行為之分擔，但

產生侵害之結果，而此係由數人之危險行為之部分所致。如A、B、C以彈弓射麻雀，不慎致D屋玻璃破損。

3. 造意及幫助

造意人及幫助人視為共同侵權行為人（§85Ⅱ）。造意人即類於刑法上之教唆犯，惟民法侵權行為須被教唆人為侵權行為，造意人始視為共同侵權人。幫助人須有幫助他人為侵權行為之故意及行為，至於侵權行為人不知幫助之情者，亦可成立。

4. 公務員侵權行為

公務員因故意違背對於第三人應執行之職務，致第三人受損害者，負賠償責任。其因過失者，以被害人不能依他項方法受賠償時為限，負其責任。前項情形，如被害人，得依法律上之救濟方法，除去其損害，而因故意或過失不為之者，公務員不負賠償責任（§186）。

本條所謂之「公務員」係指依法從事於公務之人員。所謂「應執行之職務」係指違背公法上職務之行為，且以故意為原則，若係過失者，以被害人不能依他項方法受賠償時為限，始負責任。且若受害人故意或過失而不依他項方法請求救濟，公務員仍可免責（§186Ⅱ）。若係未違背公法上職務之行為致人民受有損害，則屬國家賠償法之範圍（國賠§2）。

5. 行為能力欠缺者之侵權行為

無行為能力人或限制行為能力人不法侵害他人之權利者，以行為時有識別能力為限，與其法定代理人連帶負損害賠償。行為時無識別能力者，由其法定代理人負損害賠償責任（§187Ⅰ）。

我民法認為凡有識別能力者，即具侵權行為之責任能力，故原則上無行為能力人或限制行為能力人如具有識別能力，亦須負責。若其無識別能力，即不負責，惟為維護社會公益，避免危險之發生，乃特規定法

定代理人之賠償責任令其負責，此為法定責任。唯若其監督並無疏懈，或縱加以相當監督仍不免發生損害，則法定代理人即無過失，而可免責(187Ⅱ)。如完全行為能力人係非由於「原因自由行為」而在無意識或精神錯亂中所為之侵權行為致第三人受損害時，因其亦欠缺識別能力，故原則上不負賠償責任，但例外，則科以其一衡平責任，令其仍負賠償之責(§187Ⅳ)，亦即，受害人，如不能依第187條第1、2項規定受損害賠償時，法院因被害人之聲請，得斟酌行為人及其法定代理人與被害人之經濟狀況，令行為人或其法定代理人為全部或一部之損害賠償（民§187Ⅲ）。

6. 僱用人之侵權行為

　　法定代理人、僱用人其均非侵權行為人，但彼等均負有連帶賠償責任，法定代理人責任基礎已如前述，僱用人責任之基礎通說係採「報償說」。受僱人因執行職務，不法侵害他人之權利者，為僱用人共同侵權行為責任之前提要件。所謂執行職務，包括職務本身之行為及自客觀上而論，在外觀上與職務相牽連之行為均屬之。如僱用人在選任受僱人及監督其職務之執行有過失，則僱用人之責任要件即成立而應負責，但若其能證明縱加以相當之注意仍不免發生損害者，僱用人之過失要件即不存在而可免責(§188Ⅰ)。但為維社會公益，例外時，僱用人仍有衡平責任(§188Ⅱ)。

7. 定作人之侵權行為

　　承攬人因執行承攬事項，不法侵害他人之權利者，定作人，不負損害賠償責任（民§189本文）。蓋因定作人對承攬人原則上無指揮監督之權。但定作人於定作或指示有過失者，則仍應負損害賠償之責（§189但書）。定作人之侵權行為要件有二：一須承攬人因執行承攬事項有不法侵害他人權利，二須定作人於定作或指示有過失，三須定作人之過失與損害之發生有因果關係。

8. 動物占有人之侵權行為

　　動物加損害於他人者，由其占有人負損害賠償責任。所謂占有人乃對於物有事實上管領之力者，其是否為所有人，則在所不問。但依動物之種類及性質，已為相當注意之管束，或縱為相當注意之管束而仍不免發生損害，不在此限。」（民§190）由本條可知其侵權行為要件如下：一須其直接占有之動物加損害於他人，二須該動物加害行為係出於自動性為原則，若「動物係由第三人或他動物之挑動，致加損害於他人者」仍須負責，即由加害之動物占有人賠償，肆後再向挑動之第三人，或挑動之動物占有人請求償還(§190Ⅱ)，三須占有人未盡相當注意之管束，亦即其有過失，四須占有人之過失與損害間有因果關係。

9. 工作物所有人之侵權行為

　　「土地上之建築物或其他工作物，所致他人權利之損害，由工作物之所有人負賠償責任。但其對於設置或保管並無欠缺，或損害非因設置或保管有欠缺，或於防止損害之發生，已盡相當之注意者，不在此限。」(§191Ⅰ)。

　　工作物之加害於人，多因當初修建欠妥，或日後保養不良所致，故法律乃課所有人以責任，而不使占有人負責，乃因其與現在之管束無關。其要件為：一須係土地上之建築物或其他工作物。此處之土地應指土地法第2條之土地，建築物應指建築法第4條至第6條所稱之建築物，工作物則指建築物以外之人造物。二須所有人對該物之設置或保管有欠缺，此即屬有過失，又所有人不必為直接占有人。三須有因果關係。若所有人於防止損害之發生，已盡相當之注意，則欠缺因果關係，工作物所有人即無庸負責。第191條第1項損害之發生，如別有應負責任之人時，賠償損害之所有人，對於該應負責者，有求償權(§191Ⅱ)。

10. 商品製造人之侵權行為

商品製造人因其商品之通常使用或消費所致他人之損害，負賠償責任。但其對於商品之生產、製造或加工、設計，並無欠缺或其損害非因該欠缺所致，或於防止損害之發生，已盡相當之注意者，不在此限。前項所稱商品製造人，謂商品之生產、製造、加工者。其在商品上附加標章或其他文字、符號，足以表彰係其自己所生產、製造、加工者，視為商品製造人。商品之生產、製造或加工、設計，與其說明書或廣告內容不符者，視為有欠缺。商品輸入業者，應與商品製造人負同一之責任（§191-1）。

11. 車輛駕駛人之侵權行為

汽車、機車或其他非依軌道行使之動力車輛，在使用中加損害於他人者，駕駛人應賠償因此所生之損害。但防止損害之發生，已盡相當之注意者，不在此限（§191-2）。

12. 經營事業者之侵權行為

經營一定事業或從事其他工作或活動之人，其工作或活動之性質或其使用之工具或方法有生損害於他人之危險者，對他人之損害應負賠償責任。但損害非由於其工作或活動或其使用之工具或方法所致，或於防止損害之發生已盡相當之注意者，不在此限（§191-3）。

貳　侵權行為之效力及時效

一、侵權行為之效力

侵權行為之效力，在使求償權利人得對賠償義務人取得損害賠償之債權，故侵權行為乃債之發生原因之一。

（一）當事人

1. 損害賠償請求權人

原則上，直接被害人為賠償請求權人。例外時，支出殯葬費之人；被害人死亡時，其具有法定扶養請求權人；被害人之父母、子女、配偶，亦得為賠償請求權人。

2. 損害賠償義務人

(1) 一般侵權行為

加害人為賠償義務人。

(2) 共同侵權行為

無論係共同加害人、共同危險行為人、造意人及幫助人，均應連帶負損害賠償責任。

(3) 公務員侵權行為

依民第186條使用，由該公務員為賠償義務人。

(4) 法定代理人責任

於行為能力欠缺者之侵權行為，法定代理人雖非行為（加害）人，如無行為能力人或限制行為能力人，於行為時有識別能力，法定代理人應與其連帶負損害賠償之責；法定代理人如其監督並未疏懈，或縱加以相當監督仍不免發生損害者，法定代理人不負賠償責任，而由行為人自行負責(§187Ⅱ)。如無行為能力人或限制行為能力人，於行為時無識別能力，法定代理人應自負賠償責任；法定代理人如其監督並未疏懈，或縱加以相當監督仍不免發生損害者，法定代理人亦不負賠償責任，此際，即一生衡平責任；亦即法院因被害人之聲請，得斟酌行為人與被害人之經濟狀況，令行為人為全部或一部之損害賠償，唯衡平責任之賠償義務人並非法定代理人，而係該無行為能力或限制行為能力人(§187Ⅰ、Ⅱ、Ⅲ)。本書以為

民法第187條第3項之規定，足堪深思研究。民國88年修正民法債篇時，修正為「法院因被害人之聲請，得斟酌行為人及其法定代理人與被害人之經濟狀況，令行為人或其法定代理人為全部或一部之損害賠償(§187Ⅲ)。」

(5) 僱用人之責任

受僱人因執行執務，不法侵害他人之權利者，僱用人雖非行為人，若僱用人於選任或監督受僱人有過失時，應與受僱人連帶負損害賠償之責。另於衡平責任時，亦令僱用人負擔全部或一部賠償之責。唯僱用人賠償損害時，對於為侵權行為之受僱人，有求償權。

(6) 定作人之責任

定作人於定作或指示有過失時，始負賠償責任(§189)。

(7) 動物占有人之責任

侵權行為之損害雖係動物所致，但因其占有人於管束上有過失，縱因該動物係由第三人或他動物之挑動，致加損害於他人者，其占有人仍負損害賠償之責，但對該第三人或該他動物之占有人，對求償權。

(8) 工作物所有人責任

工作物所有人對於土地上之建築物或其他工作物，因設置或保管有欠缺，且能防止損害之發生又有過失時，所有人應負損害賠償之義務。如此項損害之發生，尚有應負責任之人時，損害賠償之所有人，對於該應負責者，有求償權(§191)。

（二）損害賠償之範圍及方法

損害賠償之一般範圍與方法，我民法於第213~218條設有一般規定，擬於下章論述，此處僅論侵權行為篇中之特別規定，茲分述如下：

1. **對於有形損害之賠償範圍及方法**

   (1) 不法侵害他人致死

   A. 殯葬費：費用多寡，依實際支出之數額定之。

   B. 醫療及生活必須費用：不法侵害他人致死者，對於支出醫療及增加生活上需要之費用或殯葬費之人，亦應負賠償責任（§192 I）。

   C. 扶養費：被害人對於第三人負有法定扶養義務者，加害人對於該第三人亦應負損害賠償責任(§192 II)。請求權人包括夫妻（§1116-1），除直系血親尊屬外，以不能維持生活而無謀生能力者為限，始得請求賠償。加害人就被害人於可推知之生存期內，所應給予之扶養額度為範圍，依霍夫曼式計算法，命加害人一次賠償（193 I 反面解釋）。但亦有學者主張得支付定期金（193 II 類推適用），此次民法修正，已明文規定：準用之（§192 II）。又被害人死亡時，雖未具扶養義務，但因其將來應有贍養能力，則被害人之父母仍得請求扶養費。

   (2) 不法侵害他人之體、健康

   A. 喪失或減少勞動能力：其賠償金額範圍，應就被害人受侵害前之身體健康狀態、教育程度、專門技能、社會經驗等方面酌定之，唯營業收入不能全部視為勞動能力之所得（63台上1394號判例）。

   B. 增加生活上之需要：即為維持其通常生活狀態必須增加之費用。

      以上二種賠償，其方式以一次支付為原則，法院亦得因當事人之聲請，定為支付定期金，但須命加害人提出擔保(§193 III)。

   (3) 不法毀損他人之物

      應對於被害人賠償其物因毀損所減少之價額，是為其賠償範圍，其賠償方法係以金錢賠償為之(§196)。唯本條並非強制規定，故亦可依民法第213條請求回復原狀。

2. **對於無形損害之賠償範圍及方法**

(1) 生命法益之侵害：不法侵害他人致死，被害人之父母、子女及配偶，雖非財產上損害，亦得請求賠償相當之金額(§194)。金額是否相當，應斟酌被害人與加害人之地位，被害人所受痛苦之程度，及其他情事，依客觀標準衡量之。其賠償之方法，亦以金錢為之。

(2) 人格法益之侵害：不法侵害他人身體、健康、名譽自由、信用、隱私、貞操，被害人雖非財產上之侵害，亦得請求賠償相當之金額。若不法侵害其他人格法益而情節重大者，亦同。其名譽被侵害者，並得請求為回復名譽之適當處分(§195)。金額是否相當，應依前條之解釋原則定其範圍。其賠償之方法亦以金錢為之，唯若係名譽被侵害，尚得請求回復名譽之適當處分。且本條之請求權，不得讓與或繼承。但以金額賠償之請求權已依契約承諾，或已起訴者，不在此限(§195Ⅱ)。

(3) 身分法益之準用：民法第195條第1、2項之規定，於不法侵害他人基於父、母、子女或配偶關係之身分法益而情節重大者，準用之(§195Ⅲ)。

二、侵權行為損害賠償請求權之消滅時效完成後之效果

（一）消滅時效

「因侵權行為所生之損害賠償請求權，自請求權人知有損害及賠償義務人時起，2年間不行使而消滅。自有侵權行為時逾10年者亦同」(§197Ⅰ)。少數說認為此為除斥期間，惟實務及通說認為係消滅時效。其請求權之消滅時效，應以請求權人實際知悉（明知）損害及賠償義務人時起算。如當事人間就知之時間有所爭執，應由賠償義務人就請求權人知悉在前之事實，負舉證責任（72台上738，1428號判例）。

（二）時效完成後之效果

1. 滅卻性抗辯

時效完成後，債務人取得一滅卻性之抗辯權，亦即於時效完成後，債務人得拒絕給付(§144 I)。

2. 債務履行之拒絕

「因侵權行為對於被害人取得債權者，被害人對該債權之廢止請求權，雖因時效而消滅，仍得拒絕履行」(§198)。此又稱「惡意抗辯」。例如：加害人以詐術取得債權，則被害人得請求廢止該債權。倘因上述時效消滅，則該加害人所取得之債權並未廢止，仍屬存在。因法律不保護惡意人，故該債權人竟行使請求權時，則被害人即不能據此請求權提出抗辯，以排斥債權人履行之請求，惟若堅守此理論，則不足以保護被害人，故本條特設例外規定，使被害人於債權廢止之請求權因時效消滅後，仍得拒絕債務之履行也（28上1282判例）。所謂「廢止請求權」通說認為係請求回復至無該債權之原狀，屬於損害賠償請求權之一種方式。

3. 請求權之競合

此項為民法第197條第2項明文擬於下目併述之。

三、請求權之競合及專屬性

（一）侵權行為與不當得利競合

「損害賠償之義務人，因侵權行為受利益，致被害人受損害時，於前項時效完成後，仍應依關於不當得利之規定，返還其所受之利益於被害人」(§197 II)。由於侵權行為損害賠償請求權消滅時效之期間甚短，而不當得利則為長時期時效15年，但不當得利之請求範圍較狹，僅以所受之利益為限。

　　唯欲主張不當得利之返還請求權，須該侵權行為亦符合不當得利之要件始可。茲簡述不當得利之要件如下：

1. 無法律上之原因

　　無法律上之原因，向可分為統一與非統一說，我民法第179條係就不當得利為一般規定，非如他國就各種情況分別規定，故學者通說採「統一說」中之「權利說」。亦即無法律上原因者乃指無利益之權利也。又無法律上之原因不以受領時即無之，縱受領時有法律上之原因，而其後已不存在者亦同（民179後段）。

2. 須一方受有利益

　　須因一定事實致一方受有財產上之利益，此項利益分為二種：一為財產之積極的增加，如：權利之取得、擴張，權利限制之消滅或債務之消滅。另一為財產之消極的增加，如應負擔債務而不負擔，應支出而不用支出費用，財產應減少而未減少。

3. 須他方受有損害

　　須因一定事實致一方財產總額受到減少，其減少之情形，可分為積極的減少與消極的減少二種。

4. 受利益與受損害間須有因果關係

　　因果關係之有無，應視受利益之原因事實與受損害之原因事實是否為同一事實而判斷。如屬同一事實，損益之內容是否相同，受益人對於受損人有無侵權行為，均可不問，學者謂之為直接因果關係說。

（二）侵權行為與債務不履行競合

　　侵權行為，即不法侵害他人權利之行為，屬於違法行為之一種。債務不履行，為債務人侵害債權之行為，性質上雖亦屬侵權行為，但法律另有關於債務不履行之規定。故關於侵權行為之規定，於債務不履行不適用之。民法第231條第1項因債務遲延所發生之賠償損害請求權與同法第184條

第1項因故意或過失，不法侵害他人之權利所發生之損害賠償請求權有別，因之基於民法第231條第1項之情形所發生之賠償損害請求權，無同法第197條第1項所定短期時效之適用，其請求權在同法第125條之消滅時效完成前，仍得行使之，應為法律上當然之解釋。故學者通說認為侵權行為與債務不履行，係採「法規競合說」。亦即當同一行為，同時具備侵權行為與債務不履行之要件時，而有侵權行為損害賠償請求權及債務不履行之賠償請求權規定之適用時，權利人得擇其一法條規定而為主張。

（三）侵權行為損害賠償請求權之專屬性

不法侵害他人之身體、健康、名譽或自由者，被害人之非財產上的損害賠償請求權，不得讓與或繼承。但以金額賠償之請求權已依契約承諾，或已起訴者，不在此限(§195Ⅱ)。蓋因此等非財產權，原即專屬於權利人之本身，而不得讓與，則因此與權利之侵害所生之賠償請求權，原則上自亦不得讓與。但以金額賠償之請求權已依契約承諾或已起訴者，已具單純金錢債權之性質，而得讓與或繼承。

案例解說

一、甲因故意或過失不法侵害他人之權利者，應負損害賠償之責。不法侵害他人之身體或健康者，對於被害人因此喪失或減少勞動能力或增加生活上之需要時，應負賠償責任(§193Ⅰ)。侵害他人身體、健康者，被害人雖非財產上之損害，亦得請求賠償相當之金額(§195Ⅰ)。本案丙所支付之醫療費、所減少之薪資、以及增加其生活上之需要均可要求賠償，另可要求精神慰撫金。

甲為未成年人且未婚，故為限制行為能力人，不法侵害他人之權利者，以行為時有識別能力為限，與其法定代理人連帶負損害賠償責任(§187Ⅰ)。故甲父及甲應對丙連帶負責。

但甲家窮困，如無法賠償，丙可否向乙請求？最高法院有不同之見解，有認為駕駛人為後座之使用人得有民法第224條之適用，因此丙可向乙請求。乙為限制行為能力人故適用第187條之規定，乙之父母應負連帶之責。但亦有反對見解，認為民法第224條僅適用於關於債務之履行，而不適用於侵權行為。

本書以為，為求取衡平正義，以前說較妥。

二、 職場性騷擾之定義可分為：(1)性的交換，(2)敵意的工作環境，(3)性的徇私，(4)非雇主或非受雇員工的性騷擾。94年2月公布的性騷擾防治法第2條規定：本法所稱性騷擾，係指性侵害犯罪以外，對他人實施違反其意願而性或性別有關之行為，且有下列情形之一者：

1. 以該他人順服或拒絕該行為，作為其獲得、喪失或減損與工作、教育、訓練、服務、計畫、活動有關權益之條件。

2. 以展示或播送文字、圖畫、聲音、影像或其他物品之方式，或以歧視、侮辱之言行，或以他法，而有損害他人人格尊嚴，或造成使人心生畏怖、感受敵意或冒犯之情境，或不當影響其工作、教育、訓練、服務、計畫、活動或正常生活之進行。

因此甲應依同法第20條規定，被處1萬～10萬元之罰鍰，且應負擔侵權行為賠償之責。

至於丁則違反該法第25條之規定，其規定如下：

意圖性騷擾，乘人不及抗拒而為親吻、擁抱或觸摸其臀部、胸部或其他身體隱私處之行為者，處2年以下有期徒刑、拘役或科或併科新臺幣10萬元以下罰金。

前項之罪，須告訴乃論。

此外，丁應負侵權行為損害賠償之責。

自 我 練 習

一、 您認為人類社會可不可能沒有爭執、仇恨、侵害他人權利的行為？
　　 您認為可以採取何者方式化解或預防？

二、 您的權利曾受到他人的侵害嗎？是哪些權利？如何受到侵害？如何
　　 解決？

三、 在經濟不景氣時，偶爾會聽到，甲是會頭，結果倒會逃走，使會腳
　　 （員）乙、丙、丁等人的權利受到侵害。或是甲公司向乙公司購買
　　 貨物後，不付貨款而倒閉，或是甲公司賣給乙公司的貨品有瑕疵而
　　 不願換貨、減價。以上是為債務不履行或是侵權行為？請說明。

memo

債務不履行

摘 要

　　契約乃二個對立的當事人之自由意志均認為其行為是合理的、公正的，而願意接受彼此的意思所成立之雙方行為。因此在交易的過程中應重視程序及實體的正義。如當事人之一方在契約成立後，有違反其承諾，即屬不公正、不合理，因此須受倫理道德的非難，也因而須負一定之責任。於是各國對於債務不履行均設有明文以規律之。

　　債務不履行者，乃指因可歸責於當事人一方之事由，而未依債之本旨以為履行其義務之狀態者。其可分為：給付不能、不完全給付、給付遲延及受領遲延，本章首先即介紹此四者之意義及其效力。

　　除上述四者外，於債之效力中尚有保全及對契約之效力。保全者，乃債權人於債務人怠於行使權利或有害其權利時，為鞏固自己債權起見，法律上特賦予一定之權利，以防止債務人財產不當減少之制度。債之保全，其方法有二：一為代位權或稱間接訴權，另一為撤銷權或廢罷訴權。

　　至於契約之效力可分為一般效力及特殊效力。前者，介紹標的不能、標的不正當之效力、契約之確保、解除、終止等效力；後者如雙務契約、涉他契約之效力等是之。

案 例

一、A有土地一筆售與B，B交付全部價金給A，A將土地交付給B占有，唯未辦理所有權移轉登記。不久，該土地經政府依法徵收，地價補償費由A領取。B得否依不當得利之規定，請求返還該補償費？

二、AB訂定買賣契約，B交付訂金與A，今因可歸責於A之事由致契約不能履行，B解除契約，問B得否請求加倍返還定金？

債（契約）關係成立後，為實現債之內容之作用，稱為「債之效力」。所謂實現債之內容者，即給付行為也。因此，債之效力者，乃指債之關係成立後，債權人得請求債務人為給付之權利。如債務人依債之本旨而為給付，屬於債之正面效力，謂之為債務履行。若債務人未依債之本旨而為給付，即屬債之負面效力，謂之債務不履行。債務不履行，為債務人侵害債權之行為，性質上雖亦屬侵權行為，但其與侵權行為仍有所不同，故法律對於債務不履行另有規定而不適用侵權行為之規定。

債務不履行，可包括債務人的債務不履行及債權人的受領遲延，茲分述如下：

壹 債務不履行

一、債務不履行之概說

（一）意義

債務不履行者，乃指因可歸責於債務人之事由，而未依債之本旨以為給付之狀態也。其狀態大致有四：1.給付不能。2.給付拒絕。3.不完全給付。4.給付遲延，無論何者，原則均須以可歸責於債務人之事由為要件。

二、歸責事由

歸責事由，乃指債務人因故意或過失而不履行其債務。唯例外時，事變亦為歸責事由。茲分述如下：

（一）故意

民法無明文，學說認為應採刑法之見解，已於侵權行為論述。

（二）過失

民法係採「過失責任主義」為原則，債務人就其故意或過失之行為，應負責任(§220 I)。過失責任應如何認定？過失責任有重大過失（欠缺一般人之注意），具體輕過失（欠缺與處理自己事務之同一注意），抽象輕過失（欠缺善良管理人之注意）。原則上得由當事人約定債務人之過失責任，或依法律規定，例如債權人受領遲延時，債務人僅就故意或重大過失負責(§237)。受任人處理委任事務，應依委任人之指示，並與處理自己事務為同一之注意，故為具體輕過失責任（§535前段）。但若受任人受有報酬者，則應以善良管理人之注意為之（§535後段），此屬抽象輕過失責任。若當事人無約求，法律亦無規定，應如何衡定？民法第220條第2項規定「過失之責任，依事件之特性而有輕重，如其事件非予債務人以利益者，應與處理自己事務為同一之注意(§590)」。又應與處理自己事務為同一之注意者，如有重大過失，仍應負責(§223)。如其受有報酬者，則應以善良管理人之注意為之，亦即須負抽象輕過失責任，其責任較重(§590)。又過失責任之輕重，雖得由當事人自由約定，然為維護交易安全及保護相對人起見，本法特規定「故意或重大過失，不得預先免除」（§222）。

（三）事變

事變者，係指非由於債務人之故意或過失致債務不履行之變故者。原則上債務人僅就其故意或過失負責，但法律亦例外的規定債務人於某些特

定情況下，對於事變所致之債務不履行亦應負責。事變可分為通常事變及不可抗力二種。所謂通常事變，屬債務人業務範圍之事由或第三人所致之事由，債務人已盡相當注意義務，仍不免發生，但若債務人再予以特別嚴密注意，或可防範者是之，如旅客之行李於旅館內被竊。所謂特別事變，屬不可抗力，故又稱不可抗力，乃指因天災、人禍，非人力所能抗拒，縱再予以特別嚴密注意，仍難防範者是之，如地震、戰爭。我民法有使債務人對通常事變負責者如民法第606條場所主人之責任、第634、654條運送人之責任，是之。此外，亦允許當事人以特約約定債務人應對通常事變負責。民法亦規定債務人對於不可抗力所致之損害，亦應負責，如第231條債務人遲延賠償責任，如第525條第1項之出版人危險負擔之責任等是之。

三、責任能力

（一）行為能力之欠缺

　　債務人為無行為能力人或限制行為能力人者，其責任應依民法第187條之規定定之(§221)。亦即債務人有識別能力者，使與法定代理人連帶負責(§187Ⅰ)，無識別能力者，由法定代理人單獨負責(§187Ⅰ)。若法定代理人有免責要件而債務人有歸責原因，由債務人單獨負責(§187Ⅱ)，若債務人亦有免責要件，則有衡平責任(§187Ⅲ)，於其他之人在無意識或精神錯亂中所為之行為，致第三人受損害者，亦有衡平原則之適用(§187Ⅳ)。

（二）履行輔助人之故意過失

　　債務人之代理人或使用人，關於債之履行有故意或過失時，債務人應與自己之故意或過失負同一責任。但當事人另有訂定者，不在此限(§224)。本條所謂代理人包括法定代理人在內。所謂使用人係指本於債務人之意思，為債務履行所使用之人而言。

貳　給付不能

一、意義

　　給付不能者，乃謂債務人於債之關係成立後不能依債之本質，履行債務者。若該不能之狀態係自始、客觀的不能，則債之關係（法律行為）不能成立，並非債務不履行之問題，該不能之狀態須嗣後、客觀、永久的不能方屬債務不履行之給付不能。

二、效力

（一）不可歸責於債務人之事由

　　因不可歸責於債務人之事由，致給付不能者，債務人免給付義務（§225Ⅰ）。亦即全部不能免全部之給付義務，一部不能免一部之給付義務。若他方已為全部或一部之對待給付者，得依關於不當得利之規定，請求返還（§266Ⅱ）。如債務人因不可歸責於己之事由，致給付不能，而對第三人有損害賠償請求權者，債權人得向債務人請求讓與其損害賠償請求權，或交付其所受領之賠償物（§225Ⅱ），是謂之代償請求權，或稱為債權人之讓與請求權。以保護債權人之利益，以示公允。

（二）因可歸責於債務人之事由

　　因可歸責於債務人之事由，致給付不能者，債權人得請求賠償損害（§226Ⅰ）。若係因契約而生之債務，尚可發生解除契約之效力（§256）。如因可歸責於債務人之事由，致給付一部不能者，若其他部分之履行，於債權人無利益時，債權人得拒絕該部分之給付，請求全部不履行之損害賠償（§226Ⅱ）。

參　不完全給付

一、意義

不完全給付者，亦稱不完全履行，乃指債務人於履行期屆至時，不為履行或已為履行其債務但未依債之本旨而為給付。

二、類型

未依債之本旨提出給付，有三種類型，茲分述如下：

（一）瑕疵給付

瑕疵給付：債務人所為之給付含有瑕疵者，是之。諸如：數量不符、品質不符、方法不當、地點不當等。

（二）加害給付

加害給付：債務人所為之給付，不僅含有瑕疵，且因其瑕疵而導致債權人遭受其他生命、身體、健康、財產之危害者，是之。學者稱此為債權之積極侵害。

（三）不為給付

不為給付：債務人不依債之本旨為之，且拒絕履行其義務。

三、效力

（一）不完全給付尚能補正

1. 拒絕受領

拒絕受領：於給付時，為債權人所知，債權人得拒絕受領，並請其補正。債權人並得依關於給付遲延之規定行使其權利(§227Ⅰ)。

2. 返還該物

　　返還該物：於給付後，始為債權人所知，債權人得返還該受領之標的物，並請其補正，且亦發生上述1.之效力。

（二）不完全給付不能補正

　　得依關於給付不能之規定行使其權利。故而民法增修時增列第二項規定，因不完全給付而生前項以外之損害者，債權人並得請求損害賠償（§227Ⅰ）。

（三）有償契約之瑕疵擔保

　　買賣契約以外之有償契約均準用買賣之規定(§347)。即債務人自應負瑕疵擔保之責任，是故；債權人得解除契約、請求減少價金、請求不履行之損害賠償，或另行請求交付無瑕疵之物(§359、360、364)。

（四）加害給付之特殊效力

　　瑕疵給付立基於無過失責任，屬契約問題，加害給付立基於過失責任，屬侵權行為問題。因債務人之加害給付，債權人得主張瑕疵擔保之權利及侵權行為損害賠償之權利，故為請求權之競合。

（五）消保法上之加害給付

　　從事設計、生產、製造商品或提供服務之企業經營者，應確保其提供之商品或服務，無安全或衛生上之危險。商品或服務具有危害消費者生命、身體、健康、財產之可能者，應於明顯處為警告標示及緊急處理危險之方法。企業經營者違反前二項規定，致生損害於消費者或第三人時，應負連帶賠償責任。但企業經營者能證明其無過失者，法院得減輕其賠償責任（消保§7）。故知本法原則上採無過失主義。且其責任係屬侵權責任。從事經銷之企業經營者，就商品或服務所生之損害，與設計、生產、製造商品或提供服務之企業經營者連帶負賠償責任（消保§8Ⅰ前段）。輸入商

第四編

品或服務之企業經營者，視為該商品之設計、生產、製造者、服務之提供者，負本法第七條之製造者責任（消保§9）。消費者即得本於消費者保護法之規定，對於加害給付，提出損害賠償之請求。此外，企業經營者於有事實足認其提供之商品或服務有危害消費者安全與健康之虞時，或該商品或服務有危害消費者生命、身體、健康或財產之虞，而未於明顯處為警告標示，並附載危險之緊急處理方法者，企業經營者應即收回該批商品或停止其服務（消保§10 I 本文，II）。

🏅 肆　給付遲延

一、意義

給付遲延者，乃謂債務已屆清償期，且給付為可能，因可歸責於債務人之事由而未依期限為給付者，又稱為履行遲延或債務人遲延。

二、類型

債務已屆清償期而未清償者，為給付遲延，如何認定清償期？亦即給付遲延之類型問題也。

（一）給付有確定期限者

給付有確定期限者，債務人自期限屆滿時起，負遲延責任(§229 I)。無庸經過催告程序。但若係索取債務，或其他履行須債權人協力之債務者，須債權人索取或協力後，債務人未依期限履行者，始生遲延責任。

（二）給付無確定期限者

給付無確定期限者，債務人於債權人得請求給付時，經其催告而未為給付，自受催告時起，負遲延責任。若此項催告定有期限者，債務人自期限屆滿時起負遲延責任。其經債權人起訴而送達訴狀或依督促程序送達支

付命令，或為其他相類之行為者，與催告有同一之效力(§229Ⅱ、Ⅲ)。此項起訴，應以給付之訴為限，不包括確認之訴。

三、效力

(一) 給付遲延對於一般債務之效力

1. **損害賠償：又可分為三種**

   (1) 遲延賠償

   　　遲延賠償：債務遲延者，債權人得請求其賠償因遲延而生之損害(§231Ⅰ)。

   (2) 不可抗力之賠償

   　　不可抗力之賠償：債候人在遲延中，對於因不可抗力而生之損害，亦應負責。但債務人證明縱不遲延給付，而仍不免發生損害者，不在此限(§231Ⅱ)。

   (3) 替補賠償

   　　替補賠償：遲延後之給付，於債權人無利益者，債權人得拒絕其給付，並得請求賠償不履行而生之損害(§232)。

2. **強制執行**

   　　強制執行：民法第227條所定債務不為給付者，債權人得聲請法院強制執行。於債務人給付遲延亦有適用。蓋債務人本有履行給付之義務，雖其須負遲延賠償責任，唯並不因此而當然免除其給付之義務，故仍對之強制執行。

3. **解除契約**

   　　解除契約：契約當事人一方遲延給付，他方自得解除契約(§254、255)，並得請求損害賠償(§260)。

（二）給付遲延對於金錢債務之效力

1. 遲延賠償

遲延賠償：在金錢債務之遲延中，無所謂不可抗力之賠償及替補賠償，僅有遲延賠償。唯亦得請求遲延利息，民法乃規定：遲延之債務，以支付金錢為標的者，債權人得請求依法定利率計算之遲延利息。但約定利率較高者，乃從其約定利率。但對於利息，則無須再支付遲延利息(§233)。此為法定利息之性質。

2. 其他損害

其他損害：若債權人已請求遲延賠償、遲延利息外，其證明尚有其他損害者，並得請求賠償(§233Ⅲ)。

應唯注意者，乃債務不履行之損害賠償與侵權行為之損害賠償有所不同：

A. 舉證責任：債務不履行，債權人僅須證明有此事實之存在即可。侵權行為，須由被害人（請求人）證明加害人有故意或過失。

B. 時效不同：前者為長期時效15年，後者為短期時效。

C. 賠償額度：前者有約定，則依約定額度不得增加。後者，則無此限。

D. 抵銷禁止：前者得抵銷。後者，如因故意侵權行為而負擔之債，不得主張抵銷(§339)。

四、給付遲延之消滅

（一）給付之提出

給付之提出：債務人已依債之本旨而為給付，則遲延狀態即終了，但以前已生之遲延效力，仍不因而消滅。

（二）債務之消滅

債務之消滅：債之關係消滅，債務人之遲延責任亦歸消滅，但以前已生之遲延效力，仍不因而消滅。

（三）遲延之允許

遲延之允許：債權人允許緩期給付，為債務人遲延責任終了原因之一，在此緩期履行期，即無遲延責任之可言（61台上1187號判例）。

（四）給付不能

給付不能：於給付遲延中發生給付不能之情形，即應適用給付不能之規定。故其亦為給付遲延消滅原因之一。

伍　債務不履行之共通效力

一、強制執行

除給付不能之情形外之債務不履行，債權人均得請求強制執行。我民法第227條對給付拒絕、不完全給付定有明文，解釋上「不為給付」亦包括給付遲延。

二、損害賠償

已於前述各個債務不履行之損害賠償，今不再贅述。

三、人格權之損害

債務人因債務不履行，致債權人之人格權受侵害者，準用第192~195條及第197條之規定，負損害賠償責任。

陸　受領遲延

一、意義

受領遲延，又稱債權人遲延。乃指履行上須債權人受領之債務，債權人對於已提出之給付，拒絕受領或不能受領者，自提出之時起，負遲延之責任(§234)。

二、要件

(一) 須債權人受領

該債務之履行，須債權人之受領始得完成者，方有本條(§234)之適用。受領乃指須有債權人協力之行為，包括積極作為或消極不作為。

(二) 合法提出給付

債務人已依債之本履行旨其債務者，是謂之合法提出給付。如債務人非依債務本旨實行提出給付者，不生提出之效力（§235前段）。給付之提出，原則須為現實提出，例外亦得以言詞提出。

(三) 債權人預示拒絕受領之意思

給付兼需債權人之行為者。債務人得以準備給付之事情，通知債權人。則債務人得以言詞提出以代現實提出(§235)。

(四) 拒絕或不能受領

債權人對於已提出之給付，拒絕受領或不能受領者，自提出時起，負遲延責任(§234)。唯例外的，債權人亦得不負受領遲延之責任，如本法第236條規定「給付無確定期限，或債務人於清償期前得為給付者，債權人就一時不能受領之情事，不負遲延責任」（§236本文）。然若債務人之給付，係由於債權人之催告，或債務人已於相當期間預告債權人者，此時債

權人應已有受領之準備，如其仍拒絕或不能受領者，仍應負受領遲延之責任（§236但書）。

三、效力

（一）債務人責任減輕

因債權人受領遲延，債務人責任因而減輕，其可分述如下：

1. 債務人所負責任：在債權人遲延中，債務人僅就故意或重大過失負其責任(§237)。

2. 利息支付之停止：在債權人遲延中，債務人無須支付利息(§238)。此項利息包括法定利息及約定利息。

3. 孳息返還之責任：債務人應返還由標的物所生之孳息，或償還其價金者，在債權人遲延中，以已收取之孳息為限，負返還責任(§239)。是為孳息返還義務之縮小。

（二）費用賠償之請求

債權人遲延者，債務人得請求其賠償提出及保管給付物之必要費用(§240)。以保護債務人之利益。

（三）債務人自行免責

1. 拋棄占有：有支付不動產義務之債務人，於債權人遲延後，得拋棄其占有。前項拋棄，應預先通知債權人，但不能通知者，不在此限(§241)。

2. 其他免責：債務人得為清償提存(§326)，或請求法院拍賣而提存其價金(§331)，以為免責之方法。

除了上述有關債務不履行與受領遲延外，於債之效力中，尚有「保全」及對「契約」之效力。茲簡述如下：

柒　保全

一、保全之概說

保全者，亦稱責任財產之保全。債權人於債務人怠於行使權利或有害其權利時，為鞏固自己債權起見，法律上特賦予其一定之權利，以防止債務人財產不當減少之制度。

債之保全，其方法有二，一為債權人得代債務人行使其權利，是謂之代位權或間接訴權，以防止債務人消極的聽任其財產之不當的減少。另一為債權人得排除債務人詐害行為，是謂之撤銷權或廢罷訴權，以防止債務人積極的減少其財產。茲分述如後。

捌　代位權

一、代位權之意義

代位權，乃債務人怠於行使其權利時，債權人因保全債權，得以自己之名義，除專屬於債務人本身之權利外，得代債務人行使其權利(§242)。

二、代位權之效力

對債務人之效力：債務人對該代位之權利之處分權，應受限制。唯債權人代位債務人對第三債務人，與債務人對第三債務人所為之訴訟，並非同一訴訟。故債權人之代位起訴，並不能限制債務人自己之起訴，債務人以後之起訴，亦不影響債權人在前之代位起訴，且此二起訴之利益，均歸之於債務人（67年第11次民庭庭推總會決議）。但效力不及於未參加訴訟或未告知訴訟之債務人。

對債權人之效力：債權人不因代位權之行使而享有優先受償權。代位權行使之結果，效力歸於債務人所有。

對第三人之效力：第三人對於債務人所得行使之抗辯權，均得以之對抗債權人（40台上304號判例），但第三人不得以僅得對抗債權人之事由而為抗辯（50台上1463號判決）。

玖　撤銷權

一、撤銷權之意義

撤銷權者，乃債權人對於債務人所為有害其債權之法律行為，為保全其債權，得聲請法院撤銷之權利。撤銷權亦稱為廢罷訴權(action revocatoire)，必須於審判上行使，以維交易安全，其性質有認為係形成權（王澤鑑），有採形成權兼具請求權之折衷說（鄭玉波著，P.320）。

二、撤銷權之效力

對債務人之效力：債務人之行為被撤銷時，視為自始無效(§114)。

對債權人之效力：債權人無優先受償權。且撤銷權行使之結果，效力歸屬於全體債權人。

對受益人之效力

1. 被撤銷之行為若僅生債權關係，尚未為物權移轉者，債之關係消滅，不生回復原狀問題。

2. 若被撤銷之行為，已為物權移轉者，因物權行為與債權行為同被撤銷，而生回復原狀問題。

3. 若僅撤銷債權行為而未撤銷物權行為，則受益人應負不當得利之返還義務。

4. 對轉得人之效力：如已為物權移轉者，亦應依不當得利之規定請求返還。民國88年增修民第244條第3項：「債權人依第1項或第2項之規定聲

請法院撤銷時，得並聲請命受益人或轉得人回復原狀，但轉得人於轉得時不知有撤銷原因時，不在此限。」

三、撤銷權之除斥期間

債權人為本法第244條之撤銷權，自知有撤銷原因時起，1年間不行使，或自行為時起經過10年而消滅(§245)。本條所定之期間，類似於第74條第2項、第90、第93條之期間，該三條均為除斥期間，本條自亦屬之。且消滅時效之客體，係以請求權為限，本法第245條之撤銷權，為形成訴權，屬形成權，故本條之期間自為法定除斥期間（50台上412號判例），應無疑問。

四、損害賠償請求權

契約未成立時，當事人為準備或商議訂立契約而有下列情形之一者：1.就訂約有重要關係之事項，對他方之詢問，惡意隱匿或為不實之說明者。2.知悉或持有他方之秘密，經他方明示應予保密，而因故意或重大過失洩漏者。3.其他顯然違反誠實及信用方法者。如有上述情形之一者，對於非因過失而信契約能成立致受損害之他方當事人，負賠償責任。前項損害賠償請求權，因2年間不行使而消滅(§245-1)。

拾 契約之效力

一、契約效力之概說

契約之效力者，乃契約在法律上所發生之效力也。契約為債之發生原因之一，已於前述，而有關契約履行或不履行，則為其效力之問題，亦為債之特別效力。契約之效力又分為一般效力：如契約之標的、契約之確保、契約之解除、終止等是，特殊效力：如雙務契約、涉地契約、及其他有名契約之效力等是之。

二、債之標的

（一）概說

　　法律行為之標的須適法、確定、可能及正當。若標的於契約成立時已不能者，為自始不能。於契約成立後，債之標的始歸於不能者，為嗣後不能，其屬於給付不能之問題。

（二）標的不能之效力

1. 契約無效：以不能之給付為契約標的者，其契約為無效（§246Ⅰ本文），可知此乃指自始不能之情形。但其不能情形可以除去，而當事人訂約時並預期於不能之情形除去後為給付者，其契約仍為有效（§246Ⅰ但書）。或係附停止條件或始期之契約，於條件成就或期限屆至前，不能之情形已除去者，其契約為有效（§246Ⅱ），是為例外也。

2. 締約過失責任：契約因以不能之給付為標的而無效者，如當事人兩造皆明知其不能給付，或均因過失而不知者，契約無效，但不生損害賠償問題。若僅當事人一方於訂約時知其不能或可得而知者，對於非因過失而信賴契約為有效致受損害之他方當事人，負賠償責任(§247Ⅰ)。至於賠償範圍，自以因信賴契約有效所受之損害為限，

　　此即所謂消極的契約利益，亦稱信賴利益。至於積極的契約利益，即因契約履行所得之利益，不在賠償之列（51台上2101號判例）。

3. 一部不能：給付一部不能，而契約就在其他部分仍為有效者，或依選擇而定之數宗給付中有一宗給付不能者，準用前項之規定(§247Ⅱ)，亦即準用訂約上過失責任之規定。前二項損害賠償請求權，因2年間不行使而消滅(§247Ⅲ)。

4. 標的不正當之效力

　　顯失公平之情形：依照當事人一方預定用於同類契約之條款而訂定之契約，為下列各款之約定，按其情形顯失公平者：

(1) 免除或減輕預定契約條款當事人之責任者。

(2) 加重他方當事人之責任者。

(3) 使地方當事人拋棄權利或限制其行使權利者。

(4) 其他於他方當事人有多大不利益者。

5. 無效：如有上述顯失公平情形之一者，該部分之約定無效(§247-1)。本條之規定，於民法債篇修正施行前訂定之契約，亦適用之（施§17）。

三、契約之確保

（一）定金

1. 定金之意義

　　定金者，乃以確保契約之履行為目的，約定由當事人之一方交付他方之金錢或其他代替物之謂也。

2. 定金之種類

　　以其作用不同，可分為：

(1) 成約定金：以定金之交付為契約之成立要件者。

(2) 證約定金：以定金之交付，證明契約之成立者。

(3) 違約定金：以定金之交付，作為不履行契約之損害賠償者。

(4) 解約定金：以定金之交付以保留解除權者。

　　民法第248條規定「訂約當事人之一方，由他方受有定金時，推定其契約成立」。此定金之性質，有謂係成約定金（戴修瓚著（下）P.222），有謂係證約定金（孫森焱、鄭玉波P.336），本書從後說。

3. 定金之效力

　　定金除當事人另有訂定外，適用下列規定(§249)：

(1) 契約履行時，應返還或作為給付之一部。

(2) 契約因可歸責於付定金當事人之事由，致不能履行時，定金不得請求返還。

(3) 契約因可歸責於受定金當事人之事由，致不能履行時，該當事人應加倍返還其所受之定金。

(4) 契約因不可歸責於雙方當事人之事由，致不能履行時，定金應返還之。

（二）違約金

1. 違約金之意義

　　違約金者，乃以確保債務之履行為目的，當事人得約定債務人於債務不履行時，所應支付之金錢或其他代替物(§250 I、253)。其係以主債務不履行為停止條件之法律行為，故為附條件之債務。

2. 違約金之種類

(1) 懲罰性之違約金：於債務不履行時，債務人除須支付違約金外，其他因債之關所應負之一切責任，不受影響。

(2) 賠償性之違約金：以違約金為債務不履行損害賠償額之預定，若債權人已為此項請求，即不得再請求債務履行或不履行之損害賠償。

(3) 準違約金：民法第二五三條規定「前三條之規定，於違約時應為金錢以外之給付者，準用之。」是謂之準違約金。其得有懲罰性與賠償性之準違約金。

3. **違約金之效力**：分述如下：

(1) 實質效力

A. 原則：違約金，原則上視為因不履行而生損害之賠償總額（§250 Ⅱ 前段）。

B. 例外：具有懲罰性。亦即當事人有特別訂定、或約定如債務人不於適當時期，或不依適當方法履行債務時，即須支付違約金者，債權人除得請求履行債務外，違約金視為因不於適當時期或不依適當方法履行債務所生損害之賠償總額（§250 Ⅱ 後段）。

(2) 酌減金額

A. 一部履行之酌減：債務已為一部履行者，法院得比照債權人因一部履行所受之利益，減少違約金(§251)。

B. 違約金額過高之酌減：約定之違約金額過高者，法院得減至相當之數額(§252)。

（三）契約之解除

1. **概說**

契約之解除者，乃當事人之一方，行使解除權，使契約溯及既往失其效力，而回復原狀之單方意思表示之謂也。契約之解除與合意解除不同：

(1) 性質：前者為單獨行為，後者為契約行為。

(2) 權利：前者以具有解除權為必要，後者則否。

(3) 規定：前者法律定有明文，後者則否。

契約解除與撤銷亦有差異：

(1) 規定：前者有法定與約定。後者均為法定。

(2) 範圍：前者限於契約。後者不以契約為限，單獨行為亦得撤銷。

(3) 原因：前者多為債務不履行。後者則因錯誤、誤傳、詐欺、脅迫等而生。

(4) 效力：前者一律溯及既往。後者原則上溯及既往。

(5) 義務：前者當事人雙方負回復原狀之義務。後者僅於當事人知其撤銷，或可得而知者，始負回復原狀之義務(§114Ⅱ)。

2. 解除權之發生

(1) 約定解除權

當事人得於契約訂定時或訂定後，以合意約定保留解除契約之權利，此合意，謂之解約約款，其得約定由當事一方或雙方保留解除權。除當事人另有約定外，亦得適用民法第256~262條之規定。

(2) 法定解除權

其發生原因，為債務不履行，分述如下：

A. 給付遲延之解除

a. 非定期行為：契約當事人之一方遲延給付者，他方當事人得定相當期限，催告其履行，如於期限內不履行時，得解除契約(§254)。

b. 定期行為：依契約之性質或當事人之意思表示，非於一定時期為給付不能達其契約之目的，而契約當事人之一方不按照時期給付者，他方當事人得不為前條之催告，解除契約(§255)。

B. 給付不能之解除：債權人於有第226條因可歸責於債務人之事由，致給付不能之情形時，得解除契約(§256)。

C. 其他債務不履行：因給付拒絕、因不完合給付之情形，得否解除契約，法無明文，但在解釋上均屬法定解除權。因給付拒絕而行解除權者無庸經過催告即得為之。

(3) 解除權之行使

　　有解除權之當事人或其代理人或其繼承人得對他方當事人為之。且當事人之債權人亦得代位行使解除權。

　　解除權之行使，應向他方當事人以意思表示為之(§258Ⅰ)，無論明示或默示，無論為審判上或審判外之意思表示均可，但若契約當事人之一方有數人者，前項意思表示，應由其全體或向其全體為之(§258Ⅱ)，是謂之「解除權行使不可分原則」。至於解除權消滅是否可分，我民法無明文，解釋上應以解除權消滅不可分為原則，但若債權債務為可分者，則例外的可分。此外，解除權具有形成權之性質，故而解除契約意思表示，不得撤銷(§258Ⅲ)。

(4) 解除契約之效力

A. 契約效力之消滅：契約之效力因解除而溯及的消滅，與自始未訂契約同。已履行者，發生不當得利返還之問題，未履行者無庸履行。學說上謂之為直接效果說。

B. 回復原狀之義務：契約解除時，當事人雙方回復原狀之義務，除法律另有規定，或契約另有訂定外，依下列之規定：a.由他方所受領之給付物，應返還之。b.受領之給付為金錢者，應附加自受領時之利息償還之。c.受領之給付為勞務者或為物之使用者，應照受領時之價額，以金錢償還之。d.受領之給付物生有孳息者，應返還之。e.就返還之物，已支出必要或有益之費用，得於他方受返還時所得利益之限度內，請求其返還。f.應返還之物有毀損滅失，或因其他事由，致不能返還者，應償還其價額(§259)。

C. 損害賠償之請求：解除權之行使，不妨礙損害賠償之請求(§260)。惟其請求損害賠償，並非另因契約解除所生之新賠償請求權，故因契約消滅所生之損害，並不包括在內，其乃係使因債務不履行所生之舊賠償請求權，不因解除失其存在仍得請求而已。故其賠償範圍，應依一般損害賠償之法則，即民法第二一六

條定之，其損害賠償請求權自債務不履行時起即可行使，其消滅
時效，亦自該請求權可行使時起算（55台上1188號判例）。

D. 雙務契約之準用：當事人因契約解除而生之相互義務，準用第
264~267條之規定(§261)。

(5) 解除權之消滅

A. 除斥期間經過：解除權為形成權，因除斥期間之屆滿而不能再為
行使，解除權自因而消滅（如§365、§514等）。

B. 催告而未行使：解除權之行使，未定有期間者，他方當事人得定
相當期限，催告解除權人於期限內確答是否解除，如逾期未受解
除之通知，解除權即消滅(§257)。

C. 受領物不能返還：有解除權人，因可歸責於自己之事由，致其所
受領之給付物有毀損滅失或其他情形不能返還者，解除權消滅
（§262前段）。

D. 受領物種類變更：因加工或改造，將所受領之給付物變其種類
者，解除權亦歸於消滅（§262後段）。

E. 其他一般之原因：以上所述均為特別消滅原因。此外，尚有一般
之消滅原因，如拋棄解除權、行使解除權、已為履行或履行之提
出等。

（四）契約之終止

1. 概說

契約之終止者，乃契約當事人之一方，本於終止權，使繼續性契約
關係向將來消滅之單方意思表示也。契約之終止與契約之解除，二者均
屬形成權，但仍有差異：

(1) 原因：契約之終止原因法無限定。契約之解除限於債務不履行。

(2) 對象：前者係以繼續性契約為對象。後者係以雙務契約為對象。

(3) 效力：前者使契約關係向將來消滅。後者使契約效力溯及的消滅。

(4) 結果：前者不生回復原狀之問題。後者則發生回復原狀之問題。

2. 終止權之發生

約定終止權：得由當事人自由約定。

法定終止權：散見於各種契約之規定中，如租賃契約之終止（§424、435 I、436、438、440、443 II、447 II、450 II、452、458、459等）。如使用借貸契約之終止(§472)，僱傭契約之終止(§484、485、489 I)，如承攬、委任、代辦商、寄託契約之終止等。

3. 終止權之行使

有終止權之當事人或其代理人或承繼人得對他方當事人為之，且終止權之債權人亦得代位行使。

法定終止權之行使，依本法第263條規定：第258條及第260條之規定，於當事人依法律之規定終止契約者，準用之。即應向他方以意思表示為之，如當事人一方有數人者，應由其全體或向其全體為之(§258)。

4. 終止契約之效力

契約關係向將來消滅，且終止權之行使不妨礙損害賠償之請求（263準用260）。

5. 終止權之消滅

因終止期限屆滿而消滅。

（五）雙務契約之效力

1. 概說

雙務契約，乃當事人雙方互負對價關係之債務之契約。因雙方互負有對價關係，故而雙務契約在其成立上，在其履行上及存續上均有牽連性，除成立上之牽連性係屬契約成立之問題外，其餘在履行上及存續上之牽連則屬效力之問題，即所謂同時履行抗辯、危險負擔等問題。

2. 同時履行抗辯權

(1) 意義

　　　乃雙務契約之當事人一方，於他方當事人未為對待給付前，得拒絕自己給付之權利也。此權利屬抗辯權之一種，是謂之延期性抗辯。

(2) 要件

　　　因契約互負債務者，於他方當事人未為對待給付前，得拒絕自己之給付，但自己有先為給付之義務者，不在此限（§264 I），依此分析其要件如下：

A. 須互負對價之債務：原則上於當事人互負對價之雙務契約始得適用，但例外的於契約解除後，雙方負回復原狀及損害賠償之債務亦準用同時履行抗辯之規定（§261）。

B. 須無先為給付之義務：如有先為給付之義務，即無同時履行抗辯權，但有一例外即不安抗辯，其乃指當事人之一方，應向他方先為給付者，如他方之財產於訂約後顯形減少，有難為對待給付之虞時，如他方未為對待給付或提出擔保前，得拒絕自己之給付（§265）。此外，當事人雖有先為給付義務，但在繼續供給契約，如租賃、僱傭等，得因他方之前期未為對待給付，而拒絕自己後期之給付。

C. 須他方未為對待給付：若他方當事人已為對待給付，則延期抗辯權即無所附著。若他方當事人已為部分之給付時，依其情形，如拒絕自己之給付有違背誠實及信用方法者，不得拒絕自己之給付（§264 II）。

(3) 效力

　　　同時履行抗辯權，僅具暫時的防止他方請求權行使之效力，並不能拒絕給付。一旦同時履行抗辯之原因不存在，其仍應依債之本旨而履行債務。

(4) 同時履行抗辯權與留置權之不同

 A. 性質不同：前者為債權。後者為物權。

 B. 效力不同：前者具有相對效力。後者具絕對效力。

 C. 目的不同：前者之目的在促使雙方交換履行。後者在促使債務人之履行。

 D. 成立不同：前者係基雙務契約而生，後者須與留置物有牽連關係。

 E. 標的不同：前者無限制。後者限於動產。

 F. 行使不同：前者係對債務之履行請求權而行使。後者係對抗相對人所主張標的　物返還請求權。

 G. 受償不同：前者無受償問題。後者得對留置物優先受償。

 H. 對象不同：前者僅得對抗債權契約之相對人。後者得對抗第三人。

 I. 權利不同：前者僅有拒絕履行權。後者尚得收取留置物所生之孳息，以抵償其債權。

 J. 消滅不同：前者不因提供擔保而消滅。後者得因提供擔保而消滅。

（六）危險負擔

1. 意義

(1) 狹義的危險負擔，係指雙務契約因不可歸責於雙方當事人之事由，致一方給付不能時，其因給付不能所生之損失，應由何方負擔者，是之。

(2) 廣義的危險負擔，係指因可歸責於一方當事人之事由，致給付不能者，是之。

2. 效力

(1) 狹義的危險負擔：因不可歸責於雙方當事人之事由，致一方之給付全部不能者，他方免為對待給付之義務，如僅一部不能者，應按其比例減少對待給付。前項情形，已為全部或一部之對待給付者，得依關於不當得利之規定，請求返還(§266)。

(2) 廣義的危險負擔：當事人之一方因可歸責於他方之事由，致不能給付者，得請求對待給付，但其因免給付義務所得之利益，或應得之利益，均應由其所得請求之對待給付中扣除之(§267)，此外尚有民法第225、226條之適用。

（七）涉他契約之效力

所謂涉他契約者，乃當事人約定，由第三人向他人給付，或由他方向第三給付之契約也，前者謂之第三人負擔契約，後者稱為第三人利益契約。

（八）第三人負擔契約

1. 意義

第三人負擔契約，又稱為由第三人給付之契約，或稱擔保第三人給付之契約，亦即當事人約定，由第三人對於他方為給付之契約（§268前段）。

2. 效力

契約當事人之一方，約定由第三人對於他方為給付者，於第三人不為給付時，應負損害賠償責任(§268)。債務人僅負損害賠償責任，而非代為履行之責任。

（九）第三人利益契約

1. 意義

第三人利益契約，又稱為向第三人給付之契約，或第三人契約或利他契約，亦即當事人約定，他方向第三人為給付，第三人因而取得直接請求給付權利之契約。

2. 效力

(1) 對第三人之效力：以契約訂定向第三人為給付者，其第三人對於債務人亦有直接請求給付之權（§269Ⅰ後段）。第三人對於前項契約，未表示享受其利益之意思前，當事人得變更其契約或撤銷之（§269Ⅱ）。若第三人對於當事人之一方表示不欲享受其契約之利益者，視為自始未取得其權利(§269Ⅲ)。

(2) 對於要約人之效力：以契約訂定向第三人為給付者，要約人得請求債務人向第三人為給付（§269Ⅰ中段）。

(3) 對於債務人之效力：債務人，得以由契約所生之一切抗辯，對抗受益人之第三人(§270)。

案例解說

一、買受人B向出賣人A買受之某筆土地，在未辦妥所有權移轉登記前，經政府依法徵收，其地價補償金由A領取完畢，縱該土地早已交付於B，惟民法第373條所指之利益，係指物之收益而言，並不包括買賣標的物滅失或被徵收之代替利益（損害賠償或補償費），且B自始並未取得所有權，而A在辦妥所有權移轉登記前，仍為土地所有人，在權利歸屬上，其補償費本應歸由A取得，故A本於所有人之地位取得補償金，尚不成立不當得利。買受人只能依民法第225條第2項之法理行使代償

請求權，請求出賣人A交付其所受領之地價補償金（80年第4次民庭會議決議）。

二、 還其所受之定金（§249三）。本款返還定金係具有損害賠償之性質，故而主契約縱已解除，參照民法第260條之規定，仍非不得請求加倍返還定金（67年第9次民庭決議）。

自我練習

一、甲向乙購買中古車一輛，價值15萬元，乙明知該車剎車系統不良，但為求交易順利完成而未告知甲，甲購車後，某日行駛於道路因剎車失靈致撞到路肩護欄，問甲可主張何種權利？

二、有人說「無商不奸」，您認為如何？您認為商場真的如戰場一般殘忍、狡詐、無情嗎？可否使交易更具人性化？道德化？

三、上完以上課程，您的整體感想如何？請敘述之。

memo

memo

memo

memo

memo

memo

memo

memo

memo

memo

memo

國家圖書館出版品預行編目資料

法律與生活 / 劉瀚宇編著. － 四版. － 新北市 ：
新文京開發, 2020.08
　　面；　公分

ISBN　978-986-430-647-3（平裝）

1. 中華民國法律

582.18　　　　　　　　　　　　　　　109010525

法律與生活（第四版）　　　　　　　　（書號：E245e4）

編 著 者	劉瀚宇
出 版 者	新文京開發出版股份有限公司
地　　址	新北市中和區中山路二段 362 號 9 樓
電　　話	(02) 2244-8188（代表號）
F A X	(02) 2244-8189
郵　　撥	1958730-2
初　　版	西元 2008 年 02 月 22 日
二　　版	西元 2013 年 02 月 10 日
三　　版	西元 2017 年 02 月 10 日
四　　版	西元 2020 年 08 月 01 日

New Wun Ching Developmental Publishing Co., Ltd.
New Age · New Choice · The Best Selected Educational Publications — NEW WCDP

新文京開發出版股份有限公司

NEW WCDP　新世紀・新視野・新文京 ─ 精選教科書・考試用書・專業參考書